AF311883

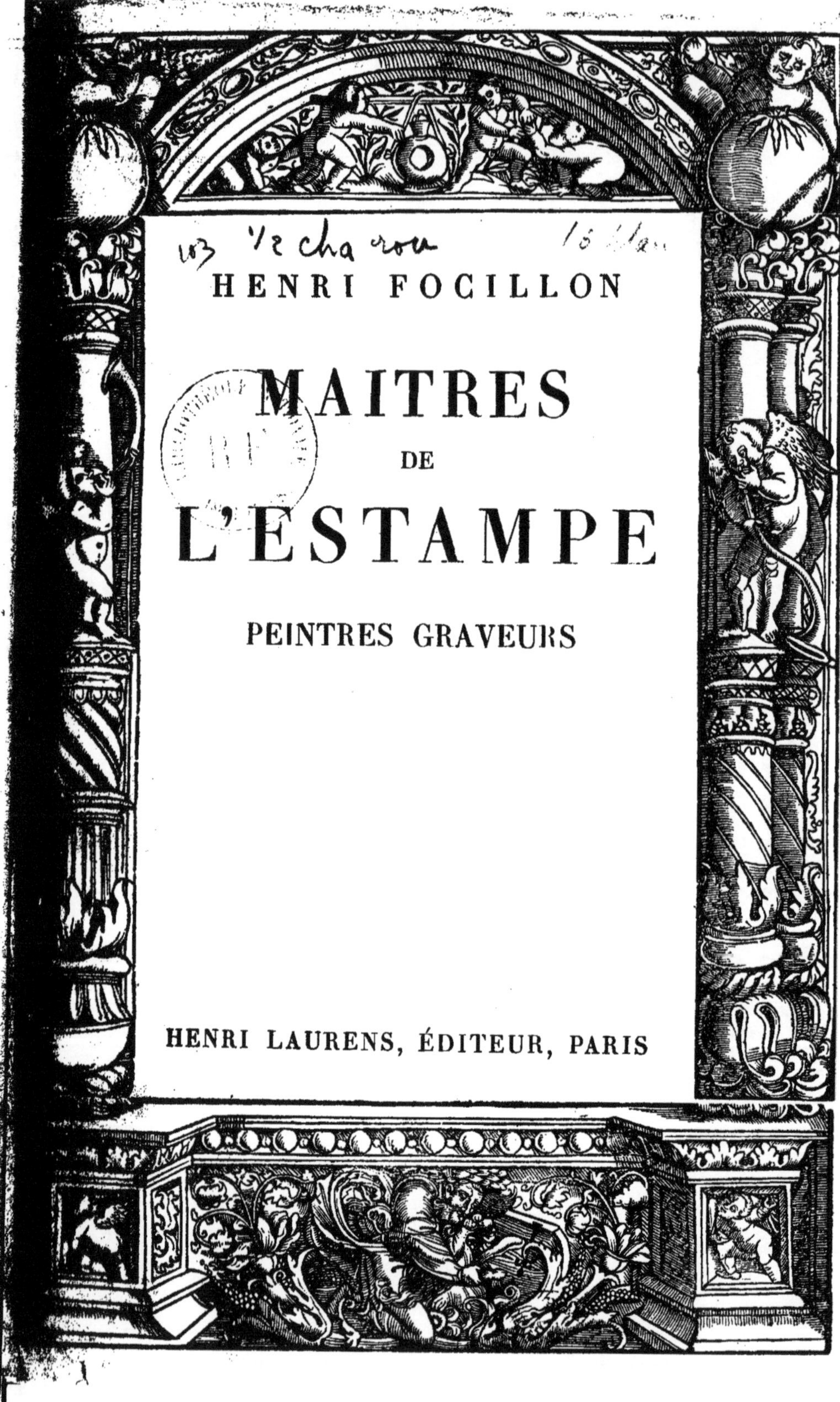

HENRI FOCILLON

MAITRES DE L'ESTAMPE

PEINTRES GRAVEURS

HENRI LAURENS, ÉDITEUR, PARIS

MAITRES DE L'ESTAMPE

PEINTRES GRAVEURS

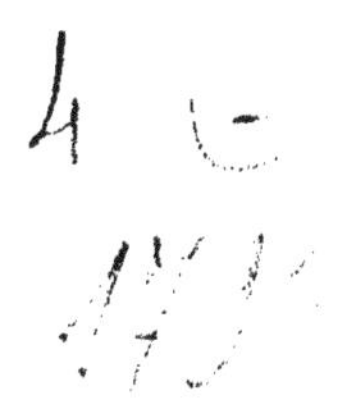

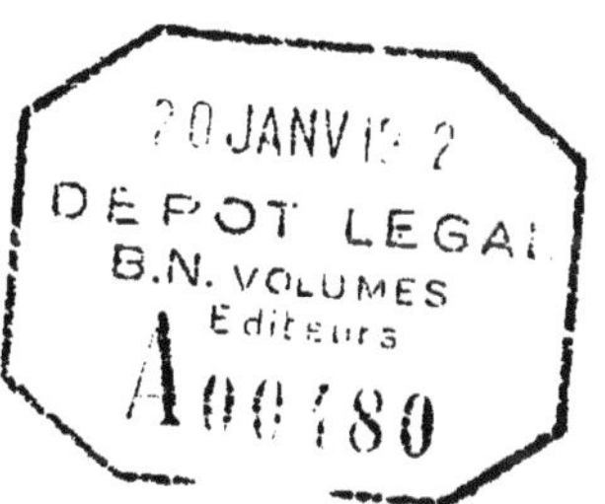

DU MÊME AUTEUR

Benvenuto Cellini. — Collection des « Grands Artistes ». Paris, 1910.

Raphaël. — Collection des « Maîtres anciens et modernes ». Paris, 1926.

G. B. Piranesi. — Nouvelle édition. Paris, 1928. (Prix Bordin, Académie des Inscriptions et Belles-Lettres.)

G. B. Piranesi, essai de catalogue raisonné de son œuvre. Paris, 1918.

Technique et sentiment, études sur l'art moderne. Paris, 1919.

Le musée de Lyon. Les Peintures. — Collection des « Memoranda ». Paris, 1918.

La peinture au XIXᵉ siècle. Le retour à l'Antique, Le Romantisme. — Collection des « Manuels d'histoire de l'art ». Paris, 1927.

La peinture, XIXᵉ et XXᵉ siècles. Du Réalisme à nos jours. — Collection des « Manuels d'histoire de l'art ». Paris, 1928.

Les pierres de France. — Collections des « Evocations françaises ». Nouvelle édition. Paris, 1928.

Hokousai. — Collection « Art et Esthétique ». Nouvelle édition. Paris, 1925.

L'art bouddhique. — Collection « Art et Religion ». Paris, 1921.

Trois essais romains. Rome, 1910.

Le voyage d'Ars. Lyon, 1920.

L'île oubliée. Bois d'Alfred Latour. Paris, 1920.

Le mont dans la ville. Lithographies de Georges Gobô. Paris, 1929.

HENRI FOCILLON

MAITRES

DE

L'ESTAMPE

PEINTRES GRAVEURS

Dürer — Rembrandt — Elsheimer — Goya
Castiglione Genovese — Daumier — Manet
Images Anglaises — Nouveau Monde — Zorn
Visionnaires et Magiciens

PARIS
Librairie Renouard, H. Laurens, Éditeur
6, rue de Tournon, 6
1930

A MA MÈRE

Un carton d'estampes et de dessins, ouvert sous la lampe, dans la paix de la nuit, nous incline vers les secrets les plus beaux et les plus sévères. A le feuilleter, notre connaissance du passé acquiert cette qualité inactuelle qui dépasse en poésie tous les prestiges du moment. L'estampe possède en soi un caractère énigmatique qui tient à sa puissance d'abstraction. Elle ne lutte pas d'émulation avec la vie. Elle la transpose dans un registre à deux notes dont les accords sont plus impérieux que les vastes ressources de la gamme colorée. Force concentrée, elle agit en profondeur. Comme elle ne dit pas tout, elle nous impose de compléter et de combiner ses laconiques confidences, sans nous permettre, comme la musique, de nous égarer loin d'elles. Aux rêveries dénouées, aux fantaisies de caprice elle confère un élément de durée et de stabilité. Perpétuel contraste de la nuit et du jour, tirant de ce contraste même tout son ascendant sur nous, elle donne à l'ombre une transparence presque sonore, à la lumière un éclat plus étrange que la lumière terrestre. Même quand elle se limite à la pureté du trait, celui-ci emprunte une vertu mordante à la matière inflexible où il est écrit. Même quand elle est une tache, elle rayonne avec une captivante fixité. Son passé la rattache à la science de l'orfèvre, aux opérations des officines.

Tout art est un univers, chaque technique est un milieu

dont la valeur active est égale ou supérieure à celle des milieux historiques. Ce n'est pas constamment historien qu'il faut être, mais physicien et chimiste, non pour satisfaire une curiosité d'expériences et de recettes, mais pour remplir le dessein de connaître par la structure ces mondes imaginaires, car leur poésie essentielle est de combinaison, non d'effusion. Diverses familles d'esprits peuvent se complaire à toute technique possible, mais chaque matière a ses élus et ses initiés. L'ordre des graveurs est particulier. Il abonde en visionnaires. Ils n'y sont pas seuls. Les uns et les autres sont éclairés par une secrète flamme ou touchés de ses reflets. Qu'ils construisent l'image de l'homme ou qu'ils veuillent nous donner quelque idée des lieux naturels et solitaires, il en est ainsi, et de même quand ils interprètent l'œuvre fluide du peintre pour l'incorporer à leur austère dureté.

Tu le sais, mère chérie, toi qui fus si étroitement associée à la vie d'un parfait artiste et qui, sensible à la poésie de l'estampe, m'inspiras comme lui le goût et le privilège de l'aimer. Accepte ce livre où j'ai tâché de traiter sous des aspects inégaux et multiples la continuité d'une même pensée. Gravure et peinture, Occident et Orient m'en ont tour à tour donné la trame. Que d'incertitudes encore dans ces recherches ! Les esquisses que je réunis dans ce portefeuille ont besoin d'être protégées. Permets-moi de les placer sous ton nom.

ALBERT DÜRER

Dürer porte en lui deux âges, deux races d'hommes et
la contradiction éternelle des grands artistes. Il est
le fils de Faust et d'Hélène, mais, tandis que le vol
lumineux d'Euphorion est brusquement précipité à terre,
son œuvre, une et diverse, est d'une longue et puissante
continuité. Le temps où il a vécu, c'est la charnière de
deux siècles, qui plie sur la fin du moyen âge et sur les
débuts de l'ère moderne. Il a grandi dans une république
marchande, au cœur du Saint-Empire, mais, après tant
d'autres de ses compatriotes qui vinrent travailler chez les
fondeurs de Padoue et chez les peintres de Venise, il a
franchi les passes des Alpes, il est descendu vers le Sud.
Deux passions, également fortes, le possèdent : nul homme
ne fut plus sensible à la particularité de l'objet, au caractère de la forme, à la virulence et à la complexité des
choses naturelles, au vaste et poétique chaos de l'univers, et
nul ne fit une tentative plus énergique pour les réduire
à la pure intelligibilité. Ce ciseleur de frondaisons flam-
boyantes, ce calligraphe ornemental, qui s'attarde dans un
labyrinthe d'entrelacs et de folioles, a voulu dresser une
image de l'homme qui fût l'exemple et le modèle des démarches de la raison. C'est un poète et c'est un géomètre,
un théoricien et un inspiré. Poète, il n'est pas seulement
l'ordonnateur des grands drames chrétiens, un conteur de

légendes combinées d'allégories, toute chose au monde le
sollicite et l'émeut, il est capable de douer l'inanimé d'une
vie énigmatique, il a eu tour à tour la tendresse domestique
et la large tendresse humaine, la divination du sens intime,
qui circule dans les doux méandres de la vie quotidienne
comme dans les ruelles d'une haute ville... Géomètre, il se
dépouille, il réduit la figure de l'homme à d s combinaisons
d'axes et à des mesures de proportions. Peintre, il a l'exquis d'une facture à petites touches, patiemment établies
et caressées, son pinceau, sa matière même, ses harmonies
sont d'un raffiné, le tableau lui est objet d'art et chose précieuse, et en même temps nul n'eut plus que lui le sens des
formes monumentales. Comme graveur même, il est double :
sur le cuivre, il manie un fin burin, la pointe-sèche et l'eau-
forte ; pour ses bois, il trace d'un jet puissant un dessin plein
de vigueur et de concision.

Comment saisir l'unité qui lie ces aspects divers et leurs
riches alternatives ? Où réside le secret de ces variations à
l'intérieur d'une même œuvre et d'une seule vie ? On n'a
pas le droit de les réduire et de les simplifier. Tout grand
créateur ne développe pas une pensée unique, tendue avec
monotonie, il enlace l'une à l'autre des tendances qui se
séparent, se rencontrent, pour se séparer encore. N'en est-
il pas de même pour toute grande époque ? La Renaissance
est joie de vivre, mais elle est inquiétude aussi ; elle associe
à son rêve de bonheur et à sa possession du monde un puissant malaise de l'esprit. Dürer ne doit pas être vu d'un seul
côté, il nous faut tourner autour de cette grande image d'un
homme pour fixer chacun de ses profils. Tour à tour les
historiens l'ont défini comme un humaniste et comme un
gothique. En durcissant les termes, ils accentuent l'antithèse
et ils dessinent deux Dürer incomplets et affrontés.

Gothique, certes, il l'est, mais le terme est trop général, trop flottant, embrasse trop de notions différentes selon les lieux et selon les temps. Le vaste moyen âge ne se définit pas comme un signe calligraphique ou comme un alphabet. L'œuvre de Dürer, malgré son ampleur, n'a ni le caractère encyclopédique, ni la paix sereine, ni la candeur de l'art des cathédrales. Elle fait plutôt songer à l'une de ces belles chapelles dynastiques, pareilles à des reliquaires ouvragés, toutes parcourues d'ornements, tout historiées d'images, établies sur un système d'architecture complexe, dont les combinaisons présentent un dédale de lignes décoratives et d'éléments constructifs. Elle apparaît au soir d'une époque qui a franchi le point d'équilibre et qui abonde en floraisons touffues, en luxuriants caprices ; riche d'une étonnante culture et d'une immense variété d'expériences, cet âge aime à raffiner et à compliquer les acquisitions du passé, il prolonge et il enchevêtre le paraphe, il dédouble le rinceau, il le découpe de dentelures, il multiplie les cassures des plis. Chaque plante est forêt. Chaque être est un monde, a sa topographie d'arêtes, de saillants, de bosses et de cavités. La vie des formes est stimulée par une ardeur de déclin. En même temps, la plus étrange méditation de la mort, le goût de l'écorché et du squelette, issus sans doute l'un et l'autre des Miroirs de pénitence dominicains, mais qui ont fini par se suffire, sans intention édifiante, et qui prodiguent les crânes, les ossements, en galanteries macabres, en bijouteries d'horloger. Les maîtres sont plus orfèvres que sculpteurs, plus enlumineurs que peintres et plus graveurs qu'enlumineurs. Même quand ils taillent la pierre, c'est dans le sentiment du métal ou du bois, avec de précieuses virtuosités d'outil.

Telle est l'atmosphère du temps, qui n'est pas du tout le

moyen âge, mais un moyen âge particulier, celui qu'ont surtout connu et aimé les romantiques. Tel est le fond du portrait, la silhouette de la ville en hauteur, barbelée de pignons, de pinacles, de gâbles, de clochetons, féodale et marchande, mystérieuse et positive, où Dürer a vécu sa jeunesse. Ce mage resta prodigieux orfèvre, non seulement dans ses combinaisons ornementales d'armoiries, le *Blason de la Mort*, le *Blason au coq*, mais quand il incrusta dans le métal, d'un trait inflexible, aigu, patient, la forme immobile et violente d'un visage, ou même quand il en suivit l'ostéologie montagneuse d'un pinceau pointu comme un stylet. D'avoir manié les fines tigelles de fer du ciseleur, il garde aux doigts, comme une bague enchantée, un don de virtuosité attentive qui va jusqu'au bout du joli trait et qui n'interrompt jamais son parcours. Autour de la reine nue, surprise par le monstre marin, l'onde s'enfle, s'agite et bouillonne, en petits plis capricieux pareils à des rinceaux, ou à l'écriture compliquée du ciel, dans un dessin persan ; de même les nuées sous la sphère qui porte Némésis ; de même les robes des deux anges qui montrent la Sainte Face.

Mais il conservait dans son cœur des vertus plus profondes, qui lui venaient de l'ancien temps et que c'est le propre des maîtres de ressusciter par delà les années. Dans cette Allemagne de la Réforme, la violence et la sincérité de l'émotion chrétienne sont, chez Dürer, d'un homme d'autrefois. Je ne veux pas dire qu'il soit le seul à sentir, il y avait autour de lui trop de ferveur dramatique et de passion combattante. Et je pense moins à la *Vie de la Vierge*, si humaine, si tendre, ou même à la grande suite de la *Passion*, qu'à l'*Apocalypse* de saint Jean. Ce thème extraordinaire, propagé par les illustrateurs du commentaire de Beatus, inspira au xiie siècle, on s'en souvient, les plus belles inter-

prétations figurées sur les tympans des basiliques romanes.
Certes Dürer présente peu de traits communs avec les sculpteurs de Moissac, de Conques et de Beaulieu. Ils travaillent
dans la pierre, pour une architecture, d'après des canons des-
potiques, et lui, il a la liberté de combiner comme il veut.
Ils retiennent la scène du Jugement et les figures des vingt-
quatre vieillards, tandis qu'il illustre page à page cette formidable cantate. Mais ils ont les uns et les autres le même
sentiment des réalités fulgurantes, la même familiarité des
lieux terribles, et aussi la même passion édifiante. Bien plus,
des pages comme le *Cantique des élus au ciel* évoquent les
compositions byzantines, et la savante symétrie des figures,
dans le *Combat des anges*, se rapproche des formules géométriques qui ordonnent les tympans. Le Christ aux sept can-
délabres n'est pas le Christ de La Lande-de-Cubzac : mais le
glaive de la parole est figuré dans les deux cas avec la même
littéralité pieuse, avec la même majestueuse gaucherie. On
dirait que le sentiment germanique des *Mærchen*, qui transfigure la réalité en vision, collabore ici avec la plus véné-
rable poétique chrétienne de l'Occident.

Dürer est également un homme ancien, et plus ancien que
son temps, et non pas seulement gothique, par sa conception de la nature et de l'espace. La nature n'est pas à ses
yeux un ordre, une série, mais un bloc, une sorte de concré-
tion compacte. Elle ne laisse pas voir où un « règne » finit,
où l'autre commence. Souvent le végétal, griffu, hirsute,
tentaculaire, a quelque chose de la bête, et l'expression de
la bête se rapproche de la mimique de l'homme. L'art moderne choisit et distribue les parties. Dürer prend le tout. Son
paysage fait parfois penser à une motte de terre, coupée en
carré de quatre coups de bêche, et qui inscrit dans le rectangle de papier blanc son pêle-mêle d'étrangetés, les frag-

ments de racines et de radicelles pendantes, les éclats de rocher, les feuilles, les insectes, les êtres qui rampent et, amalgamée au tout, une figurine d'homme escortée de monstres. Ce principe, sans doute, n'est pas constant : on songe surtout au *Chevalier*, au *Saint Eustache*. Mais, même dans des planches moins pleines, où l'on voit jouer le papier, où il n'est pas recouvert partout de cette écrasante profusion, l'espace est à deux dimensions, les formes s'incrustent et s'emboîtent les unes dans les autres, elles se superposent, elles ne se succèdent pas dans la profondeur. Trait bien remarquable, si l'on pense à toutes les expériences du xve siècle sur la perspective linéaire et la perspective aérienne. Et si l'on ajoute que le travail est partout égal, qu'il insiste avec la même monotonie puissante sur toutes les parties, même infimes, que l'étude est partout de la plus austère et de la plus minutieuse loyauté, nous avons le spectacle d'un univers à la fois plat et touffu, dense et ramifié, un labyrinthe de formes entre lesquelles la vue, patiemment, chemine, comme un voyageur dans des lacets de montagne. Qu'on ne s'étonne plus de voir Dürer combiner (vers 1507) ses fameux nœuds d'entrelacs : ils ont, dans son art, une valeur symbolique. Ils sont l'image d'un monde où le commencement et la fin de toute chose sont cachés, où le dessin de la vie suit un parcours continu, entrecroisé, enlacé, le long duquel nous avançons sans comprendre le secret des rosaces, des grilles et des nœuds. On pense à la phrase de Novalis : « Les hommes marchent par des chemins divers ; qui les suit et les compare verra naître d'étranges figures, figures qui semblent appartenir à cette grande écriture chiffrée qu'on rencontre partout : sur les ailes, sur la coque des œufs, dans les nuages, dans la neige, dans les cristaux, dans les formes des rocs... » Ainsi l'obsession du tout et du chiffre du tout s'associe aux caprices les plus occultes de l'Orient, aux combinaisons d'entrelacs, qui ont pour dessous et pour armature les polygones fatimites. Ainsi se succèdent dans un espace asiatique des formes tour à tour passionnément naturalistes et passionnément abstraites.

C'est ici que nous touchons au point critique. Nous voyons bien qu'il n'est pas possible de disjoindre le « gothique » de l'humaniste. Dürer a une vaste curiosité d'observateur, il regarde la vie avec l'attention analytique la plus acharnée, et, en même temps, il refuse de la voir accidentelle, dénouée. Non seulement elle est compacte, elle se tient, mais elle est organisme, elle dessine des combinaisons dont la clef peut et doit être cherchée. L'observateur est aidé par une étonnante acuité visuelle qui assimile le lointain et le prochain et qui les juxtapose ; par une curiosité qui s'intéresse à tous les vivants de la terre, aux plantes, aux coquilles, aux reptiles, aux bêtes rares, à ce massif alpestre qu'est le rhinocéros, aux chevaux dont il a laissé des interprétations si drues et si fortes, à l'homme enfin et à la femme, dont il apprit des Italiens à aimer les membres nus, gorgés de reliefs, parcourus de tressaillements musculaires et puissamment stables : on voit se décomposer et se fragmenter, sous le pinceau du peintre, mais surtout sous le burin du graveur, l'unité de coulée des chairs giorgionesques. Il a cherché et atteint son « canon » harmonique, sa perfection d'équilibre (et de métier) dans sa belle planche d'*Adam et Ève* : mais l'*Hercule*, la *Némésis* et même les *Quatre femmes nues* sont des études de modèles, elles en respirent l'émouvante particularité, elles ont cette qualité d'accent, cette énergie de caractère que donne seule la nature, et c'est par là qu'elles enchantaient la jeunesse d'Ingres, lorsqu'il commençait à réagir contre David. Cette curiosité analytique, cette étude de l'homme, ce goût de la vie sont les traits qui unissent Dürer à la grande enquête italienne, qui le rapprochent de Léonard.

Mais, de même que Léonard, il estime que toutes ces choses disjointes sont secrètement unies. Il n'a pas seulement l'obsession du total et du simultané, il a l'inquiétude du système. Quelle est la langue qui permet de saisir les rapports des parties ? La lange universelle, la géométrie. Il finit par penser à son tour que *la pittura è cosa mentale*, et que la logique des formes organiques est une logique mathématique. On voit combien il serait peu exact de voir là une trace du génie théorique de l'Allemagne. J'ajoute que ce n'est pas non plus, chez Dürer et chez Vinci, comme on le croit d'ordinaire, le trait de la Renaissance. Ils se rattachent l'un et l'autre à une antique dynastie d'esprits dont les origines sont lointaines, mais qui eut au xiiie siècle des représentants trop peu connus. Quand on feuillette l'album de Villard de Honnecourt, on a là aussi le sentiment d'une enquête étendue et d'un effort de réduction systématique par ce que les notes manuscrites de l'auteur appellent la « jométrie ». Les figures d'hommes et d'animaux inscrites dans des triangles et dans des rectangles ne s'y présentent pas comme des procédés de tailleur de pierre, mais comme l'expression réfléchie d'une méthode. J'ai montré ailleurs comment cette méthode était d'accord avec la physique et l'optique d'un philosophe scolastique anglais de la même époque, Robert Grossetête, qui réduit toute la création à des lignes et à des angles et qui voit les matrices de toute forme possible dans deux volumes géométriques, la sphère et la pyramide, servant ainsi de lien et de trait d'union entre les auteurs des « Perspectives » arabes et la théorie de la « pyramide visuelle » d'Alberti.

Ainsi l'orfèvre de Nuremberg finit par posséder la clef et
le secret. Il dépasse les limites de sa maison, de sa rue et
de sa ville. Comme Uccello, il détient l'univers dans un petit
carré de parchemin couvert de signes et de lignes entre-croi-
sées. Il rejoint la pensée de France, d'Angleterre et d'Italie.
Il reste un grand maître allemand, mais il est le prince d'une
certaine famille spirituelle. A la fin de sa vie, il croit avoir
résolu l'antinomie entre l'objet et le signe, entre la vie
fuyante et la stabilité de la raison. Mais, quatorze ans plus
tôt, il en doutait encore et l'expression qu'il a donnée à son
inquiétude nous touche plus profondément que sa sérénité
de théoricien. En gravant la *Mélancolie*, il a groupé autour
de l'ange aux ailes d'aigle tous les instruments de la mesure et tous les outils de la technique. Voici l'échelle du ma-
çon, l'équerre, la scie et le rabot ; aux parois d'un stylobate
sont suspendus un sablier, des balances, une machine à
compter ; sur le sol reposent une sphère et un énorme polyèdre de pierre. L'ange tient un compas à la main. Mais
il s'est arrêté dans ses calculs et il regarde dans le vide
avec anxiété. Existe-t-il donc un élément qui ne se puisse
réduire à la mathématique et que la mesure soit incapable
de saisir? Un chien sommeille, plongé dans une inertie
aveugle ; un enfant travaille avec une application innocente ;
l'ange inquiet a interrompu son labeur. La banderole fixée
aux ailes de la chauve-souris. qui vole contre un soleil
rayonnant et funèbre, nous dit le sens de l'œuvre, sans nous
en expliquer les raisons. Jamais Dürer ne fut plus puissant
et plus plein ; peu de compositions d'un plus bel équilibre
et d'une plus rigoureuse étude. Mais cette *Mélancolie*, d'un
accent si poignant et si fier, est plus énigmatique que mystérieuse.

Toutes choses nous sont trop présentes, trop à portée de

notre main, trop concrètes. Elles sont denses, elles pèsent, elles ont l'autorité du volume, la qualité juste du détail ; nous les voyons comme si nous les touchions et, traitées rigoureusement de la même façon, elles présentent toutes le même intérêt. Les plis admirables de la robe de l'ange (qui n'ont plus rien d'ornemental), fripés, fatigués, vrais, sont d'une étonnante étude qui ne laisse rien à deviner. Tout est dit, tout est su, rien n'est suggéré. Union singulière d'un poète, familier des plus hautes pensées. des songes les plus beaux, et d'un observateur implacablement concret. L'échelle des rapports cachés qui mettent en évidence certains objets, qui en dissimulent d'autres et qui les esquissent faiblement comme des remous légers, l'éloquence de ce qui est présent et invisible, la sonorité réciproque des apparences, ces notes impondérables auxquelles nous tenons tant, Dürer ne leur fait pas place dans son univers. Ce magnifique intellectuel associe le monde des formes et le monde des idées, la technique de l'outil et la technique de la raison : mais il lui manque ce charme magique qui, dans le fini, évoque l'infini. « Suggérer, dit le penseur oriental, voilà le secret de l'infinité. » Tout est juste, tout est noble et beau, dans cette image du monde et de l'homme, et tout est pétrifié.

Par là, Dürer se sépare de Vinci. Ils sont tous les deux des enquêteurs universels, ils ont eu la curiosité du tout ; ils ont l'un et l'autre le sentiment du merveilleux dans le naturel (ce privilège des maîtres), l'aptitude à raisonner sur des relations mathématiques. L'homme est pour eux le théâtre des expériences décisives, le modèle de toute spéculation possible sur les formes. Mais l'Italien a une poétique de l'espace, de la lumière et des passages. La continuité de son art est une modulation. Cet artisan si scrupuleux, qui a tant peiné sur son enquête (au point d'en fatiguer les ré-

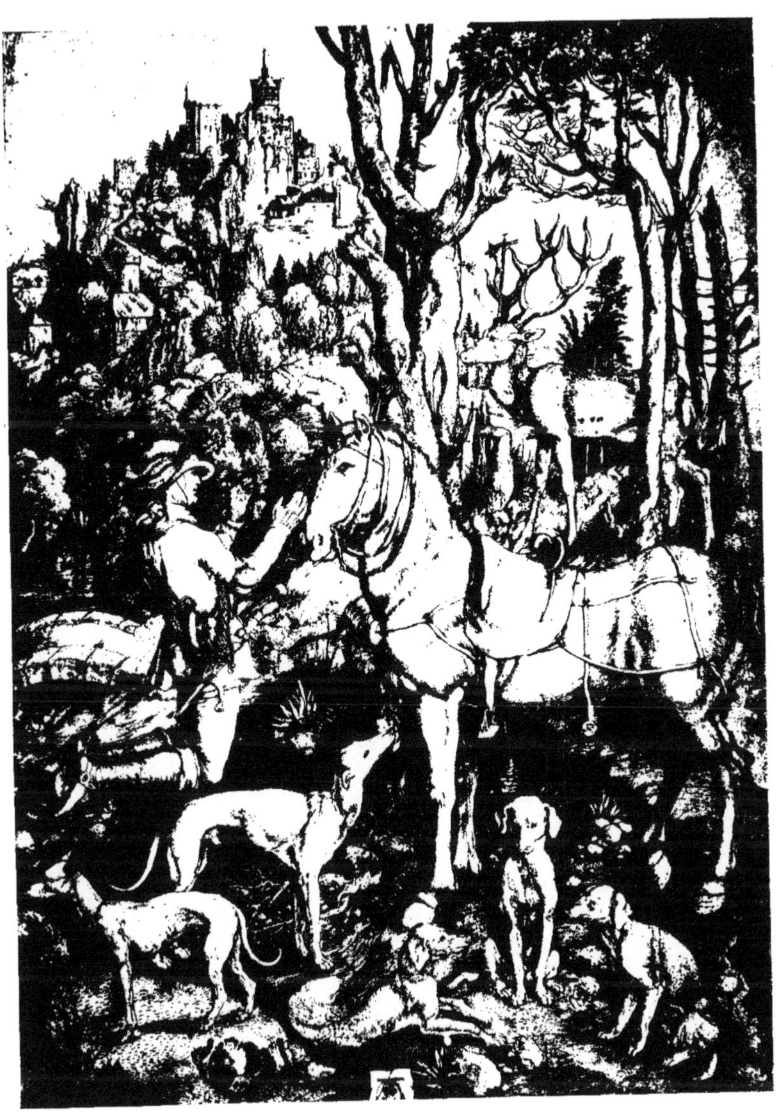

ALBERT DÜRER. — Saint Eustache

sultats), s'applique à en dissimuler les démarches, à les présenter comme des nuances simultanées. Ses combinaisons de l'élément mâle et de l'élément féminin, du lumineux et du clair, de l'organique et de l'inanimé, de la géométrie et de l'émotion, ont le caractère, non d'une solution ou d'un terme, mais d'une révélation. Ainsi les choses séparées se retrouvent unies, non par une recette de l'intelligence, mais par une divination du mystère qui réside en elles. Ainsi la beauté brille sur le visage des femmes et des héros androgynes, sans l'aspérité des formules, sans l'évidence des mesures, mais comme un reflet de paradis perdu. Le monde est le monde, — et quelque chose de plus.

Mais qu'il est fort, bien tendu, bien construit, puissant, sévère, celui où Dürer nous conduit! Même dans ses récits légendaires, dans ses allégories chrétiennes et chevaleresques, dans les méandres de l'ornement, dans la zoologie des monstres, il est resplendissant d'une loyauté ouvrière ; les fioritures du calligraphe sont tracées d'une main qui jamais ne trembla. Rien n'échappe à l'acuité de cette loupe, à la haute tension de ce style catégorique. Le style, voilà en définitive l'unité qui confond et qui assimile les diversités de l'homme. Ce grand artiste a heurté sa curiosité à ce qui lui était peut-être le plus contraire, il s'est dépaysé, il a oublié ses maîtres de naguère pour recevoir des leçons nouvelles, il a voulu sa propre contradiction et cherché sa propre conciliation : l'histoire de son œuvre nous montre les dépôts de ces alluvions. Mais Dürer, à travers les années, conserve et maintient la souveraineté de son style, comme tout homme garde la particularité de son écriture. C'est là sa langue et son intonation. Elle est d'une exemplaire fermeté, d'une richesse de substance peut-être unique. Ce n'est pas un réseau léger, une coulante profusion de voyelles, mais une armature d'un précieux métal. Appliquée au portrait, ou plutôt à la géographie du visage humain, on voit bien ce qu'elle est capable de donner, non pas peut-être les harmonies de l'âme, mais la redoutable intensité de la vie. Cet œil qui sait voir et cette main qui sait écrire n'ont jamais enveloppé, dissimulé, noyé ; on peut dire qu'ils n'ont jamais menti. Dürer, sans doute, s'est intéressé à la classification des hommes en tempéraments, là encore il fut séduit par la beauté d'un système, il l'illustra. dans ses figures des *Apôtres*. Mais devant Albert de Brandebourg, Wilibald Pirkheimer, Mélanchthon, Erasme, il fait moins de physiognomonie théorique (il en fait toutefois) qu'il n'est témoin et scrutateur. Ce que furent ces hommes-là selon la chair et selon le siècle, Dürer nous le dit avec une incroyable passion de vérité. Cette qualité intense, n'est-elle pas, elle aussi, poésie ?

Je ne puis pourtant m'empêcher de penser à un autre maître, Holbein, que tant de choses rapprochent et tant d'autres séparent de Dürer. Ces deux grands artistes ont été également avides de la pensée de l'Occident, ils ont mêlé leur germanisme aux expériences étrangères. Holbein, d'Augsbourg, a vécu à Bâle, en France, en Angleterre ; Dürer, de Nuremberg, a voyagé aux Pays-Bas, en Alsace, en Italie. Comme Dürer, Holbein tient fortement au moyen âge, dont il illustre, en plein xvie siècle, par la *Danse des morts*, une des plus poignantes obsessions ; en étudiant les effigies funéraires de Bourges, il se rattache à la tradition de nos « tumbiers ». Dürer et lui furent tous deux des poètes religieux d'accent ancien, des portraitistes de donataires, les peintres des douleurs du Calvaire. Tous deux enfin sont d'énergiques et sensibles observateurs de la forme. Mais Holbein se sépare du merveilleux mage-ouvrier par l'élégante fierté d'un style qui respire l'unité et la paix, par une puissance d'intuition qui abolit les saccades de l'analyse. On le voit bien quand on compare les deux *Erasmes,* le portrait du Louvre et la gravure de Dürer. Ce dernier insère l'une dans l'autre, avec une violence presque sauvage, des pièces anatomiques qui composent un admirable masque d'homme. Le secret d'Erasme, Holbein l'a saisi, non par l'analyse, mais par l'effet de quelque vertu secrète, et d'un seul coup, après une lente familiarité. Il est de l'ordre de ces portraitistes « intérieurs » qui disent sans effort ce que dissimulent la peau, les muscles, les os, et qui le fixent pour toujours, dans une paisible et silencieuse vie.

C'est vrai. Mais Dürer a le privilège de son inquiétude. Et c'est là sa qualité héroïque.

REMBRANDT

EMBRANDT et Shakespeare représentent ce qu'il y a de plus mystérieux dans le génie du Nord, l'inquiétude d'une vie profonde qui se meut derrière les apparences et qui mêle aux événements ordinaires le chatoiement d'une féerie sombre. Si l'on compare à leurs étonnantes créations les images et les rêveries dues aux plus richement doués des Méditerranéens, ces dernières ont toujours quelque chose de limpide et de transparent. Les perspectives ombreuses qui se répercutent et se multiplient à l'infini chez Rembrandt et chez Shakespeare conduisent notre imagination au seuil d'un monde invisible ; l'espace et les nombres y perdent leur vertu ; nous n'avons plus de mots pour qualifier ces tressaillements cachés dont la forme humaine est l'enveloppe tragique. La force des enchantements celtes et le don des métamorphoses confèrent au génie de Shakespeare un pouvoir occulte. Chez Rembrandt, le passant de la rue aux Juifs, pareil à la sorcière d'Endor, fait se lever de la crasse et de la poussière des théophanies éblouissantes. Des nuits pleines d'anges, de morts lentement éveillés, de cortèges furtifs gravitent autour de sa lampe de cuivre, et le pentacle dessiné sur le plancher de la chambre, près de la porte, interdit à ces doux démons de s'évader hors du logis du songeur. Shakespeare leur donne

un nom, il les intercale dans l'histoire humaine, il les ha-
bille en Hamlet, en César et en Coriolan, il met dans leur
bouche la rhétorique retentissante du siècle d'Elisabeth, il
insère dans leur langage, comme un graveur d'inscriptions,
des maximes de sagesse politique et l'amer résidu de l'expérience humaine, condensé en formules. L'homme de théâtre
a besoin de ces parades et de ces cliquetis, de ces batailles
et de ces artifices. Il fait jaillir Ariel d'un feu de Bengale.
Le choc des épées de Philippes lui est un ornement nécessaire. Les annales anglaises, de l'Heptarchie à la guerre des
Deux-Roses, sont l'arsenal de ses machinations. Rembrandt
se contente de se regarder dans un miroir.

Voilà l'une des merveilles de cet art dont le faste le plus
singulier, Louis Gillet l'a montré, fut de s'épier et de se dé-
router sans cesse à travers le visage du même homme. Qu'y
cherchait-il? La solution d'une énigme psychologique? Bien
plus l'énigme que la solution elle-même. Combien est courte
la philosophie du portrait quand on la limite à l'identité ! Il
devient proprement un genre de nature morte. Le véritable
portrait est celui qui suggère l'insaisissable et qui, aux yeux
du modèle et de toute une famille, également terrifiés, fait
paraître un inconnu soudain, comme un nécroman évoque
une ombre royale. Rembrandt qui se déguise, qui se coiffe
d'un turban ou d'un casque, appelle à la lumière, du creux
des profondeurs, d'étranges apparences d'hommes qui sont
lui-même et dix autres. Il ne cherche pas à se voir sous
son vrai jour, il développe, il déroule la multiplicité de
ses vies. Il est à lui seul toutes les *dramatis personæ*, il
se joue, en vingt actes silencieux, une fable scénique qui
n'a point de fin et qui sans cesse recommence. Sur le plan
de la vie terrestre, on peut dire qu'il écrit ainsi ses mémoires, son bonheur, sa jeunesse, sa maturité soucieuse, sa

vieillesse formidable qui fut celle d'un devin et d'un mage.
Les biographes s'appliquent à saisir dans chacune des minutes de ces personnalités successives un lien qui corres-
ponde à la séquence du calendrier de ses jours. Mais nous
savons que ce sont là autant d'hôtes divers et secrets que
Rembrandt accueillit confidentiellement dans son crépuscule et qu'il congédia, le doigt sur la bouche, après les
avoir faits les dépositaires d'un trésor particulier. C'est de
la même manière qu'il regarde ses autres modèles et qu'il
interroge l'hôte étranger dissimulé derrière la trompeuse
banalité de l'espèce. Il saisit les habitants de cette Hollande
proprette, égoïste et prospère, les dignitaires de la synagogue et de la faculté, les trafiquants par mer, les capi-
taines d'archers, les épouses empesées de lingerie, et il les
transpose dans l'ordre du mystère, il les approfondit en
arrière-plans et en cachettes comme sous un jeu de miroirs
enchantés. La Hollande de Frans Hals s'épanouit dans l'évidence et dans la santé physique ; elle rit en montrant une
denture de loup, en faisant craquer d'allégresse des chairs
vernies et bien tendues sur lesquelles la lumière se pose par
touches brusques comme sur un ventre de pichet. La Hollande de Frans Hals se réjouit d'être la Hollande à table et
de célébrer des tournois sans péril parmi des étendards, des
dessertes, des pièces d'armure, des ajustements de buffle,
de satin et de métal, plus vrais que nature. La Hollande de
Frans Hals, au-dessus de la fraise godronnée, s'épanouit
comme un beau fruit de plein vent, mouillé de sève et
mouillé de pluie. La Hollande de Rembrandt s'évade des
villes bâties en anneaux concentriques et des chambres dal-
lées où les objets, disposés autour d'une fleur exorbitante et
dépourvue de parfum, ont la fixité, la préciosité terribles des
accessoires d'une maison de poupée. Elle fuit ce petit monde

bizarre, étriqué, charmant, où les médecins examinent des
liquides dans des ballons de verre, où les messagers re-
mettent des billets pliés en forme de nacelle à de jeunes
femmes pâles et paisibles comme des accouchées, dans leurs
petits paletots bordés de cygne, où des amateurs font de la
musique de chambre dans des chambres agencées comme
des instruments de musique : elle rejoint le domaine des
patries perdues, les cités de Kabbalistes, un Orient brumeux
de soleil, la nuit dorée où l'ange se penche sur l'épaule de
l'Évangéliste. Seul parmi les Bataves, Karel Fabritius connut,
à propos d'un visage humain, cette puissance de transfiguration et de dépaysement. Lui aussi il sut enclore dix vies
en une et douer l'image de l'homme de ce silence fourmil-
lant d'échos qui circule, par exemple, autour des *Syndics*.

Ces derniers, le lecteur de Taine s'étonnera toujours avec
admiration de les voir à ce point Hollandais, syndics et dra-
piers. Et il est bien vrai que Rembrandt ne s'est pas dérobé
au spectacle que lui proposait la vie, il n'avait pas besoin
non plus de les costumer en déités ou de leur prêter ces
agréments d'emprunt, ces airs et ces tournures par lesquels
les mauvais peintres croient changer des bonshommes en
héros. Mais la richesse de leur humanité lui était si substan-
tielle et si dense, il les a nourris d'une sève si ardente et si
personnelle, il les a étoffés d'une telle ampleur qu'ils s'élèvent
à cet ordre supérieur de vérité qui n'est plus qualifiée par
la race, le milieu, le moment et la profession. L'âme n'est
pas un fluide léger qui baigne une silhouette mince, c'est
une force riche et vibrante. Elle ne volatilise pas la figure
humaine, elle ne la noie pas dans une saumure psychique,
elle lui confère une sorte de solidité troublante et d'évidence
magique. Ils sont là, ces morts éternels, non comme des

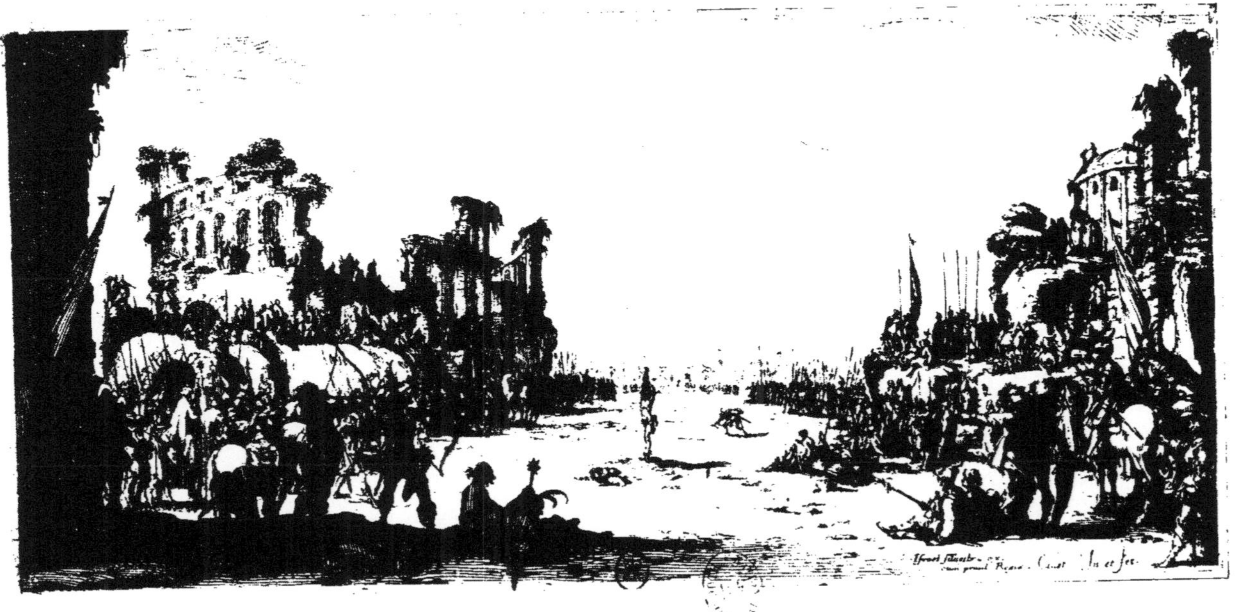

CALLOT. — LE MARTYRE DE SAINT SÉBASTIEN

vivants momentanés, mais comme d'éclatantes apparitions fixées à jamais.

Chose terriblement secrète en vérité que le visage le plus banal, le plus usé, le plus commun et même apparemment le plus vacant de toute pensée. Ce n'est pas la façade d'un édifice, mais la saillie d'un monde intérieur qui plonge dans le passé le plus reculé de l'espèce, travail du temps qui ne se dénombre pas par années, mais par siècles. Une foule de disparus se presse là derrière pour prendre contact une fois encore avec la vie. Leurs traces sont plus que des passages d'ombres, plus que des ondes fugitives animant une minute l'instabilité des physionomies. A mesure que les jours se succèdent, elles s'installent dans la chair avec plus d'autorité. A la besogne de ces légions obscures s'ajoutent les vestiges des êtres que nous avons été et que nous avons dépouillés l'un après l'autre. Et encore tous les passants de nos rêveries, et encore tous les familiers tyranniques de nos obsessions et de nos habitudes, si bien que le visage d'un homme est en même temps qu'un solide dans l'espace le répertoire d'une langue inconnue, d'une série de mystères qui se superposent et qui s'enchevêtrent.

On suit les progrès de Rembrandt dans cette voie étrange, depuis la *Leçon d'anatomie* du professeur Tulp jusqu'au *Rembrandt* au bonnet de linge, par exemple. Le chef-d'œuvre brillant de sa jeunesse est une extraordinaire machination d'attitudes et d'expressions, et c'est par là sans doute qu'il frappa le public et qu'il obtint son succès. L'art du metteur en scène et le brio du peintre l'emportent sur la qualité confidentielle de ces visages d'hommes, groupés au surplus pour une exhibition d'apparat plus que pour une révélation intime. J'y discerne, même dans le faste académique auquel se sont toujours complu les professeurs de médecine, une sorte d'humour, peut-être involontaire, d'une singulière saveur. Certes tout est vrai dans l'échelonnement et dans l'intensité relative de la vie psychologique, dans la gamme des attentions et des réflexions, et il y a là, réunies avec une science consommée, autour de la gravité sacerdotale du maître officiant sa leçon, de bien belles têtes pensives d'hommes d'étude. Mais cet art si sûr reste malgré tout à la surface de l'objet. Il étreint l'individu, il rend compte du caractère, il atteint l'acuité de la ressemblance physique et morale, mais, derrière ce prestigieux arrangement de portraits, l'inquiétude et le mystère font encore défaut. Ce qui nous reste de *La Leçon du Professeur Deyman* nous fait penser que l'harmonie spirituelle en était plus grave et plus recueillie et que le sentiment des présences cachées s'y mêlait poétiquement à l'évidence des présences visibles. Autour de Tulp règne une froideur d'hôpital bien tenu ; autour de Deyman une sorte d'horreur paisible, et le mort, vu de face, dont la tête soulevée nous regarde, ce n'est pas seulement un morceau de nu, un sujet d'amphithéâtre, mais l'homme qui fut.

Les *Syndics* laissent tomber tout artifice de présentation. Aucune mimique ne nous détourne, ne nous distrait de l'essentiel ; leur première vertu, c'est la certitude de la sobriété. Le thaumaturge qui ressuscite la Bible et qui pénètre avec Saül dans l'antre où les pythonisses arrachent les cadavres à la nuit du tombeau se confine ici à un rigoureux ascétisme. Ce qui ne veut pas dire qu'il renonce à ses moyens de peintre : les mains, l'admirable tapis rouge en sont la preuve, mais la poésie de la figure humaine est la plus forte, sans le secours d'aucun paraphe cérémoniel. On vit naguère au Louvre (elle est maintenant à Bayonne) une excellente copie des *Syndics* par Bonnat : je l'observai de près, c'était l'œuvre d'un bûcheron doué, il avait bien imité l'écorce. Je serais tenté de préférer une petite étude de Ricard qui est à Lyon. Le sentiment en est agréable et tel que « l'amour des Hollandais » pouvait l'inspirer à un délicat peintre du Second Empire, d'ailleurs subtil évocateur de féminité trouble, mais d'un génie trop fluide, et de pliante carrure. Ces portraits de groupes s'enrichissent d'une sorte d'intensité réciproque. Il est étonnant de voir ces hommes ensemble, qui ne parlent pas et qui nous considèrent fixement. Mais, à la réflexion, la solitude à laquelle est vouée, dans son cadre d'ébène ou d'or, la figure unique est quelque chose de plus singulier encore : on la dirait prisonnière d'un enchantement et comme suspendue au-dessus du temps écoulé, dans un monde immobile qui n'est ni celui de la vie ni celui de la mort et où elle converse perpétuellement avec elle-même. Elle nous regarde d'une région vraiment inaccessible où se sont accumulés les songes, les regrets et les illusions de l'homme, figé dans une solennelle stupeur.

Pour des peintres comme Rembrandt, la vieillesse et la solitude sont des forces qui les multiplient. Sous le bonnet de linge, la richesse du passé, le frémissement nombreux des vies successives, enroulées autour de la même âme, la mystérieuse sagacité d'un regard qui a longtemps possédé le visible et l'invisible confèrent au masque de l'homme attentif et sévère autant de privilèges royaux. Rembrandt est de ces maîtres très rares qui ont eu le sens épique de la vieillesse ou même de ces prémices du grand âge, qui ne sont encore exempts ni de force ni de chaleur. Les années dessèchent et rapetissent beaucoup d'artistes, et même de la haute taille. Elle cristallise leurs dons sous une forme acide et proprette. Le génie de Rembrandt vieillit comme un élixir et sa puissance se concentre sous un moindre volume.

Comme Velasquez et Tintoret, il se contente désormais d'une langue étonnamment abrégée, riche en inflexions méditatives. La vieillesse ne lui est pas le vestibule de la mort, mais une première flamme 'd'immortalité. Elle est, non une décrépitude, non une déchéance, mais le point le plus haut de l'existence, elle en ramasse les triomphes et les désastres pour les calciner dans une fournaise dorée. Parfois le génie prophétique s'allume dans ces rayonnants crépuscules. Dans l'ombre des destinées détruites, dans le tabernacle des races déchues, la possession du temps et la maîtrise de l'avenir s'installent avec souveraineté. Le rabbin s'enfonce sauvagement dans sa délectation morose et serre les dents sur le maître-mot qui, prononcé, ferait éclater l'univers. Saint Mathieu, l'œil hagard, le poil hérissé, écoute la voix inconnue qui monte dans la nuit et qui lui dicte un texte de feu.

Le fluide dont il se sert pour animer les vivants et les morts, c'est la lumière. Elle fut entre ses mains comme la verge de Moïse et, tandis que les autres peintres l'utilisaient comme une servante, il la révéra comme une magicienne. Déjà Vinci s'était approché d'elle et avait essayé de la soumettre à des mesures secrètes. Il avait ainsi construit d'étranges fugues d'ombres et de clairs, répercutant dans un autre mode les combinaisons des sphères et des prismes. Il avait noté qu'elle n'est pas indifférente aux heures du jour et que le rayon du couchant se posant sur le front des servantes assises contre le fond en velours noir des portes ouvertes donnait à ces rustiques quelque chose de la beauté des anges. Lumière triste et paisible d'une soirée lombarde, onctueuse, égale et brillante comme une noble chair. Elle n'est rien en soi que la sœur éclatante de l'ombre ; elle coule paisiblement et passivement du haut des fronts arqués sur les mains qui la reçoivent comme une source. C'est cette fluidité de la lumière qui frappe chez Vinci. Ce sont ses alternatives brusques et violentes qui nous heurtent chez Caravage et chez les peintres de Naples, — lumière de guet-apens et de mauvais coup qui semble avoir traversé des souterrains pour venir se poser avec lividité sur des assassinats et sur des supplices. Cependant, on va le voir, un petit peintre nomade, venu des bords du Rhin, allume dans les nuits romaines une lanterne d'écurie et il la suspend au poing des Tobies et des Samaritains. Il s'émerveille de voir les ténèbres nocturnes graviter silencieusement autour d'un lumignon qui a moins pour objet de les dissiper que de permettre à la vue d'en sonder les mouvantes profondeurs. Comme Gherardo delle Notte, mais selon une poétique plus concise et plus rare, il enseigne à l'Italie à célébrer la messe de minuit, il tempère le grand soleil dévorateur de la Renaissance par une rafraîchissante draperie d'ombres.

Mais ces machinations de la lumière laissent voir leur source même et sont proprement des effets de lampe. Une chandelle plantée dans un goulot de bouteille, voilà le secret de la féerie, ou la lueur rougeoyante d'un brasier allumé par des pâtres. L'art qui en sort obéit, au fond, à une esthétique de feux de Bengale. Certes, il convenait d'allumer ces fanaux pour sculpter dans la nuit des apparences inédites et pour rendre la nuit elle-même sensible aux yeux. La lanterne d'Elsheimer s'enfonce dans un univers inconnu, d'une richesse inouïe ; elle est comme le caprice d'un enfant, se donnant gaîment carrière au milieu des merveilles les plus étranges, ou mieux encore, un souvenir d'auberge, une halte de rouliers, au milieu d'un conte de fées. C'est ce charme enfantin qui donne leur prix aux œuvres d'Elsheimer, à ses petits effets d'optique, à son petit théâtre chinois construit avec l'ingéniosité patiente d'un bon ouvrier en sortilèges, à la fois l'ami des nymphes, des saints et des mandragores.

Mais un génie plus puissant est le vrai prédécesseur de Rembrandt dans ces régions singulières où la lumière acquiert son énormité généreuse et son pouvoir de fascination. Nous savons bien peu de chose d'Hercule Seghers, sinon que Rembrandt le tenait pour son seul maître, qu'il vécut misérable et que son inquiétude et sa curiosité le poussèrent à plus d'une expérience. Je fus tenté de l'arracher à son obscurité et de lui donner sa place dans cette galerie des visionnaires que je laisserai, hélas ! incomplète. Je me rappelle les heures d'étude passées au cabinet des Estampes du Rijks Museum, à Amsterdam, devant ces planches difficiles à déchiffrer comme l'écriture d'un peuple oublié, d'ailleurs fort bien reproduites dans la luxueuse publication de Cassirer. Elles livrent peu de secrets : au contraire, elles semblent obscurcir encore l'énigme. Ce sont de vastes mouvements de terrain, qui semblent avoir été fendillés dans tous les sens par un soleil de malédiction, des rocs erratiques, cariés par d'épouvantables maladies planétaires, de hautes barrières montagneuses qui rappellent les cirques et les vallons si richement onduleux des derniers paysagistes du xvie siècle aux Pays-Bas, ces incomparables constructeurs de Tours de Babel et de Monts Ararat. L'absence totale d'effet laissant jouer partout une lumière égale et mortuaire fait penser à des préparations pour des tirages en couleur. Peut-être Seghers en avait-il pris une première pensée dans des estampes, non pas japonaises, mais chinoises, rapportées par un navigateur. Le trait d'élégance exotique qui caractérise d'une manière si frappante certains grands arbres aux branches qui pendent dans une petite planche en hauteur serait fait pour autoriser une pareille hypothèse. Mais ce ne sont pas les planches de Seghers qu'il nous faut interroger si nous voulons subir une fois de plus et comprendre l'ascendant impérieux et bizarre qu'il exerce sur notre imagination. Certains de ses paysages, comme celui de la collection Goekoop de Jongh, nous montrent une Hollande riche en tons fins et chauds, rehaussée de quelques roux aigrelets et de verdures pâles, sous des ciels amples, transparents et légers ; d'autres, et ce sont sans doute les plus typiques, nous dépaysent avec violence, et nous croyons être en présence des derniers replis de la vallée de Josaphat. La lumière concentrée sur des terrains farouches semble l'émanation de la matière dont ils sont faits. Un ciel obscur et tumultueux la circonscrit de toutes parts et pèse sur elle comme la menace de la nuit éternelle sur le dernier jour du monde. Devant des pages de cet ordre on est tenté de penser à ce qu'il y a de plus farouche et de plus désolé dans la Bible, sans qu'aucune intention de sujet ait gouverné l'artiste. La seule poésie de ces paysages épiques, c'est la poésie des éléments. C'est par de tels prestiges que s'impose à notre mémoire l'Hercule Seghers du Musée des Offices, où toute la modernité d'un Constable s'associe à je ne sais quel faste d'antiquité solitaire. La lumière y resplendit avec une solennelle tristesse, dans une atmosphère trouble, toute pleine de périls cachés. Elle n'y est plus le rayon de la lampe ou de la lanterne, un feu de pâtre oublié, une mince singularité de théâtre, elle devient l'âme de la peinture. Seghers n'en a pas dérobé le secret aux paysagistes flamands de l'école fantastique, à laquelle il doit d'ailleurs peut-être beaucoup, car il est de la même famille d'esprits : ses estampes le démontrent. Mais ils se contentent le plus souvent d'un jour bleuâtre, d'une qualité précieuse, qui dévore peu à peu leurs lointains montagneux.

Chez lui, la lumière s'orchestre sur des roux et des jaunes qui tantôt ont l'ardeur de la flamme et tantôt le vieillissement de l'or. Sa touche semble la pétrir avec une élastique densité. Elle parcourt hardiment les formes et les fait tressaillir d'une vie chaude. Elle a déjà une valeur évocatrice, je veux dire qu'elle est un spectacle qui, à lui seul, en suggère cent autres. Bientôt elle sera poudroyante de visions, elle aura la qualité émotive de la musique. C'est là que s'ébauchent pour la première fois ces grandes annales solaires dont Rembrandt va être l'interprète ébloui, bien plus encore que chez les petits luminaristes à la chandelle, qu'il n'oubliera pas non plus.

Nous entrons ici dans un domaine si mystérieux et si difficile à définir que notre esprit une fois de plus hésite devant la tâche de transposer dans l'ordre de la pensée et dans celui des mots ces énigmatiques évidences. Il semble tout naturel de parler du clair-obscur de Rembrandt : en réalité, il nous a peut-être doué d'un sens de plus. Il nous a appris à nous enfoncer avec lui dans des ravines de clarté ou dans des nuits soudain retentissantes d'un halo de foudre, dans les steppes raboteuses de demi-jour ou dans une pénombre liquide où baignent de molles lueurs. De ces spires de feu, de ces concavités nocturnes il a composé des espèces de pavillons ouverts sur les jardins les plus secrets de l'âme, sur les plus poignantes nostalgies, sur les méditations, sur les tendresses, sur les tristesses du dieu caché qui, impatiemment, nous habite. C'est une langue riche d'échos intérieurs. Mais cette fantasmagorie qui se meut parmi les ombres n'est pas un brusque éclair ou un reflet incertain. Elle est construite selon les lois d'une géométrie de sorcier. Ce n'est pas toujours dans les compositions les plus amples qu'elle a sa plus grande qualité poétique. La *Ronde de Nuit*

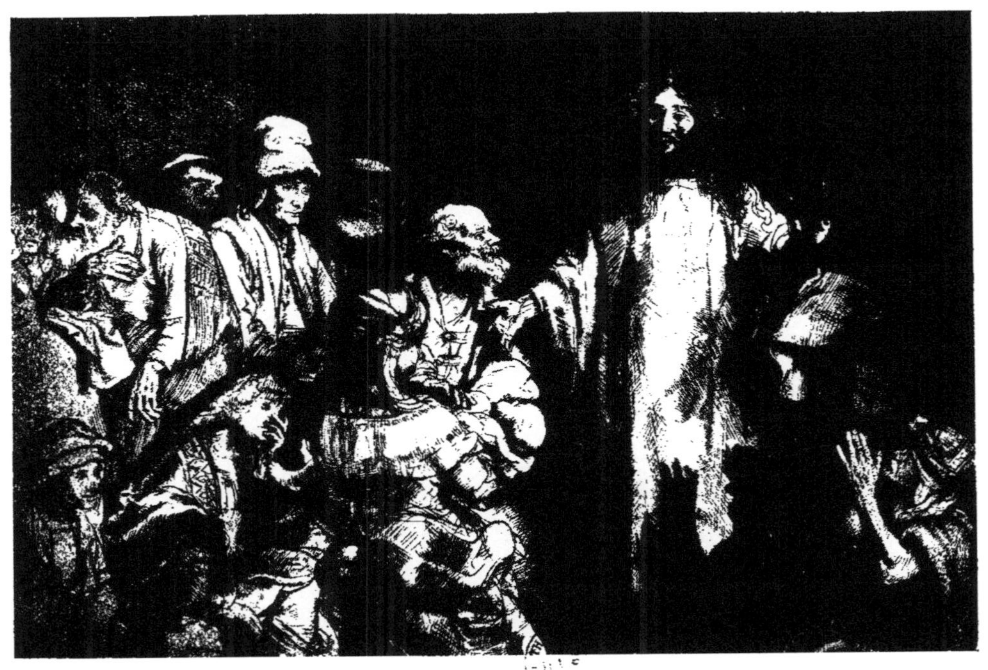

REMBRANDT. — Le Christ dans la « Pièce aux Cent Florins »

qui, on s'en souvient, n'est pas originellement nocturne,
mais diurne, met le feu à la grisaille du jour, avec un choix
remarquable des matières alternativement les plus combus-
tibles à la lumière et les plus spongieuses d'ombre. Dans un
creuset de ténèbres, elle transmute en or les tissus, les armes
et les chairs, avec une intensité presque irritante. Elle ne
combine pas seulement la puissance du relief et la brusquerie de l'hallucination, elle ajoute à la cadence du mouvement, si bien que toutes ces figures en marche semblent défiler devant nous au son d'une musique de guerre et de parade, et que la *Ronde de Nuit* se présente à la fois comme
l'œuvre la plus puissamment concrète, la plus rêveusement
lyrique et aussi la plus entrainante. Mais son mystère, si je
puis dire, est tangible. Il y a en elle de la magie et du procédé. Elle est comme l'immense exercice d'un don qui se
cherche et qui se fait. Cette note est aggravée par la présentation du Musée d'Amsterdam. La toile, hissée sur une
estrade, à quelques pieds de terre, est comme l'écran d'un
cinéma. Un ton vert sale enduit les murailles. Des projec-
teurs électriques dissimulés inondent le chef-d'œuvre de leurs
feux de théâtre. Ces combinaisons d'un goût discutable enveloppent la *Ronde de Nuit* d'une atmosphère savante et
cruelle.

Il serait d'ailleurs possible de reconstituer et de classer
toutes les expériences de Rembrandt sur la lumière, depuis
les effets de lampe (la lampe est tantôt une lampe, tantôt un
être vivant) jusqu'à la lueur si sensuelle et si tendre qui
émane du corps de Bethsabée nue, dans le velours de sa
chambre secrète, en passant par ces merveilleux coquillages
qui s'enroulent et s'effilent en une pointe de feu pâle, où
le philosophe, lumineusement, médite. Presque toujours, ces
clartés dans la nuit ont un caractère surnaturel, elles ne

viennent pas du soleil des vivants, mais d'une source plus lointaine. Le Christ des *Pèlerins d'Emmaüs*, dans la collection Edouard André, est comme enveloppé de la flamme douce d'une médiumnité. La tombe ouverte de *Lazare* révèle aux hommes éblouis les splendeurs de l'aube éternelle, un réseau ténu et vibrant s'exhale comme une haleine du corps du *Christ guérissant les malades*. C'est à peine une lueur, bien plutôt une ondulation de l'éther, l'insaisissable activité d'un pouvoir immatériel. Une roue de flamme timbre d'un sceau formidable la nuit de l'*Annonce aux Bergers*. Un météore éclate en silence contre la fenêtre treillagée de plomb du *Docteur Faustus*. Dieu ou le démon ont incrusté dans cette auréole errante des lettres d'une flamboyante obscurité. Dans le dernier état des *Trois Croix*, le ciel s'ouvre pour laisser passage à des ondes torrentielles de rayons.

Cette poétique de la lumière, cette construction de la lumière conviennent à l'évocation des prodiges. Elles emplissent du souffle de Dieu les profondeurs de la nature et de l'homme. Elles mettent autour de la Bible la fulguration du Sinaï, mais elles s'apaisent parfois sans rien perdre de leur étrangeté lorsqu'elles s'exercent sur ces thèmes encore plus miraculeux, la vie ordinaire, le paysage terrestre, l'homme de tous les jours. Le soleil qui se couche distribue entre les ramures des *Trois Arbres* les longs flots d'une inexprimable tristesse. Le rayon qui gravite autour de la *Famille du Charpentier*, éveillant çà et là des échos légers comme ceux d'une harpe touchée par les vents, a la musicalité d'une prière du soir, un son à la fois religieux et domestique qui glorifie les besognes simples et les humbles objets. Il déroule des cercles autour de l'enfant endormi, caresse au passage tout un univers, tout un trésor, dont il fait miroiter aiblement quelques apparences, à peine séparées des té-

nèbres. Le crépuscule d'or du *Bon Samaritain* est moins fait
de la lumière céleste que de la tiède sonorité des siècles.
Toutes les intimités du demi-jour, tous les mariages mystiques des rayons et des ombres créent le milieu fluidique
où l'âme s'épanche, où s'épanouit la vertu du silence.

C'est avec ces mains redoutables, si habiles à mêler les
secrets de la vie et de la mort, du présent et du passé, des
ténèbres nocturnes et de la clarté solaire, que Rembrandt
entreprit la résurrection d'un peuple, la révélation judaïque.
Il l'arrache à l'infamie et à l'oubli, le dresse en pied dans
sa sordide grandeur. Il rétablit avec plénitude la continuité qu'avait vue le moyen âge entre l'Ancien et le Nouveau
Testament, il les fond l'un dans l'autre, en fait le même
bloc d'humanité violente, pouilleuse, ardente de fièvre
et désespérément triste. Il conçoit un Evangile juif, une
Bible toute pleine de la poésie de Jésus, il juxtapose la
vieillesse sacerdotale, droite et pesante sous l'éphod et sous
la tiare, bandée de phylactères, hérissée d'amulettes, retentissante de bijoux sauvages, et la vieillesse béquillarde, fen-
dillée par cent hivers, rongée de maux inouïs, qu'elle cal-
feutre sous des toisons de bêtes, les acrobates et les para-
lytiques, les tire-laine et les docteurs de la Loi, l'aveugle
cruauté des foules et la tendresse des mères. Il nous entraîne confidentiellement en Israël, c'est-à-dire au fond des
âges et au fond de l'homme. Les ruelles du ghetto sont là,
la synagogue s'ouvre comme une caverne à prières, la vie
gaie ou triste des êtres qui passent s'agglomère autour des
échoppes, derrière le marchand de mort aux rats, derrière les seigneurs de Juda, fourrés de menu vair, derrière les interprètes du Lévitique et du Deutéronome,
derrière l'officiant qui mugit dans la trompe au jour du
Grand Pardon, derrière le médecin à l'œil velouté d'une im-

pénétrable pensée, derrière les femmes et la marmaille, race
intrépide encroûtée des boues de la Pologne ou délicate des
bains d'Andalousie. Il voit vivre sous ses yeux tout ce passé
immémorial, brusquement annulé par la Renaissance, et que
les sculpteurs des cathédrales avaient taillé en colonnes humaines pour inaugurer l'histoire de Dieu aux guichets des
portails. Michel Ange avait conçu la grandeur de la Genèse,
mais sous la figure de colosses préadamites. Aux mains des
Méditerranéens du xvie siècle, les Hébreux étaient devenus
des espèces de mercenaires des Séleucides, de faux Grecs
d'Asie Mineure, des Levantins insignifiants et bien bâtis. Et
même plus tôt, chez certains maîtres du Nord, toute la jui-
verie de la Bible s'était comme cristallisée sur le person-
nage-type d'Hérode, physionomie plus bouffonne que tragique d'une époque qui se complut parfois à un exotisme
de théâtre.

C'est que Rembrandt, plus que la qualité pittoresque et
la bohème des guenilles, chérissait la qualité humaine du
milieu et sa profonde poésie. Là encore il exerça son instinct de la cachette, sa divination attendrie ; le Christ cesse
d'être pour lui un ténor athlétique, il est au delà de l'homme
sans cesser d'être l'homme même. Au fond, la tradition de la
Renaissance avait renoué avec les figures inventées par les
peintres gnostiques qui conciliaient sur des murailles de
tombeaux l'image du rabbi miraculeux et celles des divinités de l'Olympe. Le Christ de la *Pièce aux cent florins*, celui
de la *Petite Tombe* ont l'accent du Juif prophétique et du magnétiseur de carrefour, mais quelque chose de plus, une
fièvre de bonté, un rayonnement affectueux, qui sont l'expression la plus haute de la fraternité humaine.

Debout sur une pierre, dans une sorte de crypte ombreuse,
le fils de David voit accourir à lui son peuple d'affligés,

mêlés aux poussières de la route, accablés de fatigue et de
malheur. A gauche, en pleine clarté, les curieux, les dou-
teurs sympathiques ou fermés ; à droite, dans une nuit
amicale, vaguement caressée de lueurs, tous ceux qui ont
de la peine et qui prennent de la peine, les gisants des
grabats, le paralytique que l'on charrie en brouette, les
mères avec les petits, l'homme aux mains engourdies par
un froid éternel et dont les grosses moufles pendent à la
ceinture, comme d'autres mains, grossières et cordiales.
Tous semblent venus de très loin, du fond des temps, du
fond des pays gelés et brumeux, pour se chauffer au brasier
de cette lumière. Ils ont martelé avec leur pilon les routes
interminables. Ils ont entendu la roue gémissante accom-
pagner avec monotonie leur propre douleur. L'ombre d'où
ils sortent et dont ils sont encore pétris, l'un d'eux, les
mains jointes, la projette sur la robe du guérisseur, et cette
ombre portée de deux mains qui prient, unissant la splen-
deur rayonnante du Christ aux ténèbres des pauvres, super-
posant les deux silhouettes, c'est le trait sublime du visionnaire, la pensée née sous la lampe, au cours d'une méditation solitaire.

Nous voyons revivre ici l'extraordinaire génie biblique
qui éclate au xiie siècle dans les portails romans du Midi de
la France et, à la fin du xive, dans les statues du puits de
Moïse. Je ne sais s'il faut expliquer les uns et les autres par
la même familiarité du ghetto. C'est fort possible. Je ne me
dissimule pas non plus les grandes différences qui séparent
une décoration architecturale fondée sur une interprétation
géométrique de l'espace et un art dont la richesse psychique
nous dérobe avec soin ses combinaisons et ses diagrammes.
Mais les vieux d'Israël, les Juges, les Prophètes, les grands-
prêtres, tous ces anciens des jours à qui le fardeau de l'âge

confère une sorte de majesté animale, et, de plus, ce fumet d'ardeur et de pauvreté, cette rêverie d'Orient nomade, cette poésie des sacerdoces barbares respirent avec la même fièvre dans les grandes pages de pierre et sur la plaque de cuivre du graveur.

La Vierge de Rembrandt est de la même race. Souvent elle apparaît coiffée d'une sorte de chaperon, à la manière des figures de rétables. On la voit toute repliée dans l'isolement mélancolique d'une petite chambre, au fond d'une courette, comme une petite servante appliquée et triste, avec son chat près d'elle et, sur la fenêtre, le pot de fleurs des pauvres gens. Sous le ciel gris et roux des Pays-Bas, elle est encore, par le sentiment de la réclusion, au milieu des objets familiers de sa vie, dans ses vêtements trop portés et usés, cachée dans l'ombre et cachée dans la lumière, un trésor lointain et secret, la merveille de pureté issue d'une lignée royale.

On a déjà noté ce qui se réveille du génie mediéval chez Dürer, en particulier dans l'interprétation de l'Apocalypse, où la matière du bois gravé évoque la rude beauté de la pierre, où des combinaisons d'ornement font penser au système des antiques tailleurs d'images, et ailleurs aussi, partout où l'accent germanique résonne avec force dans la broussaille enchevêtrée du gothique flamboyant. Mais j'ai montré aussi en Dürer le nomade et l'orfèvre, le nomade qui s'est nourri de Giorgione, l'orfèvre pour qui la gravure est bien moins une puissance de suggestion qu'une définition de l'objet. Rembrandt ne fut nomade qu'en songe; c'est dire qu'il alla beaucoup plus loin et beaucoup plus librement. C'est dans le ghetto d'Amsterdam qu'il vit flamber le buisson ardent, et la lumière de ses soirs est portée jusqu'à nous par un rayon inconnu. Quant à la gravure, on peut dire

qu'il l'a arrachée à l'inertie des matières froides, à la cruauté
des outils coupants. Le peintre admirable est encore plus grand
comme aquafortiste. Il a créé une langue nouvelle, que nul
n'avait parlée avant lui et dont le registre, étonnamment
étendu, prête des inflexions ombreuses ou dorées à toutes
les voix de la terre et du ciel. Chaque grand esprit fait sa
technique, la pétrit à son image, lui insuffle la vie de sa
chair et de son cœur, puis il se laisse pénétrer par elle et
cette fille de ses rêves et de ses travaux se développe en
lui à son tour, avec le fourmillement, le foisonnement
d'une plante vivace. Rembrandt fut possédé par l'eau-forte ;
elle lui doit tout ; à son tour, il lui est redevable de ses
plus ardentes concisions et de ses plus riches obscurités.
Elle l'escorte comme un démon familier, à la fois l'inspira-
teur et le confident de sa vie la plus reculée. Qui donc
l'avait précédé sur cette voie ? Sans doute, vingt artisans
aux mains probes, et Dürer lui-même à travers ses raffinements d'outil. Callot, plus âgé que Rembrandt de quatorze
années, avait commencé à griffer le cuivre avec une vigueur
d'accent et une richesse de ton bien remarquables chez ce
Lorrain, issu de la tradition des petits ornemanistes à la
loupe. Mais cet Arlequin à la jambe leste, ce mousquetaire
empanaché, au jarret avantageux, si fièrement drapé dans
sa cape, avec tout son génie amusant, libre (et parfois très
ému), n'éveille en nous que le sens anecdotique joint au
plaisir des yeux. Ce petit univers, précieux et vif, est surtout
un jeu de virtuose, un merveilleux caprice d'illustrateur. Il
reste sur le plan de la comédie de mœurs, où les Français
excellent. Il est le roi de la vignette, fièrement, aisément
venue. Toujours limpide, il conserve aussi une verdeur de
soldat. Nulle peine et nulle obsession, mais une agréable cadence et, en tout, la sûreté d'écriture des maîtres.

Rembrandt vit-il quelques épreuves de Callot à la foire de Leyde? C'est fort possible, mais nous ne le savons pas, et, d'autre part, il y a un monde entre le talmudiste ébloui et le pimpant petit capitaine, entre le visionnaire prophète du passé et l'homme d'esprit et d'aventure. Tous les deux ils ont aimé la gueuserie, mais l'un l'a vue épique et caduque, comme les pauvres siégeant dans leur royauté au seuil des cathédrales, tandis qu'elle est pour l'autre, même émouvante, une figuration pittoresque. Je sais bien qu'il y a l'arbre aux pendus des *Misères de la Guerre* ; c'est un chef-d'œuvre qu'on n'oublie pas, mais on sent quelque chose de si fringant, de si décidé dans toutes ces maquettes, même celles qui pendent, allongées et raidies par la mort, aux rameaux de ce monstrueux gibet naturel tout chevelu de cadavres, que l'effrayant de la scène se mêle en nous à un agrément de caprice. Il y a chez Callot du maître de ballet et du cornette de chevau-légers. Au surplus les études d'influences en ces sortes de problèmes sont sans doute la forme la plus grossière de l'analyse esthétique. C'est par des suggestions plus indéfinissables, d'ailleurs certaines, qu'Elsheimer et Seghers ont éveillé la rêverie de Rembrandt. Le principe des affinités électives et des familles spirituelles où se répartissent tous les humains s'exerce avec empire à cette hauteur. On s'en rendra peut-être mieux compte en voyant un peu plus loin à quel point la verve assez belle de Castiglione Genovese s'éloigne des recueillements terribles de Rembrandt qui, sans doute, la stimulèrent.

La personnalité de Rembrandt graveur s'exprime d'abord par une certaine cursive du trait de pointe : c'est celle d'un très grand dessinateur de la forme qui voit ample, sûr et vrai, et qui voit simple. Celles de ses planches qui sont purement linéaires et peu meublées de valeurs, ou du moins

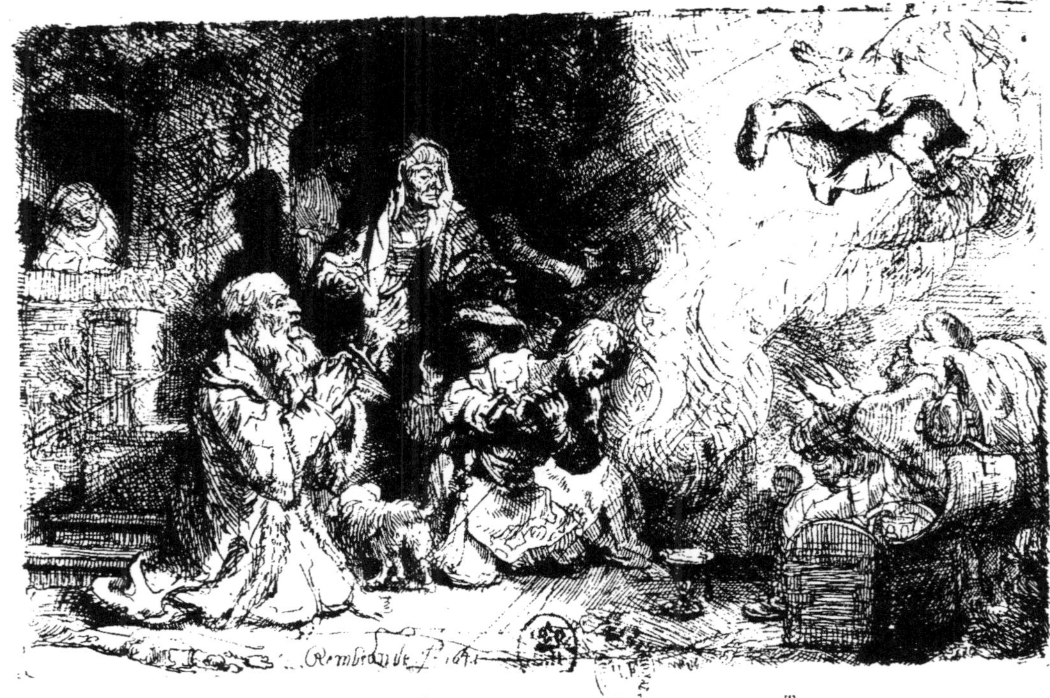

REMBRANDT.   L'Ange disparait devant la famille de Tobie

traitées en croquis avec des abréviations, avec cette poésie si prenante de l'inachevé graphique, laissent voir l'économie d'un art où la qualité de l'indication, même concise, l'emporte sur toutes les caresses et toutes les astuces techniques. Je ne suis pas de ceux qui pensent que Rembrandt est le plus grand quand il est le plus complet. Nul doute que son métier ne soit d'une richesse extraordinaire. La *Pièce aux cent florins* et le *Portrait de Six* (ce dernier à mon sens bien inférieur) révèlent une richesse de matière, une variété, une souplesse, une beauté de couleur probablement uniques dans l'histoire de l'estampe. Mais le trait de Rembrandt, dans ses dessins à la plume ou à la pointe de bois comme dans ses eaux-fortes, le trait qui retrouve les formes usées par les ans sous lesl ainages ou sous les fourrures, qui saisit avec une perspicacité inouïe l'individualité de l'objet, le soulier, le bâton, le béret, l'échelle et la lanterne d'écurie ou quelque ustensile domestique longtemps touché par des mains d'homme ou de femme, ce n'est pas du dessin seulement, c'est une écriture qui vit. Les signes qui la composent portent à l'esprit plus que le moule ou l'empreinte des choses vues, mais leur essence occulte et confidentielle. Ici nous touchons la plus grande différence qui sépare un Rembrandt d'un Dürer. Ce dernier est éperdu d'objectivité patiente. La *Mélancolie* est un admirable symbole. C'est aussi une collection d'accessoires inertes et fidèlement copiés. Une sévérité amère, une exécution intrépide sauvent cet univers trop plein et le défendent contre l'excès de tension et de pesanteur. Mais il reste enveloppé d'un jour aride et abstrait et l'immortelle dureté de son métal n'accepte que des formes hermétiques, solides et minutieuses comme une pièce d'horlogerie. Mais n'est-il pas naturel qu'il en soit ainsi dans des planches où le burin domine, c'est-à-dire où la main va d'arrière en avant et se tend, en quelque sorte, pour remonter un courant, tandis que la pointe de l'aquafortiste glisse avec liberté à la surface du cuivre ? Le trait d'eau-forte de Rembrandt exhale en outre une rayonnante chaleur. Dans les modelés lumineux, les tailles ont le mordant et l'intensité, tout en restant délicatement blondes, et, même lorsqu'il s'agit de planches qui ne sont pas des *effets*, on discerne dans le jeu apparemment libre de la pointe, toute une perspective du travail qui suggère la délicieuse concavité de l'univers. C'est très sensible dans les portraits à fond blanc à peine meublé, comme le Janus Lutma (premier état), le Jan Asselin, le Manassé Ben Israël ou le Clément de Jonghe. Mais l'on s'aperçoit du même coup que cette perspective n'est pas une pure gradation dans l'espace, qu'elle confère une force plus simple, un accent plus énergique aux plans essentiels de la vie. Le visage de Lutma en est l'inimitable exemple, et l'on se rend compte aussi que le pur souci de l'effet peut combattre sans profit cette tendance ; le visage de Six est touché avec plus d'incertitude et la pointe trop subtile l'égratigne.

C'est surtout dans la partie gauche de la *Pièce aux cent florins* que la qualité du dessin gravé se montre à nous avec empire. Ces personnages tout envahis par la lumière ne sont pas faits d'un simple linéament monotone. Ils ne se présentent pas comme des carcasses, disposées pour recevoir un jeu d'ombres et de clairs, et je me refuse à considérer la planche comme inachevée. J'en ai donné tout à l'heure des raisons un peu mystiques. La vérité, c'est que nous avons ici les deux Rembrandt juxtaposés, ou plutôt étroitement unis, d'une part le mystère en pleine lumière et, de l'autre, le mystère dans les ténèbres. En pleine lumière, de surpre-

nantes évidences qui sont aussi les dépositaires d'un secret,
ces formes humaines dont rien ne nous échappe et qui cachent
pourtant au fond d'elles-mêmes le roman confus des multiples vies, un accord avec le présent qui est riche des sonorités du passé, usure, fatigue, fièvre, plis des choses trop
longtemps portées sur les corps, ravinement des années et
des misères qui ont trop longtemps ruisselé sur les faces.
C'est ici que le trait acquiert aux diverses stations de son
parcours sa plus haute puissance d'expression individuelle
et de suggestion lyrique. C'est ici que s'impose à nous avec
le plus de force cette loi qu'il est difficile de formuler sans
naïveté : la reconstruction de l'univers par l'artiste ne s'opère
pas en série, chaque apparence du monde détient comme
un signe hermétique sa vertu particulière ; ces énigmes
ne s'interchangent pas, l'œil du visionnaire les discerne,
peut-être il les devine, en tout cas son art nous en donne
l'inquiétude et la hantise. Ces personnages du *Christ guérissant les malades* semblent réunis au pied de ces murailles
sans âge et sous ce jour d'Apocalypse comme pour se conter
leur histoire et pour récapituler leurs annales à la veille
du Jugement Dernier. Chacun d'eux, même dans l'état
d'orgueil, de doute et de mutisme, est une confession
d'humanité. Voilà ce qu'accroche au passage, ce que souligne sans dureté le mince trait d'eau-forte qui les dote du
même coup de leur vérité corporelle et, par des indications
brèves et pressantes, les rattache au monde des vivants.
Nous les avons vu errer sur les chemins ou se faufiler sous
les portes de la rue aux Juifs, siéger au conseil des anciens,
nous les reconnaissons, identiques et transfigurés.

Mais aussi quelles captivantes délices dans le velours des
ombres. Elles sont un monde étrange à l'intérieur duquel
nous nous acheminons vers un but inconnu, comme dans

la fluidité pénétrable d'une nuit sans étoiles. Asile recueilli où le jour expire dans un réseau extrêmement ténu, sur lequel, dans les belles épreuves, les barbes de la pointe sèche retiennent la diligente profusion des noirs, matière aussi nouvelle pour la vue que purent l'être les laques, lorsqu'ils nous vinrent d'Orient. Mais ces derniers ont un brillant de métal qui répercute plus ou moins la lumière, les plus ténébreux luisent toujours par quelque côté avec un éclat catégorique. Ici, les ténèbres sont à la fois mates et profondes, douces, chaudes, fourmillantes. Les lueurs qui, çà et là, les parcourent sont faites pour les marier à leurs éblouissantes marges de clarté contre lesquelles elles ne se heurtent jamais. Car ce magnifique ordonnateur de taches d'ombre ne fut jamais un peintre de silhouettes, mais, sans tomber dans l'obsession funeste des passages et des reflets, il nous laisse toujours deviner que la lumière dans la gravure est l'indispensable support de la nuit.

Et pourtant ces fameux noirs veloutés, obtenus à la pointe sèche, ne sont-ils pas parfois d'une unité massive et d'une rigueur d'ébène ? Non, puisque, comme le velours même, ils ne nous donnent pas l'impression du néant et du vide, mais d'une caressante abondance et d'une série de variations nocturnes. Plus encore qu'un tissu, l'on pense à un âtre encore brûlant de ses flammes éteintes, à une fournaise où le feu consumé conserve une telle énergie qu'il est capable de calciner encore. Immobile incendie d'une nature où les soirs sont plus profonds et plus mystérieux que les nôtres, où le peuple de l'ombre affronte le peuple de la clarté, où Dieu est à la fois un pauvre homme et un fulgurant météore, où les choses ont un visage plein d'amitié, où les paysages retentissent de musiques tendres ou solennelles, où toutes les

apparences semblent en même temps déceler un secret et
se replier sur lui.

Ainsi grandit en Hollande, au xviie siècle, un art qui ne
reflète ni le xviie siècle ni la Hollande et qui, franchissant
les frontières de l'espace et du temps, crée, pour les ardents
besoins de ses fictions, sa suite des âges, son soleil, son humanité. Il réunit sous le même rayon, flamme d'un jour inquiétant, annonciatrice de prodiges, les princes d'Orient, les
patriarches, Dieu fait homme, les pauvres des grands chemins, les nomades de la mendicité, les sédentaires des carrefours et des boutiques à auvent, Faust halluciné, la beauté
nue de l'épouse et de la servante, la configuration de la
terre et du ciel. Il est avant tout le grand poète du visage
de l'homme, derrière lequel il a fait bouger les ombres des
vivants et des morts, gravitant autour d'une lueur qui est
esprit autant qu'elle est clarté. Enfin il est le dernier des témoins d'Israël, et peut-être le plus vaste de ses prophètes ;
il a vu rouler dans la nuit le char de feu d'Elie et l'immense soleil des soirs apostoliques envahir l'arcade de la
Porte d'Or. A la Bible et aux Evangiles il ajoute un livre
de plus, où viennent se mêler les races ennemies, dans le
royaume de la lumière.

ADAM ELSHEIMER

ON peut voir à Bâle, sous ce titre, la *Chasse au Bonheur*,
un tableau de petites dimensions, d'un sens assez
énigmatique, d'une composition à la fois adroite et
naïve, d'une exécution très caressée. Dans un paysage au
profil romain, que domine une hauteur couronnée d'antiques
édifices et dont les flancs portent des ruines, devant les
belles colonnes polies d'un temple, une divinité vole légè-
rement dans les airs, et sa main présente de haut à la foule
une insaisissable pomme d'or. Curieux mélange que celui
de cette humanité, rassemblée là par le caprice d'un peintre !
Il faut réfléchir quelque temps avant de comprendre l'attitude et les gestes des uns et des autres. Devant la déesse
ailée, si brillante, si fugitive, chaque âge, chaque caractère,
chaque condition observe le maintien qui lui sied. Il y a les
détachés, les philosophes et les soucieux éternels. Il y a les
impatients qui tendent les bras et qui croient tenir : l'un
d'eux a même saisi le manteau de la Fortune, sans l'arrêter
dans son vol. Les grands prêtres, escortés des sacrificateurs,
conduisent les bœufs blancs à l'autel. Un groupe de seigneurs orientaux, magnifiquement vêtus, sans passion et
sans gestes, contemple la scène avec la sérénité du fata-
lisme. A droite et à gauche, d'autres personnages, ce sont
les plus éloignés de la déesse, semblent avoir trouvé le se-

cret de se passer de ses bienfaits, ils assistent à la « chasse »
sans y prendre part : l'un, comme pour convaincre son voisin, lève un grand hanap rempli de vin ; l'autre mène par
la main une délicieuse jeune femme : il se détourne de la
foule et de la Fortune, il ne voit que sa compagne, il se
penche tout près de son visage, dont l'ombre baigne le sien,
comme s'il voulait se réfugier dans sa tendresse, comme s'il
voulait à la fois déclarer et cacher son bonheur.

Un décor romain et quelque chose de la Renaissance alle-
mande, de l'intellectualisme allégorique et la délicatesse
tout humaine d'un sentiment vrai, une « manière » antiqui-
sante et le ressenti d'un dessin rhénan, le contemporain associé au fabuleux, l'Orient enfin, non l'Orient à la mode de
Venise, mais plutôt celui des Rois Mages et des Hérodes tels
qu'ils ont été peints par les Flamands du xv⁵ siècle, voilà
quelques-unes des nuances et des étrangetés qui se mêlent
avec harmonie et avec charme dans cette singulière peinture. Elle est l'œuvre d'Adam Elsheimer, peintre francfor-
tois, devenu Romain d'habitudes et de goûts. Ce cavalier,
cette jeune femme si tendrement unis et qui n'ont que faire
de se mêler à la chasse au bonheur, c'est son portrait, c'est
celui de sa compagne.

C'était une de ces natures élevées et modestes, d'une vie
intérieure très riche, peu faites pour les prospérités vulgaires. Dans l'existence comme dans son tableau, il se tint
à l'écart, il ne s'acharna pas à la conquête de la pomme
d'or. Son partage, ce fut la tendresse, et aussi l'amitié. On
l'aima, on l'écouta beaucoup, son art fut très senti, non pas
pleinement, peut-être, de la foule des amateurs (sauf le *Tobie* qui eut grand succès), à une époque où retentissait le fra-
cas de Caravage, mais avec intimité, avec prédilection, par
la petite colonie passionnée des hommes du Nord qui vi-

vaient à Rome au début du xviie siècle et que l'on peut se
représenter groupés autour de lui. Il fut presque constamment très pauvre, mettant un soin infini et consacrant beaucoup de temps à parfaire ses tableaux, grands comme la
main et pleins d'inventions subtiles. Il finit par aller en pri-
son à cause de ses dettes et mourut peu de temps après
avoir été délivré par la générosité de Goudt, son graveur et
son ami (1620). Cet air de galanterie dans les ajustements,
cette mine d'un vrai seigneur qu'on lui voit à Bâle, c'est une
innocente revanche d'imaginatif contre le sort. Ces traits de
sa vie, une œuvre qui abonde en recherches et en nouveautés, une influence souterraine et considérable, et qui toucha
Rembrandt lui-même, à travers Lastman ou directement,
ce sont des raisons assez fortes pour s'intéresser à cette physionomie ancienne, à peu près oubliée, à celui que Sandrart
appelait le « vrai Adam », ce terme étant assez bien choisi
pour signifier à la fois ce qu'il y a de candide et de primitif
chez Elsheimer et la nombreuse filiation de peintres qui lui
doivent, sinon l'existence et la vocation, du moins la révélation de mystères essentiels, inédits jusqu'à lui. On dirait
qu'avant de rencontrer des maîtres capables d'interpréter les
exemples qu'il a laissés, le génie d'Elsheimer, tout d'essence
concentrée, ait besoin de se diluer dans des âmes ordinaires :
entre ses paysages pleins d'humanité, mais contractés et
comme repliés dans leurs éléments, et notre Claude Lorrain,
interviennent deux de ses élèves : Tassi, le peintre florentin,
et l'Allemand Wals. Entre ses songes nocturnes, ses nostalgies d'exotisme, et l'univers transfiguré de Rembrandt, on
trouve Gherardo delle Notte et Lastman : mais Claude Lorrain et Rembrandt sont remontés à la source. Et que d'autres
héritiers, avec tous ces intermédiaires savants et sensibles,
Asselyn, Karel du Jardin, Jan Miel, Pieter de Laar surtout !

On n'est que trop porté à grossir ce qu'on appelle influences en art, mais il est vrai de reconnaître que certaines sonorités, même quand elles sortent d'une œuvre sans retentissement et sans faste, sont capables d'éveiller des sympathies dans les âmes sublimes, comme d'exciter l'émulation de la curiosité, de l'emprunt ou du pastiche chez les habiles et les imitateurs.

L'Italie d'Elsheimer n'est plus l'Italie de la Renaissance, mais elle est grande encore, et plus qu'on ne l'a cru, lorsqu'il s'agissait avant tout de réagir contre l'esthétique de Bologne. Elle est grande par elle-même, par ses propres enfants, et aussi par ceux qui viennent à elle, en qui elle dépose quelques-unes de ses vertus et de qui elle reçoit des enseignements nouveaux. Les personnalités héroïques sont plus rares, d'un jet moins vigoureux, d'un métal moins pur ; mais la tradition du paganisme plastique est intacte. L'humanité athlétique et sereine qui décore le plafond de la galerie des Carrache, au Palais Farnèse, est la sœur des divinités de la Farnésine. Et si l'exemple des maîtres domine la peinture, il ne la remplit pas tout entière, il n'en satisfait pas toutes les aspirations. A ces Italiens éternellement doués il reste une ardeur de nouveauté, une violence d'instinct, dont le réalisme simplificateur de Caravage est un des aspects les plus saisissants. Tandis que les éclectiques ont pour règle d'or la religion du passé, ou du moins le culte des maîtres, Caravage pense que l'histoire de la Renaissance n'est pas close, que son effort créateur n'est pas épuisé, qu'il reste encore à découvrir et à inventer. Le paysage, la *prospettiva*, l'anecdote vont tenter de plus en plus les artistes : lui s'intéresse exclusivement à l'homme ou à l'objet, qu'il doue d'une mystérieuse et dramatique émotion par l'étude de la lumière. Par là il renouvelle non seulement la qualité des sentiments dont la peinture est dépositaire, mais sa technique comme image objective de l'univers. Par là il annonce quelques-unes des recherches de l'art moderne, et l'on peut dire que le *Bacchus* des Offices est à mi-chemin entre Titien et Manet.

Tandis que le génie italien agit comme puissance créatrice avec une force qui ne se démentira pas pendant deux siècles et à laquelle on doit Magnasco, Piranèse, Tiepolo, l'Italie elle-même agit comme milieu. A l'étranger les contemporains de Caravage et des Carrache ont pu les apprécier diversement, ils n'ont pas discuté l'Italie. Jamais elle n'eut plus de prestige. Par l'autorité des grands noms d'hier, par l'universalité des chefs-d'œuvre, connus et compris de tout ce qui s'intéresse à l'art, par la vivacité de l'émulation contemporaine, enfin par la noblesse d'une nature pleine de souvenirs, elle ne cesse d'enrichir l'âme européenne. Et s'il est permis de parler de l'Europe comme d'une unité, malgré les écoles nationales, c'est parce que l'Italie lui est un centre de pensées et d'aspirations, c'est en Italie et grâce à l'Italie que l'Europe s'est fait une communauté de culture esthétique. Les artistes étrangers y accourent, comme à une patrie idéale. Mais Rome surtout les attire, c'est à Rome qu'ils installent à demeure leurs colonies, unies par la même langue, les mêmes goûts, la même exaltation. C'est à Rome et conformément à son génie qu'ils veulent peindre, et non pas peindre seulement, mais vivre, sentir et penser. Derrière les façades de l'immense ville sacerdotale, où les pèlerins affluent par milliers, au delà de la muraille d'Aurélien, à l'intérieur de la muraille même, il y a les espaces déserts, les ruines, la solitude, le silence, et, plus loin encore, les profils sévères et doux de la Campagne. Une poésie nouvelle grandit peu à peu. Les étrangers amis de l'Italie ne se contentent pas de lui demander ses secrets, ils se répandent en elle, ils lui communiquent leurs propres dons, ils la révèlent à elle-même. Et c'est encore une renaissance qui n'est plus strictement italienne ou latine, mais où le génie des peuples du Nord a sa part.

Nul plus qu'Elsheimer, de son temps, ne fut sensible à la beauté de la campagne romaine. Ce fut proprement sa découverte, et il eut aussi le mérite de comprendre qu'aucun décor ne convenait mieux à l'évocation des grandes scènes de la légende ou de la vie religieuse. Il l'a dessinée avec une fidélité pleine de passion, il l'a peinte avec une charmante divination du style qui lui est propre, mais vue à la loupe, sous le jour d'une merveille enfantine et comme une curiosité d'optique. C'est elle qui entoure les petits personnages de l'Ancien et du Nouveau Testament de ces formes si nobles et qui sont devenues si familières, mais qui étaient alors, en peinture, de la plus pénétrante nouveauté. Il y a sans doute dans l'œuvre d'Elsheimer des pages d'un sentiment tout autre. Le paysage du *Saint Paul à Malte*, retrouvé à Pétrograd par M. de Somof en 1898 (1), a le caractère d'un décor de légende, machiné de plans divers, encadré de frondaisons et de rocailles, attestant encore la rudesse des convulsions naturelles dans les mouvements du sol. Celui de la *Prédication de saint Jean* (Munich) s'enveloppe du mystère des hautes forêts du Nord, avec ses arbres déchirés en ramures et ses étranges cavités d'ombre.

C'est qu'Elsheimer avait derrière lui l'un des plus étonnants chapitres de l'histoire du paysage, ces compositions

(1) *Gazette des Beaux-Arts*, 1899, I, *Les nouveaux Rembrandt et Elsheimer de l'Ermitage*. D'après Bode, Rubens se serait inspiré du paysage de *Saint Paul* pour son *Naufrage d'Énée*. Le maître d'Anvers admirait Elsheimer. Ayant appris sa mort par une lettre de Johann Faber, il en fut vivement touché (1621).

fantastiques conçues par les Flamands à la suite de Patenier et d'Henri de Blès, vrai théâtre du songe et de la féerie,
dont la structure et les éléments ne disparurent pas d'un seul
coup. Au milieu d'arènes dévastées par le déluge et prolongées dans le lointain par des pics bleuâtres, d'un ton d'émail,
mêlés peu à peu à la profondeur des cieux, ces maîtres construisaient puissamment la Tour de Babel. Breughel, peu après
son retour de Rome, s'emparait du Colisée, dont il retournait
les anneaux pour faire d'un cône en creux un cône en hauteur, en respectant les arceaux, les vomitoires et les soutènements de cette formidable ossature. Contemporains d'Elsheimer, Valckenborch et Tobias Verhaecht devenaient à leur
tour des constructeurs d'énormités impossibles, l'un avec
une constance et une application qui ne se lassaient pas de
renouveler ce sujet, l'autre avec une force farouche, un
rude modelage du terrain, une inépuisable invention d'épisodes et de machines. Ce thème prend chez les graveurs
de la Bible un développement étrange. Parfois on dirait
qu'il s'inspire des pyramides à degrés de l'Assyrie, parfois même des monuments de l'Amérique précolombienne,
dont les navigateurs et les conquérants ont pu faire connaître l'image (1). Ce n'est là qu'un point de cristallisation
de cet univers imaginaire, dont d'autres aspects ne sont pas
moins surprenants, mers portant des vaisseaux semblables à
des nautiles, plaines crevassées que hérissent soudain des
blocs erratiques, grands arbres centenaires fracassés par la
foudre, et toujours ces cirques montagneux, souvenir transfiguré des Alpes, d'un ton aigu et translucide de pierre
bleue. Cet art visionnaire nourrit encore les songes d'Her

(1) Je dois cette indication à Charles Sterling, qui connaît admirablement cette école. V. son article sur le paysage fantastiqus néerlandais
dans l'*Art Vivant*, 1er avril 1930.

cule Seghers. A l'époque d'Elsheimer, il est toujours vivant. Ce maître pénètre dans l'Italie classique par le vestibule d'une Italie romantique, et nous verrons plus loin, avec Castiglione Genovese, que cette dernière reste vivace et virulente sous d'autres dehors, non seulement chez les immigrés venus du Nord, mais chez les Italiens eux-mêmes.

Ainsi le paysage de *Moïse et Jéthro*, qui penche violemment d'un seul côté, peut être considéré comme la passe qui nous mène d'un monde à un autre. Par son rocher énorme, taillé à grands éclats, par le paradoxe de son inclinaison, par les minces cordons de feuilles qui tombent d'un tronc déchiqueté, comme les lianes singulières pendues aux sapins de Hirschvogel, il est ancien, il est presque médiéval ; par la distribution des masses et de la lumière, il est déjà moderne. C'est la façade escarpée des Alpes sur la plaine lombarde, une Italie d'un dessin fortement écrit et presque sauvage, pleine de soleil, de jeunesse et de paix. Nous descendons vers la campagne romaine. Alors commence le majestueux accord des verdures et des ruines qui, pendant tant de générations, doit servir à la solennelle glorification de Rome. L'*Aurore* de Brunswick semble prise des hauteurs de Tibur. Les mouvements de terrain et les frondaisons du *Bon Samaritain* de Leipzig ont la grandeur et l'intimité d'un paysage d'Horace. La *Nymphe* de Berlin sort des ondes du lac de Nemi, et c'est le Monte Cavo qui se profile au loin. Dans la *Fuite en Egypte* de Dresde, saint Joseph et la Vierge cheminent le long de ruines colossales et mélancoliques, entrecoupées de feuillages, le soleil frappe de biais les murailles massives, le ciel paraît à travers des arcades hautes. Quelques colonnes du Campo Vaccino se dressent au second plan de la *Chasse au Bonheur* de Munich, variante de celle de Bâle. Enfin Elsheimer a pensé parfois que la campagne romaine pouvait se suffire, sans le prétexte d'un sujet ou d'une allégorie : il peignait alors des œuvres comme son *Temple de la Sibylle* (Prague). auquel il manque un ciel et un sol, mais peut-être plus grand d'être ainsi contenu et resserré.

Des compositions de ce genre nous font penser qu'à côté des grandes pages vénitiennes où les derniers replis des Alpes Carniques épaissis de forêts, brillants d'eaux vives. combinent leurs mouvements avec les volumes réguliers des forteresses et des églises, l'art d'Elsheimer n'est pas étranger à la formation du paysage classique. Il a contribué à lui donner sa tonalité romaine et à l'associer à l'antique Latium. D'autres voyageurs avaient été séduits par les beaux aspects de la terre italienne, à la même époque qu'Elsheimer, les deux Bril par exemple, et surtout Paul, le mieux doué. Mais ce Flamand apportait avec lui toute son exubérance d'Anvers, dont il ne se défit qu'avec peine, peut-être sous l'influence d'Adam lui-même. La plupart de ses paysages sont généreux à en être touffus, hérissés d'accidents et de détails : l'Italie lui est un Eden, il la peint avec la profusion d'une terre trop riche et toute vierge. On devine à travers ses œuvres l'écrasante magnificence du paradis de Rubens. Le paysage d'Elsheimer est un ordre, et par là il est conforme au génie des lieux qui l'ont inspiré. Tout s'y dispose, et l'on pourrait presque dire tout s'y drape avec harmonie. Les mouvements en sont pareils, non aux tressaillements d'une bête, mais au songe d'un dieu endormi. Le cadre de la petite *Nymphe* de Berlin respire une paix élyséenne. Quand la grande pensée du xviie siècle, mûre enfin, en pleine largeur et servie par des artistes de génie comme Poussin et comme Claude, réussira à fixer par le paysage italien, riche d'histoire et d'humanité, une expression émue. forte et limpide des rapports de la nature et de l'homme, elle n'empruntera pas à la vie d'autres éléments que ceux qui ont séduit Elsheimer, elle les distribuera d'après la même ordonnance. Un terrain, des feuillages, des ruines, évoquant des souvenirs immortels, des sentiments pleins de solennité et de douceur, partout le silence et la paix, autour des héros et des dieux qui parcourent ce séjour si beau et qui semblent l'avoir fait naître des secrets mouvements de leur esprit et de leur cœur. Mais Claude, mais Poussin sont de l'ordre des âmes royales. Claude mesure l'espace avec l'ampleur solide d'un maître architecte qui bâtit l'univers par grandes masses pour y répandre les vastes apaisements de la lumière. Cette tête si française voit naturellement simple, et le mystère de son art est fait de transparences aériennes. Le peintre rhénan chemine encore sur les sentiers du xvie siècle, ils le conduisent néanmoins dans ce beau domaine romain dont il sut respirer la poésie.

Il y a dans les modestes paysages d'Elsheimer une qualité particulière qui s'associe avec beaucoup de charme à la noblesse de son inspiration italienne, une sensibilité recueillie et cordiale, où l'on retrouve le génie intimiste, la familiarité tendre et presque la bonhomie des peuples du Nord. Tous les éléments s'y rassemblent, se pressent autour de l'homme comme une demeure pleine d'échos et chaude de souvenirs domestiques. Ces carrefours de forêts, ces vallons où le ciel se dédouble dans l'onde d'un lac solitaire, ces avenues qui se perdent dans le mystère des bois nous sont à la fois amicaux et lointains. Nous les reconnaissons et nous nous y reconnaissons. Rarement la mélancolie ou l'allégresse de la patrie perdue, désirée, retrouvée, d'un beau songe qui va fuir et qui se fixe enfin, s'est exprimée avec un ascendant plus subtil et plus fort. Peut-être les petites dimensions de ces peintures aident-elles le peintre à

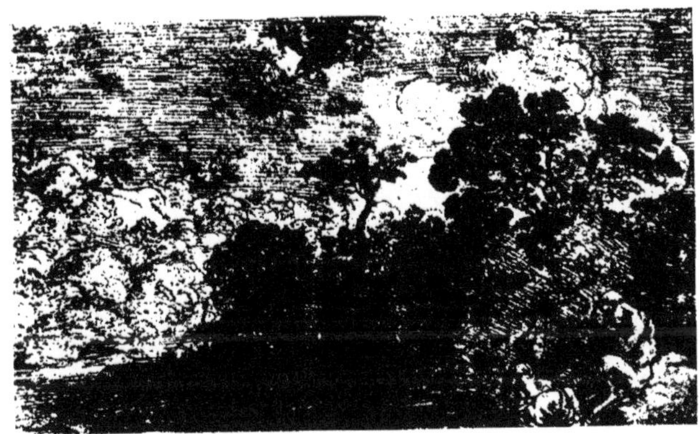

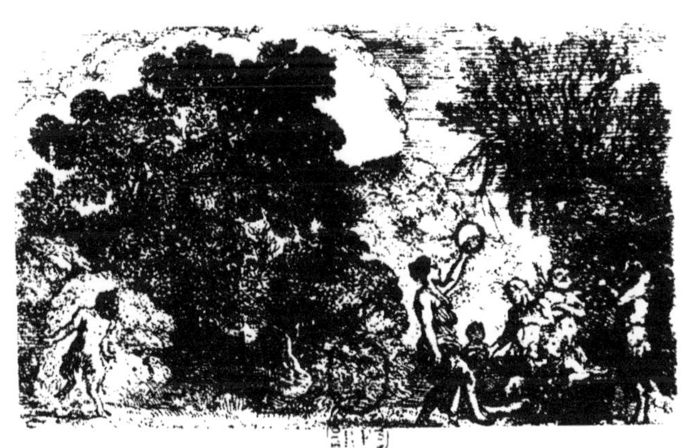

ADAM ELSHEIMER. — Pastorales

concentrer ces sortes d'émotions, mais il est vrai qu'elles sont bien pénétrantes.

Elles le sont d'autant plus que la lumière est étudiée pour la première fois avec prédilection, tantôt comme la magie d'une heure lyrique, tantôt comme un être capricieux et vivant. Elsheimer aime le commencement et la fin du jour, l'éclat d'un beau rayon qui sort d'un groupe de nuages et qui se dégrade avec une sonorité de plus en plus amortie sur des blocs de rochers et sur des murailles en ruines. Il aime les nuits transparentes, où l'on voit briller les feux des pâtres, et les personnages mystérieusement éclairés par des flammes mobiles. On dirait qu'il s'amuse de sa découverte et qu'il s'applique à en multiplier les effets. Là encore, on le sait, il fit école, et il n'est que juste de rappeler à ce propos le nom de Gérard Honthorst, le *Gérard des nuits*. Ces fameux nocturnes ne sont qu'un aspect, le plus facile à saisir et le plus frappant, de la sensibilité du peintre aux jeux de la lumière : tantôt c'est le choix même du sujet qui en impose les séduisantes singularités, comme dans *l'Incendie de Troie* de Munich, ou le repas du soir, si humain, si hospitalier, du *Philémon et Baucis* de Dresde ; tantôt l'artiste plonge dans la nuit des épisodes qui ne la réclament pas, mais qui en deviennent plus poignants, comme il a fait pour plusieurs *Fuites en Égypte*, anxieuses, furtives, entourées de périls inconnus. Mais, même lorsqu'il peint le jour, Elsheimer se souvient de la nuit et des ombres, et ce sont ces ombres, voisines de lumières habilement variées et qui se répercutent en elles avec douceur, qui donnent à ses tableaux leur vraie poésie.

On est tenté de croire que là du moins il n'a pas tout inventé, puisqu'il y a Caravage. Il est sûr qu'Elsheimer a étudié et admiré les œuvres de ce maître, il a même copié

un de ses *David* (1). Mais l'inspiration de Caravage est dominée par l'image de l'homme, exprimée avec une objectivité
violente, parfois terrible, grâce à la puissance du clair-
obscur. La nature est toujours chez lui nature morte, et la
lumière un procédé, un artifice de théâtre, destiné à modeler fortement le relief de l'acteur, à accentuer son jeu. C'est
une série d'oppositions âpres et sans nuances, un perpétuel
combat du blanc et du noir. La lumière d'Elsheimer est
animique, je veux dire conçue non pour l'explosion de l'effet, mais pour la communication lente, harmonieuse, intime
du sentiment : dans ses compositions les plus heurtées en
apparence, elle vibre partout, elle est chaleur et apaise-
ment. Caravage est d'une autre qualité, d'une autre race.
Ce magnifique tragédien, sensuel jusqu'à l'équivoque, brutal jusqu'à la vulgarité, souvent fort et souvent délicieux,
est un beau peintre, une âme frénétique et subtile. Elsheimer est le contraire d'un beau peintre, c'est un lyrique
tendre, un patient rêveur, une âme tout en nuances et en
étrangetés charmantes.

Il était curieux de tout : le spectacle pittoresque de la rue
romaine l'attirait. Il l'a étudiée, dans des croquis pleins
d'accent et de vérité. L'Orient semble l'avoir hanté. Le *Saint
Paul à Malte*, la *Chasse au Bonheur*, la *Prédication de saint Jean*,
entre autres exemples, l'attestent.

Dans le paysage tourmenté de Malte, assiégé par la tempête, sous les ombrages d'une forêt légendaire ou devant la
colonnade d'un temple, des personnages en caftan dressent
leur haute stature que le turban allonge encore. Ceux qui,
groupés autour du foyer où se sèchent les naufragés, regardent saint Paul en train de présenter à la flamme le ser-

(1) On lui attribue une *Judith* (Dresde), qui est très voisine de
Caravage.

pent qui se tord dans ses mains, ont une prestance héroïque. Ils sont peints avec la minutie des miniatures persanes, mais doués en plus de l'éclat, de la solidité, des richesses complexes de la peinture d'Occident. Elsheimer les a vus, sur les quais d'un port méditerranéen, parmi les trafiquants sur mer et les échappés de lazaret. Il y a des hommes en turban, de petits marchands de la rue assis derrière leur éventaire, dans ses croquis de Rome. L'Italie n'est pas seulement à ses yeux l'admirable paysage de la latinité, c'est encore une rive où viennent aborder les hôtes d'un monde inconnu. On pense à l'Orient de Matsys et à l'Orient de Tintoret. L'homme du Nord, conduit en Italie par le prestige éternel de la terre fortunée, de l'âge d'or et du gai savoir, s'étonne d'y découvrir des seigneurs graves comme des prêtres, parés comme des femmes, avec lesquels il se compose une turquerie de conte et de vérité. Il aime aussi les casques empanachés de plumes blanches qui, sous leur propre poids, penchent et s'inclinent avec une mollesse noble. Le turban du serviteur, debout et nu près du char, dans le dessin du *Baptême de l'Eunuque* (Darmstadt), coiffant jusqu'aux yeux un visage de nègre, est énorme et savant comme ces turbans des musulmans de l'Inde, pour lesquels il faut vingt aunes de mousseline. Parfois il coiffe ses femmes de chapeaux de paille aux bords immenses qui répandent sur leur figure une ombre toute suave. Tout ce qui peut dépayser les habitudes et l'ordinaire du goût, mettre dans la vie de l'œuvre d'art, non une simple note pittoresque, mais l'étrangeté de l'accent lointain, lui est cher et le sollicite. Lastman (qui n'est pas si négligeable) a connu ces suggestions il en a fait son profit ; mais Lastman n'a pas l'humanité d'Elsheimer : c'est un peintre d'arrangements adroits, et parfois un bavard assez fastueux, ce n'est pas un sensible ; le mot de turquerie s'applique mieux à lui qu'aux belles rêveries orientales d'Elsheimer.

Il semble que la notion du paysage classique, telle qu'il nous aide à la définir, s'en trouve singulièrement compromise. Mais Elsheimer n'a pas fait intervenir l'Orient dans ses élégies romaines, et Rome alors lui suffit. Dans ses effusions — mais si le mot convient à la sensibilité du peintre, convient-il à son art concentré ? — il y a place pour plus d'un songe, ou, si l'on veut, sa nostalgie de poète trouve plus d'une occasion pour s'éveiller. C'est peut-être ici que nous touchons à l'essentiel, à ce qu'il y a de particulier et d'inédit en lui. Rome, ses ruines, ses paysages ne sont pas à ses yeux un canon esthétique, une pure forme, mais un milieu moral ; l'Orient n'est pas pour lui un accessoire pittoresque, mais le point de départ de son imagination, de même que le clair-obscur n'est pas un pur procédé pictural, mais la révélation de certaines richesses cachées et de certaines nuances du sentiment.

Et n'est-ce pas de la même manière qu'il faut interpréter sa plastique ? Il est toujours curieux de voir l'homme du Nord, éternellement séduit, aux prises avec la grande forme italienne. On sait comment Dürer a étoffé à Venise ce qu'il y avait encore en lui de malingre et de gothique. Mais quel échec aussi pour les natures débiles qui, pendant des générations, se sont évertuées à apprendre de l'Italie le secret de son ampleur et de sa facilité ! Quelques rares pages d'Elsheimer trahissent un italianisme de copiste, et ses efforts vers la forme longue à la Parmesan, vers la beauté un peu équivoque de l'éphèbe angélique, que Caravage a tant aimée, sont des efforts pénibles. Mais, quand il dessine et peint le corps de la femme comme il la sent, il est plein de tendresse et de vérité. Il la voit un peu courte, solide, mais d'une ligne pure, et ses attaches fortes sont belles. Les attitudes qu'il lui prête ne la démembrent pas et respectent l'unité. La *Nymphe* de Berlin, poursuivie par un satyre, ne fuit pas à grandes foulées comme l'Atalante aux jambes maigres, si désagréable, du Guide. Encore plongée à demi dans le lac qu'elle vient de traverser, elle pose une jambe sur la rive et, le dos courbé, s'arc-boute des deux mains pour se redresser. Toutes les parties de son corps s'unissent et se composent pour donner l'impression du plein, et l'on pense à la Vénus de Vienne, à ce qu'il y a d'élégant et de robuste dans la continuité du profil dorsal, du bassin et des membres, telle que la révèle le marbre antique, regardé d'un certain point. C'est là, chez Elsheimer, une qualité de premier ordre, mais dont il est redevable à l'étude de la vie et à une préférence d'instinct. Au milieu d'un paysage sylvestre, on prépare le bûcher de Procris : elle repose étendue, les bras abandonnés au-dessus de sa tête, encore souples, encore chauds et pleins de vie, dans une pose plus voluptueuse que funèbre. L'ombre de ses bras levés caresse et modèle sa gorge, avec un charme corrégien. Sa chair est gonflée et pesante. Ce type de femme nous mène déjà bien près des *Bethsabée* et des *Suzanne* de Rembrandt, et c'est presque le même rayonnement de matière baignée de lueurs qui tiennent, non à l'effet, mais à une sorte d'émanation de la substance. Bethsabée a d'ailleurs tenté Elsheimer, nous le savons par ses dessins, qui nous en montrent une interprétation bien éloignée du faste et du mystère de Tintoret par exemple, une étude de femme à sa toilette alourdie peut-être d'un accent de vulgarité, mais d'une forme ronde et vivante.

Avec des mérites si rares, ce parfait artiste n'est sans doute pas un grand peintre. Cette sensibilité chaleureuse et délicate est trahie par une exécution froide et petite. Souvent ses tableaux ont l'air d'être les copies des originaux, défaut commun à beaucoup d'artistes de cette époque et de ce groupe, d'Elsheimer à Poëlenburg et à Uytenbroeck. Reconnaissons que ces petites choses si concertées, si pensées, ne pouvaient être peintes avec fougue, avec succulence. On sent l'application, un zèle studieux. L'œuvre était d'autant plus caressée qu'elle était plus profonde : de là, sans qu'il ait été spécialement voulu, un aspect lisse et compact, et, si ce n'était la rousseur du temps, préparée d'ailleurs par la qualité des dessous, quelque chose de l'émail. Il semble qu'on tienne dans le creux de sa main de singuliers petits miroirs, où se reflète avec une pureté que rien n'altère, pas même le génie de la peinture, l'image d'un univers lointain.

Aussi, pour avoir d'Elsheimer une idée favorable et complète, y a-t-il lieu de regarder ses dessins, ses gravures, très séduisantes de sentiment, entre autres son *Tobie*, auquel je préfère encore une *Danse de nymphes et de satyres*, savoureusement traitée, avec de beaux dons d'aquafortiste. Il est intéressant de voir comment ce clair-obscuriste, si prompt à se délecter des jeux de la lumière, cherche à susciter les puissances cachées de l'eau-forte, à posséder le secret des morsures, le velouté des reprises. Quand il évoque la nuit et la lueur, comme dans le *Tir au canon*, retrouvé par S. Scheikévitch (*Gazette des Beaux-Arts*, 1901), c'est avec une subtilité qu'ignorent ses interprètes ordinaires, Goudt, Jan van de Velde, Hollar. Là aussi c'est un précurseur. Ses légères bacchanales, ses danses de dieux bouviers et de nymphes de village sont menées par une fantaisie de caprice dans un univers moins serré, où la forme n'est pas construite en volumes denses, mais indiquée par de rapides ondulations linéaires. Gravure de peintre, peut-être plus peintre dans sa gravure que dans sa peinture même, j'entends plus prompt à échauffer la matière, à lui communiquer la nerveuse apparence de la vie. Mais on sent bien qu'il n'est pas le maître du procédé. Il est plus libre quand il dessine. Il ne fait pas de *beaux dessins*. Il nous livre, vifs et sincères, les autographes de sa sensibilité. Tantôt ce sont des croquis d'après nature, comme ceux auxquels j'ai déjà fait allusion, tantôt ce sont des recherches pour des compositions. Les uns sont lavés par grands plans d'ombre, d'autres sont tracés soit à la plume (une plume taillée largement du bout), soit peut-être à la pointe de bois, qui donne un trait plus gras et plus ferme, d'autres enfin, plus exécutés, rehaussés, grattés, sont d'un ragoût complexe.

Rien ne permet mieux de comprendre la vraie personnalité d'Elsheimer, ce qui le sépare de l'italianisme pur, que de comparer ses dessins à la plume à ceux de Guerchin par exemple. Ces derniers sont nombreux, souvent très beaux et légitimement célèbres. Les Italiens de l'époque classique les ont toujours aimés, et Piranèse en a publié un magnifique recueil gravé. N'étaient-ils pas d'ailleurs tout prêts pour la gravure et pour la gravure en *fac-simile*, par un système de travaux qui font naturellement penser aux tailles de l'eauforte, par les pointillés vifs et savants qui modèlent les demi-tons, enfin par le mordant du trait, par la beauté de la tache, par la puissance des accents ? Je choisis Guerchin parce que, parmi les peintres de la génération qui suit Elsheimer, c'est celui qui, dans ses dessins, est le moins gâté par le côté ronflant de l'école et qui reste le plus poétiquement personnel. Ses charmantes têtes de femmes ont une grâce de singularité, une note de Bohème empreinte dans leurs beaux traits. On connaît ses paysages âpres et rapides, hérissés de buissons griffus comme de mauvaises bêtes et que le retour nerveux de la plume contracte et enroule en bouclettes, sites d'Italie alpestre, d'Italie romantique, modelés de montagnes pareilles à d'énormes cailloux, avec des châteaux-forts d'autrefois. Guerchin dessinateur a la grandeur de l'âge héroïque et la qualité rêveuse d'un monde nouveau. Mais qu'il est habile dans sa vivacité, dans son désordre heureux d'improvisateur ! Il y a, chez ce poète, un virtuose et, sinon un calligraphe, du moins un amateur passionné de sa propre facilité graphique, dont il se délecte. Ce magicien, dont les charmes sont authentiques, c'est aussi un prestidigitateur. Telle est la fatalité du don italien, même chez de grands artistes, lorsque l'acuité de l'observation s'émousse, lorsque s'apaise la véhémence de la passion. La ligne tourne aisément au paraphe. La sincérité de l'homme attentif fait place à l'habileté de l'homme fort.

Elsheimer est le contraire d'un virtuose. On connaît de lui, très blondes et presque linéaires, de petites études pour des Bacchanales ou des Danses de nymphes, dont la maladresse est pleine de franchise. Il ne connaît pas la forme par cœur. Il la note en traits provisoires d'un charme rare, et l'on dirait qu'il se refuse à la déterminer trop tôt. L'œuvre n'est pas toute faite avant d'être née : il arrive qu'elle trébuche avec gaucherie. Quand il observe, qu'il s'agisse des passants de la rue, largement chapeautés et drapés dans des capes (Francfort), ou d'un profil de campagne romaine audevant duquel se massent avec simplicité des arbres à tête ronde, il ne se laisse pas non plus précéder par des souvenirs ou par des recettes, il a ce privilège, la naïveté. Non une naïveté de malin qui veut faire le modeste, mais une vraie candeur. Sans doute il est capable de synthèses fortement établies et construites, et les promeneurs romains que saisit au passage ce petit peintre de petits panneaux ont la carrure et l'autorité. Mais quelle différence entre cette ingénuité pleine d'aplomb et les fioritures du *bel canto* graphique, tel que tout le siècle nous en fournit des exemples !

D'ailleurs, même quand ils comportent des noirs vigoureux et qu'ils sont chargés de tailles, les dessins italiens, les dessins de Guerchin restent avant tout linéaires. Elsheimer dessinateur cherche l'effet. Presque jamais la forme n'est pour lui un contenant vide, une silhouette, elle est modelée, parfois par de simples accents, plus souvent par l'ombre et la lumière, modelée pour l'effet. Il voit spontanément en profondeur et spontanément il compose en blanc et noir. Il a le sens de la belle tache, si rare chez les peintres, et qui ne se retrouve guère chez ses contemporains. Quand il commence à penser *Philémon et Baucis*, ce qu'il voit d'abord, c'est la projection de l'ombre immense des deux vieux sur un mur nu, éclairé par la lampe du soir. Le mordant de son dessin est parfois extraordinaire. Peut-être la peinture n'a-t-elle pas su le conserver. Elle ne s'impose pas avec cette simplicité massive. De même pour la *Cérès*, dont l'esquisse est belle : la forme naît devant nous, enchevêtrée de traits confus entre lesquels s'épanche une ombre palpitante. La gravure de Goudt nous livre une scène à la chandelle assez vulgaire, entourée de noirceurs banales, striées de lueurs monotones, comme à la craie. Ainsi c'est dans ses impressions directes que ce peintre studieux et concentré se manifeste à nous de la façon la plus saisissante : on dirait presque que l'on a affaire à une double personnalité, à deux maîtres, l'un qui griffe et macule avec une sorte de fièvre le papier de son dessin, qui le tache d'ombres éloquentes, qui installe des formes provisoirement chancelantes ou d'une solidité naïve, l'autre qui exécute patiemment et

précieusement, avec de petits moyens bien conduits. Il y a
un pauvre miniaturiste allemand qui travaille toute la journée et qui s'en va rêver la nuit, au clair de lune. Il y a le
dessinateur du *Fils prodigue*, qui annonce Rembrandt, non
par la singularité de ses songes seulement, par son Orient,
par sa Bible. par ses méditations sous la lampe. mais par
sa manière même et par son écriture. Cela, et son sentiment
romain, c'est assez pour assurer à ce maître mystérieux une
place dans l'histoire de l'art au début du xviie siècle.

CASTIGLIONE GENOVESE

Ⅰ L existe une Italie magique, nocturne et pleine d'enchantements, qui se superpose à l'Italie classique. Elle est l'œuvre de quelques audacieux poètes de l'art qui, mêlant leurs songes à la matière historique de leur temps, l'ont traitée en alchimistes, par une sorte de transmutation, créant des milieux nouveaux pour la vie de l'esprit. Ainsi se présente à nous, dans la dynastie des fantasques et des rêveurs, Benedetto Castiglione Genovese, dit le Grecchetto, un de ces peintres connus surtout comme graveurs, un des auteurs de cette Italie romantique, né à Gênes en 1610, mort à Mantoue en 1670.

Son siècle, son pays sont encore éclairés çà et là par les feux de berger d'Elsheimer. L'Italie a vu l'éther lumineux du Parnasse s'épaissir d'ombres, les dieux faire place à de beaux bateleurs, l'ordre religieux de la pensée détruit par la machination du drame. En même temps elle est l'étonnant théâtre du caprice et de l'aventure, la terre promise des fantaisistes errants, charlatans, virtuoses, improvisateurs à la langue dorée, les marchands d'orviétan de l'Impruneta, les sbrigani de la Commedia dell'Arte. Elle amuse Callot, Italien de Nancy ; elle suscite ces beaux noms, nom de farce et nom d'opéra, Canta Gallina, Stefano della Bella. Elle a sa rêverie orientale, ses songes d'exotisme, ses *Pré-*

dications de saint Paul, peuplées de seigneurs des Indes et de courtiers levantins, ses *Fuites en Egypte* abritées par un palmier. Enfin elle a cette tare charmante d'aimer la poésie on peinture, elle sait par cœur l'Arioste et le Tasse, elle est folle de musique. Elle sait même se taire, détendre sa mimique, apaiser son « jeu » expressif, écouter, non pas un concert d'instruments ou une voix célèbre, mais un accent qui lui vient des profondeurs de l'âme, une tristesse sans raison, la mélancolie.

Et si j'ajoute que jamais elle ne fut plus ouverte et plus accessible aux influences qui lui viennent du Nord, qu'elle fait accueil aux peintres du Rhin, des Flandres et de Hollande, qu'elle les aime, qu'elle accepte leur influence, qu'elle les imite, n'avons-nous pas là le tableau complet d'un romantisme? Tous les éléments s'en retrouvent dans cette étrange Italie, non pas à titre hasardeux ou épisodique, mais avec force, avec unité. Après la Renaissance, nous voyons tellement l'Italie à travers les Carrache, Bologne et l'académisme que nous avons peine à adopter cette notion nouvelle : nous l'acceptons à titre d'indication, à propos de tel ou tel maître. Mais c'est bien plus. Ces traits qui nous frappent, si nous les reprenions d'une manière un peu plus systématique, nous verrions à quel point ils font coïncider ce romantisme ancien avec le romantisme moderne. L'éclectisme avait dépouillé la peinture : elle avait besoin d'une cure d'objectivité, elle réclamait un magnifique peintre de morceaux ; de même, saturée d'élégantes combinaisons décoratives par d'habiles emprunteurs, elle avait besoin d'une dramaturgie, même réduite à l'optique du théâtre et aux artifices de la mise en scène ; elle souffrait du manque de modèles énergiques, pris dans la rue, riches en musculatures avantageuses, garçons d'écurie et bouchers, tout un relief de matière vivante sur lequel pût se poser le relief de la matière picturale. Alors paraît Caravage, comme plus tard Géricault, et pour les mêmes raisons. C'est un étonnant ouvrier peintre, et c'est un poète. Qu'il ait paru dépourvu de noblesse à ses adversaires et au grand Poussin. nous nous l'expliquons, mais il débordait de fougue. On n'a jamais autant désiré la possession totale de la vie. C'est ce que montre surabondamment le désordre de son existence. c'est le sens des rixes auxquelles on le voit mêlé, de son goût pour la basse pègre, pour une populace d'athlètes. de jolies filles, délicieuses et vulgaires, et d'équivoques jolis garçons. Le peintre de la *Mort de la Vierge* et de l'*Ensevelissement du Christ* racole pour le cinquième acte de ses mélodrames de robustes servantes, des femmes de théâtre, des palefreniers et des matelots. mais c'est que ces corps solides respirent avec puissance, c'est qu'ils portent en eux une âme expansive, prompte à se lâcher en gesticulations, en sanglots, en violences lyriques. Il les dresse sur des fonds d'ombre, parce que l'ombre est plus dramatique que la lumière, ou plutôt parce qu'elle lui prête la stridente éloquence du contraste.

Caravage, ses dons de peintre concret, restaurateur du beau métier et de la belle étude, ses vastes faits divers projetés sur des draperies ombreuses sont sans doute pour beaucoup dans la formation du romantisme italien. à la fin du xvie siècle et dans les premières années du xviie. Mais il faut y faire intervenir aussi l'influence des poètes qui ont enchanté la fin de l'âge d'or en Italie. C'est encore un trait commun avec le romantisme moderne. Cette conception nouvelle de l'homme et de l'art est à plusieurs faces : Caravage nous montre une riche sauvagerie d'instincts, un dérèglement pathétique, et c'est la forme la plus débridée, la plus ardente de cette sensibilité ; c'est l'aspect le plus critique et le plus émouvant de cette rupture d'équilibre. On la saisit encore toute vive et toute fraîche dans l'art du Dominiquin, amateur de passions vraies, de gestes authentiques, de beaux visages émus. « Il hantait, nous dit-on, les endroits où se rassemblent quantité de gens, afin d'observer les mouvements et les expressions par lesquelles les sentiments de l'âme se manifestent. » Je sais combien il tient aux Carrache et à quel point Poussin l'aimait, mais la poétique de l'expression, chez le Dominiquin, est une poétique romantique. Et, d'autre part, au cœur même de Bologne, il y a les élégiaques et les romanesques, il y a le fils du musicien, à qui toute musique reste chère, l'ami des amoureuses et des belles guerrières, le portraitiste de Beatrice Cenci (1599), le peintre de Bradamante et de Fior d'Aspina, Guido Reni. Il eut sa note héroïque, ses ardeurs profondes de jeunesse, mais souvent aussi son habileté de vignettiste l'emporte et, dans l'image de la femme, je ne sais quel romantisme jésuite où se mêlent le goût du malheur, la mondanité, la rêverie et la volupté. Certes la fadeur, jusqu'à l'extrème, le brio de facilité, le sentiment vrai cédant au sentimentalisme et ce dernier à la sensiblerie, aux airs penchés, aux procédés, à l'enveloppe vaporeuse, aux formes rondes, finissent par gâter les plus beaux dons, surtout à la fin de la vie du Guide et chez ses continuateurs. La virtuosité du ténor l'emporte sur la qualité de l'homme. Mais c'est peut-être ainsi que prennent nécessairement fin tous ces enchantements auxquels collaborent, par un subtil mélange des arts, la poésie, le théâtre, la musique et la peinture, et l'héroïne du roman à la mode fait oublier Armide.

Sur un autre plan, le génie jésuite collaborait à ce nouvel état de la vie morale et des arts par son intervention dans l'iconographie. En favorisant la peinture de l'extase et la peinture de la douleur, en montrant le supplice du martyr, ses béatitudes, ses visions, il ne créait pas seulement un singulier romantisme dévot, il prenait l'homme, non à son point d'équilibre et d'harmonie, non pas même dans la véhémence et le désordre de ses passions, mais aux extrêmes de sa vie nerveuse. L'admirable *Martyre de sainte Pétronille*, du Guerchin, les associe, en unissant dans la même composition, selon les lois d'une sorte de clair-obscur spirituel dont le contraste organise presque tout l'art italien de ce temps-là, la fosse entr'ouverte où l'on dépose le corps douloureux de la morte, le ciel où, ressuscitée dans la gloire, elle voit Jésus-Christ face à face.

Cette peinture, toute à la douleur surhumaine et à la surhumaine joie, réaliste et mystique à la fois, tendre et cruelle, poétique jusqu'à la fadeur et brutale jusqu'à la bestialité, organise enfin l'espace selon des principes nouveaux. Ou plutôt elle le désorganise pour en faire un meilleur théâtre de ses hallucinations, de cette fièvre de mouvement qui, à la même époque, fait bouger, osciller, chanceler la masse monumentale, tandis que le décor foisonne avec une luxuriance flamboyante qui a pu faire songer au réveil de l'art gothique, à la revanche des formes médiévales sur celles de la Renaissance. Les plafonds ne sont plus une ordonnance architecturale de cadres combinés et de caissons, mais une baie feinte, prodigieuse, ouverte sur l'éther où fulgurent des Ascensions, où rayonnent des gloires, où la forme humaine, vue d'en bas et saisie dans sa force ascensionnelle, est aspirée vertigineusement vers les abîmes de l'empyrée. Les puissantes architectures des vieux maîtres s'évanouissent dans une perspective d'apocalypse, parcourue de nuées, de halos et de flammes.

L'eau-forte ajoutait aussi au romantisme italien, elle était l'expression, la langue même de sa fantaisie. Le vaste recueil des planches gravées en ce temps-là dans la péninsule, c'est le journal anecdotique de sa verve et de ses passions. Toujours les arts du blanc et noir ont été fortement associés à ces sortes de mouvements, mais en particulier cette manière si graphique et si vive qui, courant sur le cuivre comme la plume sur le papier, y prodigue ses inventions de caprice et comme l'obsession d'un autre univers. On sait comment le romantisme français la retrouva, chimérique, allègre et songeuse, par delà les grandes planches au burin de l'époque impériale et comment, avant les peintres de Barbizon et Meryon, des hommes comme Paul Huet et Célestin Nanteuil lui rendirent la vie. Au fait était-elle complètement disparue? Mais non, pas plus que le génie du xviiie siècle. Les petites planches de Vivant Denon en sont la preuve.

La gravure en Italie suivait deux traditions, celle des maîtres issus de Raphaël et de Marc-Antoine, celle de Parmesan et de ses imitateurs. L'une illustre avec la plus noble sévérité les grandeurs de ce dessin éternel qui, dépouillé sur le métal du fondant et de l'agréable des couleurs, y acquiert une grâce austère de renoncement. Ce qui reste de gentillesse urbinate chez le peintre des belles vierges sacrées et profanes, chez le décorateur de la Farnésine même, sa souriante aptitude au bonheur s'évanouissent sous ce réseau inflexible, un peu trop bien tendu il est vrai, mais c'est l'épure de son génie livrée à la méditation des sages. Il faut regarder cela sous la lampe, une nuit de travail serré, et puis laisser grandir en nous notre songe de l'Italie, de la Méditerranée, de ses heureuses rives. Quant à Parmesan, il enfante cette lignée de graveurs en camaïeu qui ont produit tant de chefs-d'œuvre, mais aussi beau-

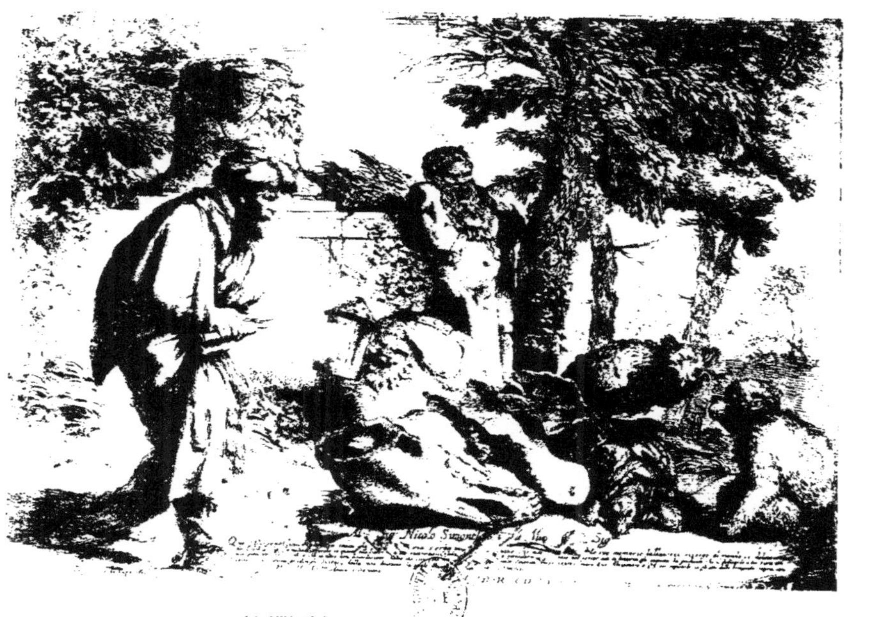

CASTIGLIONE GENOVESE. — DIOGÈNE

coup d'aquafortistes gracieux et libres. Ce maître accompli est peut-être le plus charmant poète de la forme. Au règne des héroïnes épiques, des grandes filles robustes faites pour les puissantes amours des dieux, il fait succéder celui des longues nymphes aux lignes si doucement coulantes que les maîtres de Fontainebleau nous apprirent eux aussi à aimer : Parmesan baigne leur visage d'un inexprimable charme, d'une jeunesse délicate, voluptueuse et pensive ; il est, en art, du petit nombre de ceux qui, en créant un type, ont ajouté à la définition de la beauté. Ses eaux-fortes ont la qualité de ses dessins, cette élégance dont la facilité n'est ni faiblesse ni virtuosité, mais toute d'un don privilégié. Certes il est coloré d'agrément et d'italianisme : comment pourrait-il en être autrement ? Mais il est aussi de la même famille idéale que Corrège, Prud'hon et Chassériau. On peut suivre sa descendance affaiblie jusqu'aux limpides eaux-fortes de Cantarini, d'un sentiment plus vide et d'un trait plus indifférent.

Ce nom, cette œuvre nous mènent en plein xviie siècle, mais ne nous laissent que faiblement pressentir les grandes nouveautés du moment. A celles que j'ai indiquées il faut ajouter celles qui viennent du Nord. Dans l'histoire de la gravure et de la peinture, c'est un trait bien remarquable. A l'époque où nous les prenons, ces influences n'étaient pas nouvelles : on sait comment fut regardé et apprécié à Florence, à une minute critique du quattrocentisme, le triptyque d'Hugo van der Goes ; Frédéric de Montefeltre accueillait dans sa galerie d'Urbin des tableaux de Juste de Gand et de Van Eyck. Mais au moment où se constitue un romantisme italien, l'influence est d'une autre tonalité. Bientôt nous verrons se répandre la lueur et la nuit de Rembrandt. Avant Rembrandt, il y a ce rêveur du Rhin transplanté à

Rome, Elsheimer et son double génie, ses allégories, ses naufrages, ses montagnes, ses nocturnes et, d'autre part, son classicisme de pastorale. Il y a un petit peintre de Haarlem, aimé des Italiens, parmi lesquels il vécut vingt années et que la familiarité de leur vie amusait prodigieusement. Son nom était Pieter van Laar, mais, comme il était tordu et bizarre, on l'avait baptisé le Bamboche. Et voici baptisées du même coup les bambochades, les scènes populaires, la murra, l'orviétan, la farce en plein air, le jeu, théâtre des passions en guenilles, les bêtes et les gens, tout ce qui passe, tout ce qui s'agite à l'ombre des vieux palais, dans la poussière ou sur les dalles des rues étroites. Le Bamboche s'est beaucoup promené, il a beaucoup vu, il a beaucoup dessiné, peint et gravé, il fut l'un des premiers à donner une forme et un sens à cette veine d'observation et de fantaisie qui est le contre-poids de l'héroïsme romantique. Autour de lui, après lui, graveurs et peintres, hommes du Nord et Italiens, ils sont nombreux à suivre la même voie, à chercher une poétique qui ne dépende ni de la mythologie ni des Évangiles, et qui, dans la nature morte comme dans l'épisode familier, dans la comédie en plein vent comme dans les scènes d'embuscade ou les chocs de cavalerie, s'exprime avec verve, avec cordialité.

Ces batteurs d'estrade, ces rêveurs à l'écart, compagnons aventureux, humoristes de la vie qui passe, complètent le tableau d'un temps et — nous allons le voir — posent où il faut la touche juste et la note leste, cet accent de caprice qui accompagne en mineur tout romantisme possible. De même nos aimables anecdotiers du xixe siècle, nos beaux peintres de mœurs, les graveurs paysans, Decamps enfin, peintre de carillonneurs, de saltimbanques, de chevaux de hâlage. On sent naturellement l'écart, sans qu'il soit besoin

d'y insister : mais la parenté des deux mouvements n'est
pas moins forte. On s'en rend compte, à feuilleter le cahier
d'eaux-fortes de Castiglione, qui nous mène bien loin de Marc-
Antoine et de Parmesan.

Ce qui nous frappe d'abord, c'est qu'il a beaucoup aimé
les bêtes et qu'il les a beaucoup représentées, s'attachant
aux sujets de la fable et de la mythologie où naturellement
elles prennent place, la Crèche, l'entrée des animaux dans
l'Arche, la fuite en Egypte, Circé et les compagnons d'Ulysse.
On dirait que, lassés de l'homme et de cette réduction absolue de tout l'univers à l'image de l'homme qui caractérise
la Renaissance et le génie classique, les peintres se détour-
nent des grands corps dénudés aux beaux membres savam-
ment jointés, dont on peut inscrire les proportions sublimes
dans des carrés, dans des triangles et dans des cercles, pour
s'attacher à un autre règne, où tout est accident, humilité,
instinct, surprise pour la raison. Une idée nouvelle de la nature sort de cette étude et de ces confrontations, le dos des
bêtes ressemble au profil des montagnes, leur toison est
broussaille et forêt ; toute une poétique se résume dans
l'écriture de ces formes, si dissemblables des nôtres et qui
sont mieux mêlées au dessin de la terre. Au milieu
des bêtes échevelées, l'homme apparaît comme un dieu
de hasard, venu d'ailleurs. Chez Castiglione, — et c'est
là sans doute sa particulière saveur, — les deux mondes
se juxtaposent encore : quelque chose du paganisme ou
plutôt du caprice romanesque, s'associe au lent voyage,
aux haltes du troupeau. N'est-ce pas là la note italienne ?
Les hommes du Nord sont tout à leurs bêtes, quand ils
les peignent, et l'homme est presque de la même famille.
Le palefrenier de Pieter van Laar sent l'écurie, le suint et le
poil, il n'est rien que le servant du magnifique cheval aux

gros membres, puissamment arc-bouté sur ses quatre pattes écartées. De même chez Karel Du Jardin et aussi, bien qu'avec plus de nonchalante grâce, chez Berchem. Au surplus, ce ne sont pas ces différences qui importent. Le romantisme prolonge l'homme par la bête, avant de se contenter de la bête toute seule. Voilà ce que signifie le mot fameux de Géricault : « Je commence une femme, cela finit en lion ». Chez Castiglione, nous n'avons pas la hantise ou l'obsession, mais nous avons la curiosité, l'amitié. Par là sa Bible pastorale a un caractère épique. Non qu'il grossisse le trait, qu'il accentue le caractère ou qu'il accumule au-dessus des bêtes écrasées de peur le mélodrame de l'orage, mais par le rôle qu'il assigne à ces grandes formes muettes, obscures et paisibles. Plus que dans la *Création des animaux*, plus que dans le *Retour de Jacob*, nous en avons un bel exemple dans son *Arche de Noé*, une de ses meilleures eaux-fortes.

Toute en longueur, elle nous montre à gauche, esquissée à la pointe, une péniche sur laquelle s'élève une sorte de chaumine basse, avec une proue bombée de pirogue. Le troupeau disparate s'étend sur la rive, non dans le pêle-mêle d'un marché aux bestiaux, mais presque à la file, avec les beaux dos doucement courbes, les riches encolures et les cornes arquées des bœufs. Le chien rallie ses moutons qui s'acheminent vers l'Arche, tandis que des bergers, pareils aux Daces de la Trajane, escortent un âne chargé de tonnelets. D'autres bêtes sont là, rat, écureuil, poules et chèvre, groupés avec une familiarité rustique, et l'on peut en supposer d'autres encore, qui s'avancent avec patience et pesanteur dans la nuit des forêts. Au milieu de ce cortège, le cheval se détache vigoureusement : il est blanc, il a les formes pleines et un peu lourdes. Ce n'est pas une bête

royale, une bête de combat, il a peiné dans les labours et
dans les charrois, mais le vent du Déluge soulève et déploie sa crinière. Nous ne sommes plus au temps des compositions légendaires, des dénombrements chers aux Flamands du xvie siècle, ces constructeurs de Tours de Babel, ces portraitistes effrayés et charmés des monstres de
la mer. Il y a dans l'*Arche* peinte et gravée par Castiglione
une perspective plus modérée, une observation juste mêlée
à une verve un peu grosse, mais en même temps, dans
l'aplomb d'une composition bien équilibrée, je ne sais quel
air de grandeur et de mystère, et la séduisante étrangeté de
l'eau-forte libre.

Mais les bêtes sont un peu partout dans son œuvre, saisies d'un trait moins vif et moins mordant que chez Karel
Du Jardin par exemple, et toutefois amicalement comprises,
avec une sorte de grasse largeur, celles qui accompagnent
l'ordinaire de la vie humaine, bêtes d'étable et de bergerie,
et puis d'autres, plus singulières, le singe, le hibou, le paon,
le cerf des contes de fées, la tortue sortant de sa carapace
trop belle sa vieille tête triste. Il a bien senti et bien dessiné l'âne et le mouton, l'âne au front dur, aux oreilles richement instinctives, l'âne de la *Fuite en Egypte*, qui est
aussi l'âne de la Bohême et de la vie nomade, compagnon
des diseurs de bonne aventure, des faiseurs de tours et
des voleurs d'enfants. Tous ces hôtes de la terre paraissent
avec profusion dans les histoires dont ils sont les héros, et
aussi dans celles où ils n'ont que faire. Diogène, la lanterne
à la main, cherche un homme, et c'est eux qu'il rencontre
sur sa route.

Et cet ami des bêtes est aussi un poète des ruines, de la
décrépitude et de la mort. Il a aimé les ombrages solitaires,
la vieillesse des murailles, les bases, les colonnes, les cippes

sur lesquels a longuement travaillé le temps, et ces statues de Terme, au visage de satyre rongé par les années, où grimace une tristesse animale. Entre un tronc sauvage et les assises d'un portique désert penche l'image mutilée de Priape. Sur les pierres taraudées par les siècles, on voit serpenter la ronce et foisonner le lierre. La rude et capricieuse végétation des décombres fissure, envahit et renverse le chef-d'œuvre de l'architecte et du sculpteur. La pureté des arètes et la netteté des profils sont veloutées par les mousses. Le vase monumental sur lequel un ciseau ancien avait fait courir la bacchanale s'écroule dans l'herbe à côté d'un fût brisé. Ainsi nait, en Italie même, la poésie des ruines, de la chose vétuste, abandonnée à l'oubli, reprise par le sommeil de la terre. Déjà le xvie siècle s'en était enchanté, avait répandu dans les jardins des fabriques pittoresques, copies, réductions ou arrangements des plus célèbres débris des monuments romains ; déjà les peintres avaient dressé, derrière les scènes de l'Ancien et du Nouveau Testament, des perspectives d'arches triomphales et de portiques et, sur la margelle d'un sarcophage antique, Ils avaient montré, assises et rêvant, d'éblouissantes figures de jeunes femmes. Mais l'eau-forte, et l'eau forte de Castiglione, leur confère un rayonnement privilégié, elle vieillit encore plus le bloc et la colonne, elle leur donne leur patine, elle insère profondément le parcours des fentes, ces rides de la matière insensible, dans des murailles pointillées et vermiculées comme un épiderme. Ainsi cet hommage de l'Italie à la grandeur de son passé s'associe à un naturalisme confus, dans un univers où l'homme apparait comme le rare survivant d'un monde détruit, devenu le familier des bêtes innombrables.

Les ruines de l'organisme physique, les ossements, jonchent le sol à côté des ruines de l'architecture. Là en-

core il est possible de trouver des précédents, mais d'un
autre sens. Quand nous voyons sur le tapis d'Orient où se
dressent en pied les deux *Ambassadeurs* peints par Holbein
se développer l'étonnante perspective d'un crâne humain,
cette ostéologie se présente comme la solution savante d'un
problème, posé à la curiosité d'un homme de la Renaissance par toutes les possibilités de déformation optique
d'un corps dans l'espace. La glorification du squelette. le
triomphe de la Mort se rattachent à la grande inquiétude
religieuse du siècle des charniers et des danses macabres.
Mais ce n'est ni comme épure de perspective ni comme exercice de méditation chrétienne que ces débris funèbres paraissent dans le *Diogène* (1) de Castiglione, et ce ne sont pas
non plus de purs accessoires. Dans les ruines hantées par
le singe et par le hibou, ce sont les témoins d'une régression
de l'humanisme; ils sont à leur place dans cet univers tourmenté. solitaire et sylvestre, où resplendit le blanc soleil
de l'eau-forte.

Etrange lumière ! Elle brille autour du beau palmier oriental de la petite *Fuite en Egypte*. Elle s'insère à travers les
feuillages fourmillants des halliers, elle s'amortit sur les as-

---

(1) Les sages en haillons sont des figures typiques dans l'art du temps.
Nous les retrouvons dans la *Forêt des Philosophes* de Salvator Rosa, dans
les *Philosophes* de Ribera et aussi chez Velasquez, avec l'Esope et le Ménippe. Dans un bel article paru dans *Die Antike* VI, 1930, sous le titre *Et
in Arcadia ego*, Werner Weisbach appelle notre attention sur deux planches
singulières de Castiglione Genovese, où ces gueux de la sagesse nous en-
seignent la vanité des choses humaines. L'une, datant de 1645, nous montre
dans un décor de ruines des philosophes déchiffrant une inscription fu-
néraire de caractère symbolique : TEMPORALIS ÆTERNITAS. Une autre (1655)
ne met en scène que deux personnages accompagnés du petit dieu Har-
pocrate qui les invite au silence, tandis que l'un d'eux exhume des décombres des armes anciennes. Poussin ramène ce thème à la sérénité et
à la noblesse dans ses *Bergers d'Arcadie*. Ici, c'est romantisme pur. Le *Diogène* trahit la même inspiration. Il cherche un homme et ne trouve que
des ossements dans des ruines.

sises des colonnades renversées. Mais il est des asiles où
elle ne pénètre pas. Il y a sous la terre des cryptes profondes, des cavernes pleines de nuit où reposent les corps
des saints martyrs. La *Découverte des restes des saints Pierre et
Paul* nous fait descendre dans le secret des tombeaux. Au
fond d'une haute cave, qui tient à la fois d'une caverne de
montagne et d'une de ces « grottes » que les Italiens d'autrefois exploraient dans les substructions des ruines romaines,
les scavatori s'avancent, pressés les uns contre les autres
dans une fente de rocher, à la lueur d'une torche qui mêle
à la nuit ses volutes de flamme et de fumée. Ces exhuma-
tions, ces ensevelissements, toutes ces scènes mortuaires
qui se déroulent dans le décor et dans l'atmosphère des souterrains, Caravage et son école ainsi que les Napolitains en
ont répandu les prestiges et réglé la mise en scène ; ce fut
là un genre de sujets cher aux dramaturges « tenebrosi ».
Castiglione y ajoute son pittoresque rupestre, un sentiment
de conte fantastique. Les deux cadavres sont étendus comme
s'ils venaient d'être terrassés, et les siècles ont passé sur eux
sans altérer ce caractère d'effrayante soudaineté du passage
de la vie à mort ; leur tête retombée en arrière dresse une
barbe touffue, leurs pieds sont nerveusement roidis. La
troupe des scavatori semble arrêtée dans sa descente, l'un
d'eux penche sa torche à bout de bras, non pour éclairer
la nuit du caveau, mais pour mettre en lumière les deux gisants. Ce geste si vrai a été vu. Castiglione a peut-être assisté
à l'une de ces scènes de découverte et s'est mêlé à quelque
escouade de fouilleurs. De là cet étonnant fait-divers, si
bien d'accord avec son humeur et si conforme à ses songes.

Suivant cette voie et faisant surgir de ces vieilles études
italiennes tout un obscur passé romantique, l'on ne se las-
serait guère de feuilleter ses planches. J'en vois une encore

qui me paraît bien significative et assez belle. C'est une jeune femme, assise sous un arceau ruiné, d'où pendent des ronces et je ne sais quelle flottante écharpe. Derrière une colonne au fût cannelé, montée sur une base puissante, on discerne d'épais feuillages qui ne laissent pas apercevoir le ciel. Une troupe d'animaux en arrêt semble considérer à distance cette rêveuse : un paon, un cerf, un chien, des moutons. Mais elle, la tête appuyée sur le dos d'une de ses mains, tient de l'autre une baguette, dont elle fait un geste nonchalant. Elle est vêtue comme une héroïne de Guerchin : son corsage bordé d'une mince fourrure s'ouvre sur une chemisette ; elle est coiffée d'un turban auquel une aigrette s'attache. A ses pieds s'accumulent de vastes grimoires, couverts de figures géométriques, et l'on voit aussi un petit vase destiné à des onguents magiques et à des charmes. C'est peut-être Circé, et les animaux qui la regardent, ce sont sans doute les compagnons d'Ulysse : entre eux et elle, voici quelques-unes de leurs armes, dont ils ont été dépouillés dans l'instant de leur métamorphose. Mais cette jeune enchanteresse, n'est-ce pas aussi une Mélancolie? On la désigne quelquefois ainsi, et l'on a raison. Elle a l'air perdu dans ses rêveries, et c'est en y pensant à peine qu'elle a pratiqué sa magie. Certes elle est bien éloignée de l'ange terrible de Dürer. On ne voit près d'elle ni le vaste polyèdre aux belles arêtes ni le sablier ni la fine bête montrant le dessin de sa structure, éléments de l'enquête sur l'espace, le temps et le secret de la vie ; les figures géométriques inscrites sur le rouleau de parchemin et dans les in-folio de Circé ne signifient plus la possession du monde par l'esprit. La magicienne des ruines est un personnage de roman ; au fond de sa forêt légendaire, contre son mur vieilli par les ans, elle poursuit, du même caprice, sa méchanceté négligente et son rêve attristé que nous ne comprenons pas.

Mais il ne faut pas charger de trop de sens ces pages du vieil aquafortiste italien. Italien certes, à travers ses fantaisies les plus audacieuses, ayant le don de n'appuyer jamais et de glisser d'une image à l'autre comme un lyrique qui prend son bien et son plaisir où il les trouve, selon l'inspiration du moment. Italien, et fidèle à la grande poésie antique, qu'il familiarise en jolies scènes pastorales, italien par la verve bouffonne, qu'il corse parfois de scatologie à la Flamande. Italien encore par la machination théâtrale et les jeux de lumière de ses Nativités, installées elles aussi dans un décor de ruines, mais pareilles par l'agencement et la mise en scène, à tant d'extases et de visions chères à l'art jésuite, qui les illumine de rayons dorés et de gloires flambantes. Les anges balancent l'encensoir : la Vierge se penche en arrière, dans une attitude plafonnante et, d'un nuage d'opéra, Dieu le père se dégage à demi et tend vers elle une main pleine de bénignité. Italien enfin par la qualité de la forme, qui est d'un habile et d'un virtuose, rompu à toute facilité dans l'atelier de ses maîtres, Jean-Baptiste Pazzi et Andrea Ferrari.

Toutefois il a connu les artistes du Nord et, au moins par ses eaux-fortes, Rembrandt. Je me hâte de dire que je leur vois bien peu de traits communs et que nous n'avons pas en Castiglione un imitateur, un de ces copistes de manière, d'ailleurs parfois habiles et sympathiques, comme le maître de la *Petite Tombe* et de la *Pièce aux cent florins* en a tant fait naître, non seulement autour de lui et dans son atelier même, mais au siècle suivant, en France et en Pologne par exemple, avec Norblin de la Gourdaine et Michel Plonski. Ces derniers sont loin d'être négligeables, et l'on souhaite-

rait les voir remis en honneur, car on leur doit, à Norblin
surtout, quelques planches bien savoureuses, d'une exquise
qualité de métier (*La chaste Suzanne*). Castiglione doit sans
doute à Rembrandt une certaine excitation, son goût pour
les études de têtes coiffées à l'orientale d'un béret et d'une
aigrette, et aussi cette curiosité pour la vieillesse juive,
pour les majestueuses barbes de sanhédrin, pour la richesse
douteuse et splendide des amples vêtures sacerdotales...
Mais n'est-ce pas en Italie que s'était éveillée l'inquiétude
d'une lumière nouvelle, avec les recherches d'Elsheimer
et de Gérard des Nuits ? Ce sont deux artistes du Nord,
mais pénétrés d'italianité. Ces échanges et ces mélanges sont
délicats à doser. Sans doute les villes à ghetto ont nourri
la passion des peintres pour l'exaltante friperie orientale,
mais pas plus qu'un beau quai de la Méditerranée, hanté de
marchands levantins.

En regardant de près certaines eaux-fortes de Castiglione
(mais non pas toutes), on constate qu'elles sont peut-être
plus près de celles de Jean Lievens que de celles de Rembrandt même. L'écart est plus considérable que ne le lais-
serait supposer la difficulté de discriminer les œuvres de
jeunesse de ces deux derniers. La pointe libre, hardie, im-
patiente de Castiglione, ses indications succinctes, une certaine décision brusque, voilà des notes qui, en tout cas,
l'apparentent aux aquafortistes du Nord, mais avec la facilité de la cursive italienne, qui donne des noirs égaux et
qui ignore les travaux de pointe-sèche. Les valeurs sont
obtenues par un « foin » de tailles enchevêtrées, les indications du modelé dans la lumière par un système de grignotis très caractéristique, ou par un système de points bien
mordus, souvent d'une jolie qualité (les pièces d'armure de

la *Circé*, par exemple). Les accents sont placés et pincés là
où il faut, dans l'harmonie blonde de l'ensemble.

Ce qui est bien à lui, c'est cette espèce de fourrure dont
il aime à velouter les surfaces et qui sont faites d'un curieux réseau de tailles bouclées. Nous nous trouvons à l'extrème opposé de Callot, de Stefano della Bella et de tous
les graveurs dits à taille unique, qui ne croisaient jamais
leurs travaux. Castiglione ne croise pas seulement, il multiplie une végétation de touffes à peine perceptibles, qui
feutre la forme, qui l'enveloppe avec beaucoup de charme,
qui donne au visage vieilli comme à la muraille ruinée, au
vase ou au chapiteau rongés, leur exacte qualité de matière.
Avec cela, même dans les planches les plus à l'effet, une
large économie des blancs du papier. L'eau-forte reste un
beau dessin, elle conserve son accent spontané.

On conçoit que cet art ait pu séduire, un siècle plus tard,
la jeunesse de Piranèse. Entre Castiglione, Tiepolo et les
graveurs d'architecture, il s'est quelque temps cherché, et
il a fini par réussir l'admirable synthèse des contraires.
D'une part, des ordonnateurs de masses monumentales,
doués d'une certaine ampleur de vision, mais amaigris par
un trait égal, géométrique et filiforme ; de l'autre, des peintres demandant à l'eau-forte de fixer la poésie de leurs
caprices. Les uns continuent comme ils peuvent, parfois
avec talent, une tradition d'équilibre et de majesté qui est
celle de Rome même, de l'Italie des papes et des maîtres de
la Renaissance ; les autres sont les dépositaires de secrets
plus rares, on les voit possédés par la perpétuelle fièvre,
par le don mimique, par la rêverie au soleil qui sont aussi
des traits essentiels de l'âme italienne. Piranèse déverse
dans les monuments des anciens, vus avant lui par des dessinateurs d'épures et par des archéologues, la vivacité

pittoresque, la nostalgie du passé, le romantisme des ruines. Aux études assez froides des architectes il donne la qualité sensible et le charme ; il les place dans l'air et dans la lumière, il les nourrit d'une matérialité formidable et délicieuse : aux songes flottants des peintres graveurs il confère la monumentalité.

Castiglione lui plaisait par ses instincts de rôdeur des solitudes, par l'attention qu'il porte à la vieillesse des belles choses, par ses architectures défaites qu'envahit une flore rude, peut-être même par cette suggestion de la mort due à des ossements épars. Il aimait aussi cette manière moussue dont le Génois se sert pour dire le grand âge de la statue ou du relief, pour envelopper leur modelé affaibli. En figurant dans un de ses tout premiers recueils un *Autel sur lequel se faisaient d'anciens sacrifices*, il a réuni les mêmes éléments, il a imité le style et même copié le procédé, en s'exerçant à boucler la taille et à feutrer l'objet. Ainsi se préparait-il à cette géniale étude des surfaces et des épidermes qui devait donner plus tard un si rare attrait de vérité à ses grandes planches. Peut-être même y a-t-il dans le métier touffu et chevelu des premiers états des *Prisons* un souvenir des impatients zigzags de Castiglione, griffant la planche dans tous les sens pour accumuer les travaux et enrichir la substance.

Mais Piranèse apportait dans l'art d'Italie une force plus puissante et plus singulière, sa sévérité passionnée, ses obsessions colossales, sa vision intense. Il arrache le romantisme italien à son harmonie lumineuse, il le plonge pour un temps d'épreuve dans de vertigineux cachots, il le baigne de ténèbres nocturnes, il l'attriste, il le grandit, il le hausse aux proportions de la Rome impériale et, sur ses murs crevés pareils à des falaises, il répand une sombre forêt,

l'orage du ciel, la lueur surnaturelle de l'eau-forte. Alors
une mélancolie toute-puissante s'empare de nous, plus
étrange et plus captivante que les enchantements de Circé.
Le monde s'est dépeuplé pour faire place au songe despotique du passé. A la perspective décuplée des portiques et
des arcades qui se multiplient dans l'espace correspond cette
perspective inversée du temps dont le nom est nostalgie.
Cette transfiguration du génie latin, cette Rome en blanc
et noir, à la fois solaire et nocturne, ouvre un péristyle de
ruines sur les avenues du xixe siècle.

LES CAPRICES DE GOYA
ET LA GRAVURE EN ESPAGNE

S ı l'on met à part deux noms illustres entre tous, ceux de Ribera et de Goya, la gravure espagnole est encore mal connue des amateurs et des historiens. Les plus récents ouvrages d'ensemble lui consacrent une place limitée. Faut-il croire qu'une civilisation aussi riche et aussi complète, une grande école abondante en maîtres peintres et en œuvres de premier ordre aient été peu favorisées dans les arts du blanc et noir ? Si l'on pense à l'importance de la librairie espagnole à toute époque, au nombre élevé d'ouvrages qui demandaient une illustration, aux besoins de diffusion de l'art religieux, enfin au génie même des peintres d'Espagne, peintres à l'effet, tout prêts pour une transposition gravée, et déjà aquafortistes-nés par la véhémence et la profondeur, le cas paraît singulier et mérite qu'on l'examine.

La Chalcographie de Madrid, fondée à la fin du xviiie siècle, ne nous permet pas de remonter aux origines. Elle n'a pas récupéré les incunables de la gravure en Espagne. Parmi les anciens, elle n'a pas Ribera ; parmi les modernes, il lui manque Vierge et Fortuny. Mais elle nous montre l'extraordinaire série des *Caprices*, à laquelle font cortège des planches intéressantes et très diverses qui nous aident à saisir, non seulement des personnalités habiles et douées, mais des tendances, mais des directions utiles à connaître pour l'histoire de l'art espagnol tout entier.

On ne doit pas ignorer toutefois qu'il y a eu, avant la date à laquelle commence l'activité de la Chalcographie et même depuis les origines de cet art, une école de gravure dans la péninsule. Georges Duplessis, à qui le baron Davillier, l'un des plus précieux intermédiaires de nos curiosités, avait signalé une xylographie imprimée à Valence au xv⁰ siècle, *Sainte Dorothée et sainte Eulalie*, en avait esquissé une sorte de tableau. Il insistait avec raison sur les bois énergiques du xvi⁰ siècle, que la sévérité de son goût académique ne lui permettait d'ailleurs d'apprécier qu'assez mal, mais il avait le mérite de publier le beau portrait de Juan de Yciar (1550). De nos jours, MM. Sanchez Canton et Espinosa y Quesada ont mis en lumière les marques d'intérêt données par Philippe II à la gravure, notamment la protection qu'il accorda au Flamand Pierre Perret. Plus tard, la cour d'Espagne eut un graveur royal. La multiplicité des belles éditions à frontispices et à gravures d'illustration favorisa bon nombre de petits maîtres, dont Pedro Gutierrez est un des plus connus. Comme les autres écoles européennes, l'Espagne eut ses graveurs orfèvres, et même, à Séville, à Grenade, à Valence, des portraitistes de talent.

Longtemps on attribua de petites pièces originales à Velasquez, Murillo, Alonso Cano. Mais le grand aquafortiste hispanique de la période classique, c'est Ribera. Il a l'ardente qualité graphique, l'autorité d'une pointe concise, et en même temps la violente franchise des morsures : il n'y a pas de poète plus âpre ni qui fasse mieux sentir la puissance ascétique du blanc et noir. Il est remarquable de penser que cet étonnant tortionnaire, qui se réfugie dans un

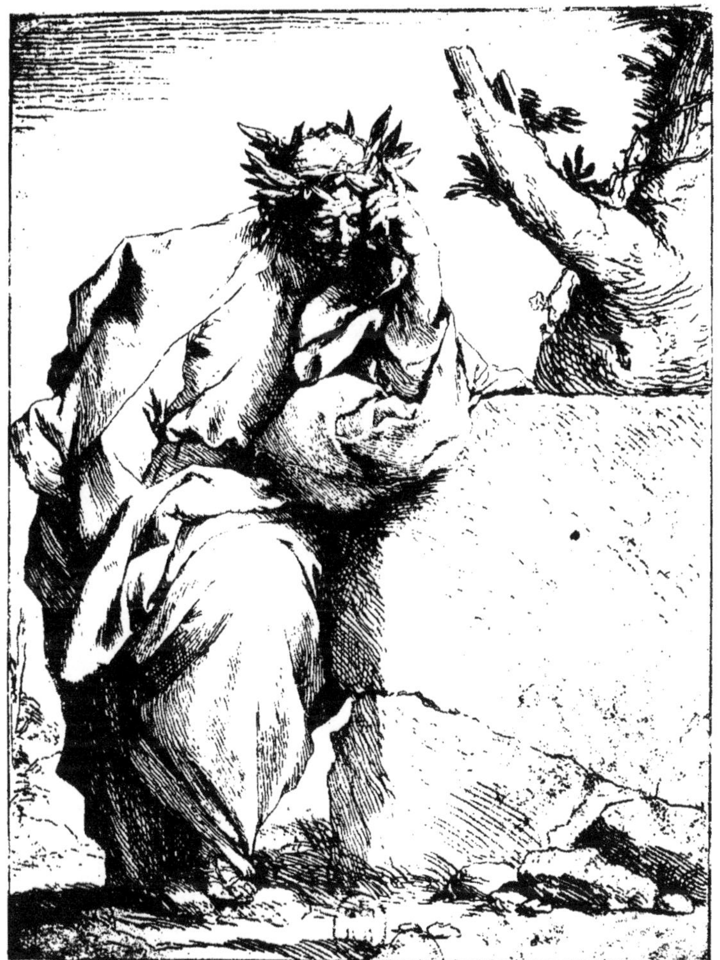

RIBERA. — Le poëte

cachot vaguement éclairé par un soupirail, pour y concentrer un rayon terrible sur les souffrances des agonies mystiques, au milieu d'ombres épaisses, fendues comme par une lanterne sourde ou par un coup de couteau, ait renoncé à ces prestiges des ténèbres, à ces richesses d'enveloppe et à cette cruauté d'alternatives en clair-obscur, lorsqu'il s'est trouvé, la pointe en main, devant le cuivre. Mais il comprenait que l'eau-forte peut s'en passer et que, dans l'économie même d'un trait direct, approfondi et coloré par l'acide, il y a une puissance de suggestion dramatique peut-être égale à toute la fantasmagorie des ombres. Au moins dans les *Caprices*, Goya n'a pas autrement procédé : sauf les fonds d'aquatinte, tout le travail du dessin et du modelé à l'eau-forte relève des mêmes principes ou du même instinct.

L'Espagne restait pauvre en graveurs de reproduction, et c'est assurément une des raisons pour lesquelles ses grandes écoles de peinture furent si mal connues à l'étranger pendant la période classique. L'énorme divulgation de Rubens tient non seulement à la fécondité de son œuvre et à l'ascendant de son génie, mais à cette belle cohorte des graveurs d'Anvers, les Pontius, les Vorsterman, les Bolswert, les Iegher. La France de Louis XIV avait ses puissantes dynasties de graveurs, les *Victoires d'Alexandre* propageaient partout, avec le nom de Le Brun et un aspect de notre génie, le retentissement d'un grand règne. Sans aller jusqu'à dire qu'il y eut une politique de l'estampe (comme une guerre des médailles, car ces choses ne sont pas nouvelles), il est certain que les princes, en favorisant cet art, se comportaient à la fois comme des amateurs éclairés et comme de souverains agents de publicité pour leur culture nationale.

C'est ce que comprit, au cours du siècle suivant, le marquis de la Ensenada, ministre de Ferdinand VI, lorsqu'il envoya à Paris comme pensionnaires royaux quatre jeunes artistes espagnols. Bien des raisons inclinaient naturellement les Bourbons d'Espagne à recourir dans ce domaine à un enseignement français. Venise, Londres et Paris étaient des capitales de la gravure : on sait ce que fut la fièvre de l'eau-forte à Venise, la facile abondance de la production vénitienne, le rôle de l'atelier de Wagner, qui forma de nombreux disciples, de talent d'ailleurs fort inégal ; Londres avait le goût et la pratique des belles mezzotintes, mais faisait appel aussi à des graveurs italiens et français ; c'est à Paris, en définitive, que les maîtres étaient les plus nombreux, la production la plus constante depuis deux siècles, avec une continuité de méthode et une profondeur de savoir réellement incomparables. La petite mission espagnole qui part pour Paris en 1752 comprend deux cartographes, Toma Lopès et Juan de la Cruz, un graveur en pierres fines, Alfonso Cruzado, enfin un graveur en taille douce, Manuel Salvador Carmona (1734-1820).

Cet artiste nous intéresse par la date à laquelle il se place, par le caractère de son talent, et aussi parce qu'il crée une tradition. Il fait groupe avec ses élèves ou ses continuateurs, qu'il domine par l'autorité savante, un peu froide, du métier, — non seulement Blas Ametller, le plus voisin de lui, et Fernando Selma, mais surtout Pascal Pierre Moles, qui vint en France après lui et qui y fut aussi l'élève de Charles Nicolas Dupuis. Il y a donc à Paris une petite colonie de graveurs espagnols. Vers le même temps venaient aussi en France les Allemands Jean Georges Wille et Georges Frédéric Schmitt, l'Italien Porporati, les Anglais Ryland, Strange et Ingram. Chez Dupuis, les jeunes Espagnols acquièrent une formation solide, une probité, une manière, — cette belle facture à la française qui règne alors en Europe comme une sorte de langue universelle et à laquelle échappent seulement les grands Vénitiens : Canaletto, Tiepolo, Piranèse.

Carmona nous est bien connu par les œuvres qu'il a exécutées dans notre pays, ses morceaux de réception à l'Académie royale, les portraits de François Boucher et de Colin de Vermont d'après Roslin, et en outre le *Tendre désir* d'après Greuze, la *Tragédie* et la *Comédie* d'après Carle Vanloo. De retour en Espagne (1762), il y grava avec souplesse Velasquez et Murillo. La Chalcographie de Madrid nous permet d'apprécier la variété de son œuvre, ainsi que l'importance des commandes qui lui furent confiées. Graveur de « prospettive » d'après Aguirre, graveur d'illustrations d'après Maella (le *Salluste* de l'Infant Don Gabriel) et Carnicero (*Théorie et pratique de l'équitation*), enfin graveur de portraits d'après Mengs, il a pour lui la transparence, le brillant et la fermeté, dans un métier un peu égal, qui est bien maître de ses ressources. Ses portraits d'après Mengs, *Charles III* (1783) et *Dona Isabel de Alarcon* (1792) présentent un intérêt particulier. On a dit tout le mal possible de cet Allemand éclectique, alors si fort en faveur à Madrid, et dont il est vrai que le dessin est faible, la matière cotonneuse, la couleur aigre et fondante dans les compositions allégoriques et les tableaux d'histoire : mais ses portraits ne sont pas sans mérite, il y est soutenu par l'accent du modèle et par un certain air de grandeur. C'est très sensible dans celui du *Cardinal Archinto* (Musée de Lyon, collection Bernard) et plus encore dans ceux qui ont été gravés par Carmona (1). Mais il est certain que l'estampe leur confère sa propre sévérité, les expurge de leur équivoque d'agrément, et qu'ils sont haussés par l'économie du blanc et noir. C'est vraiment une

(1) L'exposition de Madrid en 1929 a fait mieux connaître Mengs. Une salle nouvelle du Prado montre un beau choix de ses portraits.

jolie page et, reconnaissons-le, très hispanique, que la gracieuse image de Dona Isabel de Alarcon, debout, le poing sur la hanche, sur un perron de château. Dans le *Charles III*, Carmona se souvient des leçons des graveurs de portraits français et de sa propre expérience, déjà complète et nuancée en 1761, lorsqu'il exécutait son charmant *Boucher*, d'après Roslin, pour sa réception à l'Académie.

C'est à la même époque du goût, au même chapitre de l'histoire de la gravure qu'appartient Pascal Pierre Moles (1741-1797). Il avait travaillé en Espagne avec Joseph Bergara, mais c'est en France qu'il termina son apprentissage avec Dupuis pour maître ; il y resta jusqu'en 1776, gravant ses planches d'après Boucher, Greuze, Vanloo, Hallé et Latour. Il y avait été envoyé comme pensionnaire par la Junta et le Consulat du commerce et de l'industrie de la principauté de Catalogne, et c'est à cette puissante institution qu'est dédiée la *Pêche au crocodile*, gravée en 1774 d'après Boucher, appartenant à la même suite que la *Chasse à l'autruche*, gravée par Ametller sur un dessin de Moles lui-même d'après Vanloo (1). Planche filée avec une intrépide habileté et une stricte virtuosité d'outil qui transpose, si l'on peut dire, l'art de Boucher en style Louis XVI.

Ainsi, des ateliers français, ces maîtres rapportent les ressources d'un métier complet, une langue claire, intelligible, qui s'est d'abord exercée à la transposition des peintres de l'école à laquelle ils avaient demandé des leçons. Mais elle leur servit aussi à exprimer l'Espagne, à traduire pour toute l'Europe l'image de ses palais, de ses jardins, de ses céré-

(1) C'est la série des neuf « Chasses en pays étranger ». peintes de 1736 à 1738 par Boucher, Carle Vanloo, de Troy, Lancret, Pater et Parrocel, pour les cabinets du roi, à Versailles, placées plus tard à Trianon, enfin envoyées, à l'occasion de la paix de 1802, à l'Hôtel de ville d'Amiens, aujourd'hui au Musée de cette ville.

monies, enfin les chefs-d'œuvre de ses peintres. Ces études
étrangères, peut-être inaugurées (mais en Espagne même)
par le Franciscain Fray Matias Antonio Irala Yuso, avec le
Télémaque de 1758, tendent à constituer une école de gravure hispanique. Ce trait est remarquable chez les artistes
de la fin du xviii⁰ siècle et du commencement du xix⁰. C'est
l'époque des grandes vues monumentales conçues dans le
même esprit, sinon de la même manière, que le Dresde de
Belotto Canaletto, — Aranjuez, gravé d'après Aguirre (1773)
par Gil et par Carmona ; le Prado, par Gonzalez Velasquez.
Fernandez Noseret interprète le *Charles II* de Claudio Coello :
Selma, *La Vierge et saint Ildefonse* de Murillo : José Camaron,
les peintures décoratives exécutées par Francisco Bayeu à
l'oratoire du roi, au palais d'Aranjuez : Ametller, que nous
avons vu interprète de Boucher, grave la *Sainte Rose de Lima*
de Murillo ; Juan Brunetti, les portraits de la famille de
Charles IV, d'après Antonio Carnicero. Toute une lignée de
graveurs d'interprétation, enrichis de ressources nouvelles
par des curiosités de métier et de goût, par les puissantes
audaces du xix⁰ siècle, se continue jusqu'à nos jours, avec
Galvan y Candela, graveur de Murillo, de Goya, de Rosales :
avec Alcazar y Ruiz, interprète du Greco ; enfin avec le plus
connu et le plus récent d'eux tous, Bartolomé Maura, mort
en 1926, après avoir donné des planches importantes d'après
Velasquez, Goya et Rosales.

Mais c'est un grand peintre, un génial visionnaire qui devait révéler l'Espagne à elle-même en gravure, d'une façon
totale, soudaine, libre d'entraves. Pour bien comprendre l'histoire de l'art moderne (et peut-être l'histoire de l'art en Occident à toute époque), il faut nous représenter l'activité
créatrice comme soumise à un double rythme, génie national, internationalité. Ce caractère domine particulièrement

les trois derniers siècles. Aux vastes courants d'échanges et d'influences qui tendent à établir une communauté de culture, une langue européenne, s'opposent des réveils, des réactions originales qui prennent leur source dans les régions les plus profondes de l'instinct. Ces réactions ne présentent pas d'ailleurs l'aspect organique, la volonté de programme des mouvements politiques et sociaux. Elles sont généralement l'œuvre du génie et d'un isolé, elles sont le propre de l' « unique ». Après la Renaissance et pendant le xvii⁰ siècle, c'est aux Bolonais que l'on doit la langue internationale ; au cours du xviii⁰, c'est à la France ; quand l'académisme prend fin, sous la Révolution, sous l'Empire, c'est à l'idéalisme jacobin, contre lequel s'élève le romantisme, appuyé sur le réveil des nationalités, mais qui tend à son tour à établir une moyenne, une formule valable partout et pour tous les peuples. En étudiant l'histoire de la peinture au xix⁰ siècle, comment ne pas être frappé par la succession de ces grandes vagues, entrecoupées de réactions brusques ? Nulle part le fait ne se présente avec plus de pureté qu'en Espagne. Cette illustre école, appuyée sur des génies nationaux si personnels et si forts, elle a eu, elle aussi, son chapitre antiquisant. Après avoir parlé quelque temps la langue de l'académisme français et s'être assimilé aussi, avec Tiepolo, le plus brillant des idiomes d'Italie, après avoir subi l'éclectisme de Mengs, elle a été superficiellement touchée par l'idéalité révolutionnaire et romaine. A côté des Belges, des Suisses, des Allemands, des Italiens et des Scandinaves, venus de leur pays pour se soumettre à cette discipline de fer, il y a des Espagnols dans l'atelier de David. Contre David se dresse un des plus grands peintres de tous les temps et probablement le plus espagnol, Goya. Nul ne fut jamais plus violemment possédé par les antiques énergies d'un sol et d'une race. Sans doute, on n'ignore pas ce qu'il doit à des émulations fécondes, à des affinités, à des études qu'il a conduites selon son choix. Un peintre n'est pas seulement un homme qui peint des tableaux : c'est un homme qui en voit. Mais le privilège de celui-ci et de quelques autres, c'est qu'ils sont d'un grain si serré, d'une unité si dense, ils sont si fortement des hommes en même temps qu'ils sont fortement des peintres, qu'ils traversent tout sans se défaire et sans se modifier, ou plutôt tout ce qu'ils assimilent, ils semblent l'avoir inventé.

Sans doute, par toute une partie de sa vie, Goya baigne dans l'atmosphère dn xviiie siècle, dans ses voluptés faciles ; il partage son aptitude à jouir qu'il décuple par ses propres appétits de muletier aragonais. On peut aussi trouver en lui une fantaisie à la Magnasco, un goût des sépulcres comme chez Castiglione Genovese, un sentiment populaire dru et chaud et un amusement de mascarade comme chez Dominique Tiepolo. Mais tout cela n'est pas Goya. Si l'on veut se rendre compte de la nuance infinie et infranchissable qui sépare l'homme ordinaire de l'unique, que l'on compare les cartons de tapisseries dus à Bayeu, conservés au Musée municipal de Madrid, et les cartons de Goya au Prado. Ce sont deux univers à peu près identiques, séparés par un abîme. Il ne s'agit pas seulement de la qualité du talent, mais d'un élément irréductible. Dans la riche combinaison d'atomes qui constitue un homme de génie, des millions lui sont communs avec son voisin de café, avec son camarade d'atelier, mais un ou deux lui appartiennent en propre et suffisent à modifier radicalement les rapports des parties. La combinaison d'où résulte Goya ne peut se définir essentiellement que contre l'art baroque, comme elle se définit contre l'art de David ; Greco lui aussi trempe de toutes parts dans les procédés et dans l'air natal du baroque. En quoi cela nous aide-t-il à le comprendre ? L'analyse de l'œuvre d'art ne se fait pas du dehors. L'histoire naturelle classe-t-elle les espèces animales d'après les milieux ? Au surplus, dans une large mesure l'artiste créateur est un dieu technique. Son outil n'est qu'à lui. Tout peintre-graveur nous le démontre.

Cet art, aux mains d'un maître, acquiert une valeur autographique. Son examen relève de la graphologie presque autant que de la critique d'art. Il vaut par la spontanéité du trait et de l'effet, vertu dont n'est pas dépourvu un graveur d'interprétation (pensez à Laurent Cars), mais qui tend à évoluer vers la calligraphie ou. chez les interprètes les plus éloquents, vers une souplesse et une variété de compréhension tout opposées à l'ascendant despotique et forcément étroit d'une vision personnelle. Rien ne le montre mieux que les premières eaux-fortes de Goya, exécutées en 1778 d'après Velasquez : c'est bien plus encore Goya d'après Goya. On s'en rend compte surtout en comparant aux originaux le *Portrait d'Olivarès* et les *Buveurs*. De même pour le *Baltazar Carlos à cheval* et le *Ménippe*. Les *Nains de Philippe IV* sont plus corsés, plus montés de ton, plus riches en valeurs : il y a effort pour donner à l'eau-forte la plénitude et la qualité vibrante de la peinture. Les autres restent blondes, légères, dessinées comme à la plume, mais avec plus de mordant. La lumière du papier joue partout sous ce réseau transparent. Mais que cette pointe-là quitte le parcours des formes imposées par le modèle, qu'elle se laisse aller à la fièvre de la main et du cœur ou qu'elle suive sans servitude l'indication d'un dessin préliminaire, ce qui nous paraît grêle, aigre et contraint disparaît d'un seul coup dans la fougue de la vie. Aux exercices d'écriture, où le tempérament combat comme

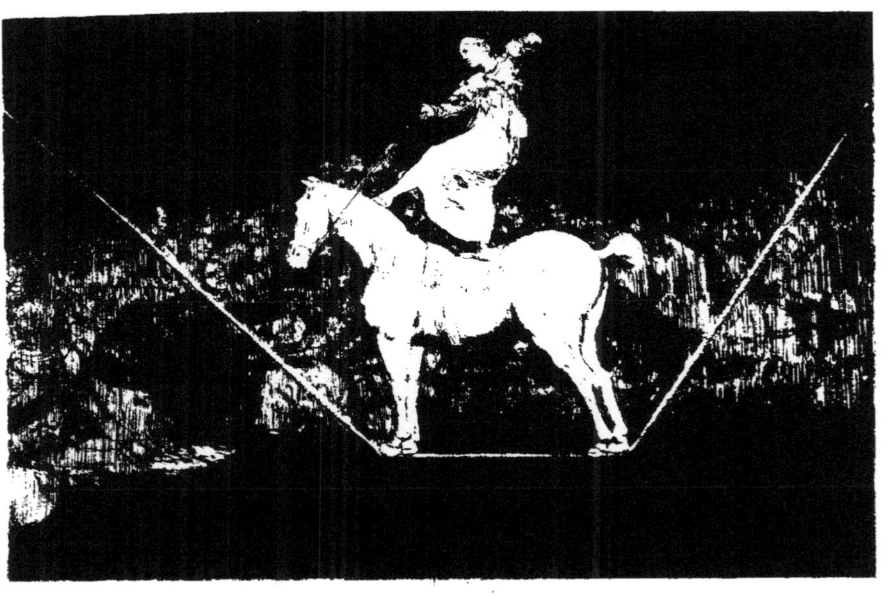

GOYA. — Une reine du cirque

il peut la copie, font place la verve terrible, l'accent irrécusable de l'autographe.

Voici quatre-vingts planches, de dimensions moyennes, plutôt petites (de 20 à 22 centimètres sur 14 ou 15), des feuilles volantes, destinées à circuler commodément, des espèces de placards de satire et de fantaisie (1). Elles ont été exécutées de 1793 à 1797, à une époque où l'Europe se débat dans les convulsions de la fin d'un monde. Leur titre, *Les Caprices*, n'a rien de nouveau : déjà Tiepolo, déjà Piranèse (ce dernier pour les *Prisons*) l'ont employé pour des suites d'eaux-fortes. En vérité, il semble qu'il n'y ait là que le passe-temps d'un grand peintre. Mais, derrière ce mot innocent, se dissimule une virulence occulte, si bien que le sens de certaines planches nous paraît encore aujourd'hui très énigmatique. Ce langage allusif et secret était le seul que l'auteur pût employer dans l'Espagne de son temps. L'ami du comte d'Aranda pouvait exercer ainsi sa verve indignée, ses aspirations d'homme libre et aussi sa compassion tendre. L'énergie de son humanité n'en est point diminuée, au contraire. Et si nous ne saisissons plus toute la portée de l'iconographie satirique, si la signification momentanée et contemporaine se perd, il nous reste un magnifique raccourci de l'Espagne, mieux encore, les confidences d'une grande âme, ses agitations et ses songes.

Qu'est-ce donc que le Goya des *Caprices* ? Un rêveur fantasque, non, mais un pessimiste par générosité, un déçu qui ne renonce pas, qui aime toujours son pays, dont il a l'âcreté dans le sang et dans les moelles. Sous les dehors d'un carnaval comique ou macabre, il voit avec tristesse

---

(1) On peut compter au nombre des *Caprices* les quatre planches de format plus grand jadis possédées par le journal *L'Art*, auxquelles j'emprunte la jolie équilibriste équestre, *Une reine du cirque*.

7

les vices, les travers et les fatigues de son siècle, non comme un moraliste prédicant, à la manière d'Hogarth, mais avec l'espèce d'amertume gaie de Figaro. Il est hanté par la mascarade universelle, je veux dire par la triste philosophie du masque, comme Tiepolo (qui vient d'une ville de masques) est hanté par la comédie italienne et mêle Polichinelle aux funèbres accessoires d'un cabinet de magie. Paraît le parvenu, le favori, Godoy, sous les traits d'un âne qui se fabrique une généalogie, sorte de fable d'Esope, l'Esope de Velasquez, et non celui de La Fontaine. Paraît la vieille beauté, la duchesse de Benavente qui, déjà saisie par la tombe, cherche encore à grimacer son antique grâce. Paraissent les moines et leur cynisme de goinfrerie, la farce des médecins, la farce de l'amour vénal, la farce des grandes batailles gagnées en chambre par des généraux podagres. Paraît enfin Goya, accablé de fatigue, la tête appesantie sur sa table de travail, livré à tous les monstres du sommeil, à ces larves ailées, crochues, difformes, multiples, qui sont l'ébauche ou le trop-plein de ses chefs-d'œuvre, l'écume bouillonnante dont le flux assiège sa pensée. Il y a les monstres de Goya, ses vieilles horribles, plus terrifiantes que des monstres, pelées, fissurées, déjetées, comme des façades de masures abandonnées, où se sont commis des crimes célèbres, et il y a la femme de Goya, jeune et fraîche comme une fleur, ou plutôt comme une gracieuse bête, avec son charme à la fois candide et sournois, dans *Le bas bien tiré* (*Bien tirada esta*), une antithèse baudelairienne ; dans *Bellos consejos*, la promesse de Manet graveur, qui a copié cette planche. Ce grand art, comme celui de Daumier (dont il est, par ailleurs, si différent), cache un secret : derrière l'accent populaire, derrière l'énormité de la bouffonnerie, le mystère de la qualité sensible. Il

nous amuse, il nous émeut et il nous inquiète du même
coup, et il arrive aussi qu'il nous attendrit. *Las rinde el sueno,*
elles sont vaincues par le sommeil, ne les éveille pas, dor-
mir est tout ce que les pauvres ont de bon.

Tel est le trésor de la Chalcographie de Madrid. Elle y
joint cette pièce étonnante, qui ne fait pas partie de la
série, *L'homme au carcan,* et une charmante petite pièce,
précieuse pour les historiens de la gravure, *Saint François
de Paule.* Elle fait songer (de loin) à certaines figures d'expression de la *Raccolta di teste,* de Dominique Tiepolo, et
plus encore, pour la facture, au grignotis de tailles bouclées particulier à Castiglione Genovese. Certes, avec les
planches d'après Velasquez, les *Caprices* et ces deux dernières eaux-fortes, nous n'avons pas tout entier Goya graveur. Il reste les *Malheurs de la guerre,* où la pointe de fer de
l'artiste martyrise et ressuscite la patrie ; il reste la *Tauro-
machie,* ce vaste caprice chevaleresque et solaire, où la franchise de la lumière, soutenue par la savante véhémence des
noirs, est pareille à une flamme d'argent, où le métier de
l'aquafortiste est plus riche, d'une texture plus variée et
plus délicate que par le passé. Mais Goya s'impose, dans les
quatre-vingts *Caprichos,* par son aridité même. Nous pouvons
en goûter l'âpre saveur mieux que les anciens historiens,
parce que nous sommes d'un temps qui comprend ces no-
blesses sévères et ces violences de concision. Ce n'est pas
l'*objet* qui possède le graveur, ce n'est pas sa succulence,
son épiderme, l'agrément que nous pouvons trouver à le
caresser de la main, à le présenter dans l'espace, en belle
lumière ; il n'est même pas tenté par la beauté de l'eau-forte
comme matière, il est indifférent alors à ce qu'elle vaut
comme objet d'art, et non seulement comme œuvre d'art ; il
la travaille et il l'exploite selon ses volontés catégoriques

de songeur. La forme a toujours ce caractère vaste, cette ampleur et cette carrure qu'on reconnaît chez tous les visionnaires du réel, chez tous ceux qui voient le monde *du dedans,* à travers leur propre besoin de grandeur. Mais elle n'abrège pas par esprit de système. Elle est serrée d'une pointe étonnamment autoritaire, qui la prend par tailles simples, point croisées, ressenties à l'endroit critique et sensible. Le modelé n'est jamais alourdi de travaux compacts. Il a l'air presque vide, et pourtant il nous suggère avec force le plein des volumes : c'est qu'il est soutenu de quelques accents brefs, de virgules, de points, qui nous servent de repères optiques, et qui, plus éloquents qu'un attentif travail de valeurs, nous imposent avec empire la notion d'une attache, d'un pli, du gras d'un muscle. Quant à l'effet, il est le plus souvent tonal : je veux dire que les noirs ou les demi-teintes valent pour eux-mêmes, dans la gamme colorée, plutôt que comme repoussoirs du relief. L'équivoque de l'aquatinte, lavant d'une louche grisaille les fonds ou d'autres parties de la composition, cette note molle alternant avec les vigueurs stridentes de l'eau-forte, ajoute à la singularité de cette poésie, crée l'atmosphère où ces choses doivent se passer, et qui n'est pas celle de la vie réelle, mais d'un songe troublé.

Ces planches, c'est Goya qui en a fait don à son pays, non pour qu'elles fussent jalousement mises sous clef, mais pour qu'elles fussent tirées, et les épreuves mises en vente. Nous devons à M. Sanchez Canton la publication de cette lettre du peintre, conservée aux Archives du Palais (17 juillet 1803) : « Mon ouvrage *Caprichos* se compose de quatre-vingts planches gravées à l'eau-forte, de ma main. Il n'en fut fait de vente au public que pendant deux jours, à une once d'or pour chaque livre : on en vendit vingt-sept. Avec les plan-

ches, on peut tirer cinq ou six mille livres. L'ouvrage est
apprécié et goûté par les étrangers. C'est par crainte qu'il
tombe dans leurs mains après ma mort que j'en veux faire
présent au Roi, mon seigneur, pour sa Chalcographie. »
L'artiste joignait au don des cuivres deux cent quarante
épreuves de chaque planche.

Texte curieux, et qui ne nous renseigne pas seulement
sur le patriotisme et la générosité de Goya (1). Nous y
voyons en outre que les *Caprices* étaient surtout appréciés
par les étrangers, comme si leur saveur hispanique était trop
forte pour une Espagne saturée d'internationalité et déjà
pénétrée par le retour à l'antique. On sait — et point n'est
besoin d'y insister — comment l'œuvre du génial graveur
toucha plus tard nos romantiques. Au même titre que le Musée espagnol, constitué par la Monarchie de Juillet et rendu
aux princes d'Orléans après la révolution qui les exila, il fit
connaître à nos peintres, mieux que de patients chefs-d'œuvre
de graveurs, le brûlant génie de toute une race à travers
les visions d'un grand poète de l'art. On sait aussi ce que
les *Caprices* furent pour Manet, avant son tardif voyage d'Espagne. Mais, avant Manet, ils avaient captivé Delacroix : nous
en avons la preuve par le journal et par les études de la
collection Moreau-Nélaton. Que les romantiques aient chéri
et compris Goya, c'est ce que prouve encore l'admiration de
Théophile Gautier, notre maître en sympathies espagnoles,
et lui-même Grand d'Espagne des lettres (2). Il savait trouver

(1) Dans sa belle préface au catalogue d'une exposition de soixante-
quinze épreuves anciennes des *Caprices* (Galerie Laffitte, Paris, 1896), Gustave Geffroy nuance d'humour l'interprétation du cadeau de l'artiste, pla-
çant ses satires sous la protection du roi d'Espagne.

(2) V. *Le Cabinet de l'Amateur*, 1842. Dès 1834, le *Magasin pittoresque*
consacrait à Goya un article illustré de gravures sur bois d'après trois
planches des *Caprices*.

pour la dire de ces phrases qui, sous leur aspect de négligence, traduisent avec justesse la profondeur d'une émotion. « La griffe du lion raie toujours ses dessins les plus abandonnés... »

Ces dessins sont désormais installés avec soin au dernier étage du Prado. Ils ont été reproduits à merveille dans une publication éditée par le Musée. En circulant dans cette vaste salle, on croit parcourir le lieu secret où Goya élabore les formes diverses de son génie et donne cours à son amusement, à sa verve poétique, à sa colère. Ces feuillets minces, dépositaires du premier jet, mais aussi d'une étude attentive dans bien des cas, nous montrent tour à tour, depuis le règne de Charles IV jusqu'à la période constitutionnelle, Goya observateur amoureux de la féminité, de sa parure, de son déshabillé ; Goya obsédé par l'Inquisition et par ses supplices, par les condamnés mis en chapelle, poète épouvanté de la vieillesse sans âge et de la bestiale pauvreté ; Goya annotateur de brefs paysages et constructeur de monstres. Certaines préparations pour les *Caprices* sont conduites de telle manière que chaque trait de plume semble guider une taille d'eau-forte et que l'on est tenté de se demander si l'on ne se trouve pas en présence d'un état peu connu (par exemple les planches, 12 et 16 du recueil *Goya Cien dibujos ineditos*, Madrid, 1928). Ce sont là les exercices d'un peintre habitué à obtenir les valeurs d'un coup de pinceau, d'une touche d'aquarelle, d'un frottis de crayon, et qui sait que, la pointe en main, il lui faudra les décomposer par une sorte d'analyse. D'autres dessins beaucoup plus libres sont exécutés au lavis ; ils font penser à la fois aux Japonais (planche 41) et à Rembrandt. Goya professait pour ce maître une admiration dont le *Saint Joseph de Calasans* n'est pas l'unique témoignage. Un plus grand nombre, peut-être, sont des sanguines chaudes et légères, d'une immatérialité lumineuse, où tressaille néanmoins un nerf impatient. Nous oublions que nous sommes dans un musée, que l'homme est mort depuis cent ans. Le galvanisme de cet art, qui nous saisit dans les eaux-fortes par la violence de l'incision, nous frappe ici par la soudaineté de la détente.

Au soir de sa vie, retiré à Bordeaux, alors siège d'une nombreuse et brillante colonie espagnole, qui comptait entre autres le poète Moratin, Goya songeait, non à reprendre, mais à continuer les *Caprices* de sa jeunesse. Une lettre adressée à Joaquin Maria Ferrer en fait foi. On connaît trente-cinq dessins, donnés par le fils de Goya à Federico de Madrazo et acquis enfin par Aureliano de Beruete (1). La constance de l'inspiration est bien remarquable. A trente ans de distance, les nouveaux *Caprices* ont le même caractère, le même accent et presque les mêmes sujets que les anciens. Ce sont toujours les mémoires de l'imagination de Goya, et le recueil de ses observations quotidiennes. Les moines sont encore en bonne place. moine en pénitence, moine volant dans les airs, emporté par un vent fantasque : la femme y passe, avec le magnétisme de sa grâce, et la folie aussi, depuis l'idiot bestial jusqu'au fou africain. Les baladins nomades des quais de la Garonne exhibent leurs inquiétants trésors, le montreur de serpents, le charmeur de crocodile, l'homme-squelette. Enfin l'artiste donne ce pendant à son terrible *Garrot*, — la guillotine. Tantôt un trait de fusain largement tracé, corsé de transparentes ombres, vibre en ressautant sur les vergeures du papier, tantôt c'est un lavis d'une riche intensité dans son

(1) Paul Lafond, *Nouveaux Caprices de Goya*, Paris, 1907.

laconisme. Nulle part peut-être on ne sent mieux ce que l'art moderne doit à Goya.

Ainsi se trouvent complétées la série des *Caprices*, notre connaissance de Goya et la révélation de l'Espagne. L'art de ce pays est de nouveau nationalisé, mais avec une puissance qui agit au loin, qui rayonne sur toute l'Europe et qui l'émeut en profondeur. Son intonation reparaît, avec la particularité du moment, des individus et des manières, à chaque époque caractéristique de l'histoire contemporaine et particulièrement dans la gravure. Il se répercute en Fortuny, il acquiert une violence nouvelle dans les admirables bois de Daniel Vierge, ce Goya des journaux illustrés, qui fut, lui aussi, et en France, l'un des plus nerveux poètes du drame qui passe. Mais en remontant les années, par delà le crépuscule du romantisme, par delà le romantisme même, par delà les coups de feu qui déchirent brusquement la nuit espagnole, le mois de mai des sérénades et des émeutes, nous saisissons dans les *Caprices* un génie d'une autre taille, un secret plus beau. La cruauté du rêveur nocturne fait crier sous sa pointe de fer les figurants d'un monde qui va disparaître. Le voluptueux amateur de filles et de femmes fouille les tombeaux de sa mémoire pour exhumer des spectres charmants. La fleur brillante de la chair, l'enchantement de la parure illuminent le caveau roux, parmi des monstres évoqués par une religion à rebours qui hume à travers les ténèbres le fumet du démon. Mystique de dérision, dramaturgie de sabbat, mêlées à la tristesse du plaisir et au carnaval de la vie.

HONORÉ DAUMIER

C'EST sur le quai d'Anjou, sur ces pavés qu'abrite la futaie des arbres riverains, dans l'ombre des hautes demeures, face à l'autre berge de la Seine, tout aérienne, toute solaire, que je me représente le mieux Daumier. Lieux admirables que l'étranger et la mode n'ont pas réussi à gâter. C'est là qu'il vécut les années de sa maturité, dans un atelier aux murailles grises, décorées seulement d'une lithographie de Nanteuil d'après un groupe de Préault. C'est là qu'il connut la douceur du compagnonnage entre artistes et cette candeur chaleureuse qui rayonne de leur amitié. Corot l'y venait voir. Daubigny, Geoffroy-Dechaume habitaient l'île, et aussi ce beau peintre, Boulard le père, qui évoquait parfois pour l'enfant que j'étais, voisin de cette rive, les grandes années et les grandes ombres. Ce Paris retiré, qui avait encore sa poésie de village fluvial, l'arbre du Pont Marie, d'où partaient en jacassant les corneilles, la pierre des hôtels anciens assombrie par les ans et par les soirs, c'est le fond du portrait, mais par derrière on aperçoit les perspectives du siècle.

Le recul du temps comme celui de l'espace annule les silhouettes minces. Il modèle au contraire avec puissance le relief des êtres forts. A mesure que la solitude se fait, nous mesurons mieux la taille de ceux qui la dominent. A

une époque où les talents fourmillent, nous sommes portés
à croire qu'ils sont tous de même aloi ; il nous manque,
pour saisir leurs proportions vraies, ce vide et ce silence où
s'accumulent les oublis et qui laissent debout, sous le soleil surnaturel fixé par Balzac dans le ciel de la mort, les
carrures capables de résister à l'indifférence, à l'ennui, à la
mobilité des gens de goût. En parlant de Daumier, je vois
un homme qui se livre tous les jours au monstre populaire,
qui dit son mot et lance son trait dans le tumulte de la petite presse, qui peint presque en secret et qui, dans la
partie immédiatement publique de son œuvre, accroché à
l'événement, à une nuance des mœurs, lutte perpétuellement avec l'éphémère. Cet annaliste de tout un temps
n'a pas eu pour se déployer l'ample espace du roman ou
de la comédie. Il n'a guère eu, avant la vieillesse, le loi-
sir de se recueillir et de songer longuement aux vérités
cachées, aux grandes harmonies de son art. Toujours en
contact avec le fait, il faut sans cesse qu'il observe et qu'il
invente. Son fardeau, c'est celui du journaliste, et l'on sait
combien le dernier siècle, dans cet ordre de travaux, a requis
et dévoré de dons étincelants. Mais c'est là qu'éclate la
grandeur de Daumier. De ces dures instances de sa vie, de
ces fuyantes images, de cette immensité de faits-divers et
de mots de la fin, il a construit une Comédie humaine, une
histoire morale du XIXe siècle, égale aux plus durables monuments de notre génie.

Il est mort il y a cinquante ans. Alors régnait Grévin
avec ses aimables figurines qui semblent dessinées en
marge d'un cahier par un collégien spirituel et licencieux.
Des procédés nouveaux commençaient à favoriser la cursive du trait de plume aux mains de vaudevillistes à la
petite semaine. La lithographie entrait dans son déclin,

victime des mécaniques de reproduction et du simili. Daumier d'ailleurs s'en désintéressait peu à peu. Dans sa petite maison de Valmondois, don de Corot, il ne songeait plus qu'à peindre. Au moment où la paralysie va le frapper, il se détourne de son siècle, il tâche de ne plus entendre le retentissement des échos dont il est encore empli. Daumier dépose sur le bord du chemin, comme une besace de colporteur d'où s'échappent des images et des chansons, quarante années de combat et de satire. Il renonce avec soulagement à l'humanité quotidienne pour retrouver dans ses songes et dans la fiction l'humanité éternelle. Mais les deux faces de cette vie ont une égale noblesse. La récompense de peindre solitaire, comme il l'a méritée ! Peintre, il l'était déjà dans ses lithographies, ne l'oublions pas, peintre en blanc et noir, et poète aussi, poète comique dans le sens vigoureux, abondant, compatissant, où il le faut entendre, après avoir lu Molière et regardé Daumier.

J'associe ces deux noms, mais le siècle de Molière est d'une unité compacte, la stabilité des classes et la pesanteur des hiérarchies y sont inflexibles. Celui de Daumier est une perpétuelle tourmente. Né en 1808, il a vu la France changer huit fois de régime. Quatre fois, il a vu la révolution jeter dans les rues, derrière les pavés, un peuple en armes. Au soir de sa vie, sous la blouse des gardes nationaux, sous l'uniforme hâtif des bataillons de marche, il a reconnu les mêmes hommes, possédés par l'instinct de la patrie et des libertés publiques, partir en chantant pour les sorties, pendant le siège ; ils tournent la tête, la bouche encore pleine de strophes, pour voir une dernière fois les enfants que leur tendent à bout de bras les épouses. Dans la sombre mêlée de la rue ou dans la solitude des banlieues pauvres, dans le clair-obscur des nuits bourgeoises, abritées

au creux du lit-bateau, sous la maigre treille d'un jardinet, au Parlement, au cimetière, les jours de deuil national, au banc des ministres, dans la chambre de l'assassiné
que viennent de quitter les soldats ivres. Daumier est le témoin d'une vie formidable, tantôt alourdie par les sédiments
de l'habitude, tantôt convulsive et mordante comme la mer.
Dans cette galerie de personnages et d'événements, bien peu
de traits essentiels lui ont échappé. Au passant, à l'homme
quelconque, à l'être interchangeable sur lequel on dirait que
la vie essaie successivement tous les masques, il a su confé-
rer une obsédante individualité ; il arrache à la poussière des
jours le petit fait qui ne signifiait rien à nos yeux et il le projette dans un espace absolu où il acquiert l'énormité d'une
représentation symbolique. Il a dans l'esprit l'exigence naturelle du relief, et sa destinée de chroniqueur et de pamphlétaire le voue à tout ce qui passe, à l'universalité du moment. Cette double force alimente son génie. Il voit vaste et
il voit tout. Son œuvre a un caractère cyclique. Ainsi elle est
en profond accord avec les passions d'un siècle qui a tout re-
mué, qui a retourné, dans une sorte d'enfantement douloureux, les assises de la société, détruit une France ancienne
pour créer une France nouvelle et semble avoir modelé une
nouvelle espèce humaine. Pour étreindre ces formations
étranges, les écrivains et les artistes de ce temps-là ont eu besoin d'une matière immense et de forces herculéennes. Balzac, Hugo, Daumier présentent ce caractère commun. Et après
eux, des hommes de moindre envergure ont encore les larges
mains, les larges épaules et le cœur solide à l'ouvrage du
bûcheron dans la forêt. On dirait qu'une fièvre les agite.
Leur œuvre est perpétuellement contrastée d'allégresse et
d'amertume, de puissantes lumières et de puissantes obscurités, comme si le titre du grand recueil lyrique résumait

tout l'instinct de cet âge, *Les Rayons et les Ombres*. Ils ont
encore cette ardeur au combat qui fait des militants de
tous les hommes supérieurs du xix⁰ siècle, même lorsqu'ils
ne défendent pas un programme précis, et seulement pour
obéir à un besoin de défi et de bataille. On pense, en les
étudiant, que les contrées de l'histoire sont habitées par des
races distinctes, comme les contrées de la terre. La race
dont je parle est guerrière avant tout. Daumier, témoin de
son temps, n'est pas un observateur passif, un anatomiste
d'insectes. Il a sa joie et il a sa tristesse, sa joie chaude,
cordiale, ronde, bourrue, qui lui vient peut-être des quais
de Marseille, sa patrie ingrate, et qui n'a rien de la fine
blague parisienne, gantée juste, de Gavarni, — sa tristesse,
qui est aussi l'indignation d'un homme, forme irritée de la
bonté : c'est elle qui lui a dicté des pages comme la *Rue
Transnonain* ou *Celui-là, vous pouvez le mettre en liberté*. Il est
le glorieux enfant perdu d'une cohorte immense qui entraîne dans ses replis, mêlés aux tribuns du peuple et aux
orateurs de clubs, les hommes d'État de la révolution de
demain, Blanqui, l'éternel insurgé, le cygne d'Elvire, le
pompier de Montargis, et, voltigeant en maraudeurs, les Ras-
tignac du bonapartisme. Plus haute, plus retentissante que
toutes les autres, il est la grande voix de l'opposition, de
cette opposition irréductible, éternelle, qui se reforme au
lendemain de chaque secousse et qui est un des traits catégoriques de la vitalité d'un grand pays. Témoin du xix⁰
siècle, mais artisan du xix⁰ siècle aussi. Son œuvre n'est
pas un miroir promené le long d'une route, c'est l'image
transfigurée des passions, des instincts et des habitudes de
plusieurs générations.

La bourgeoisie se dresse là, non comme une classe, mais
comme un élément. Par l'épaisseur de la membrure, par

l'aplomb qui l'attache au sol, par le carré des épaules, par la densité des mains, elle trahit ses origines rustiques. Par la fatigue du visage, elle raconte la fièvre de la vie urbaine, l'acharnement des négoces et ce courage de l'homme de Paris dont Balzac s'est fait l'historien, dans de saisissantes pages de la *Fille aux yeux d'or*. Il y a le bourgeois d'Henry Monnier et il y a la bourgeoisie de Daumier. Joseph Prud'homme est un type. Il est apte à vivre dans nos imaginations et dans nos mémoires, comme un être vrai, monstrueusement. Mais au fond, cette heureuse charge d'atelier est extrêmement limitée. elle se rattache au vaudeville, à Labiche, si l'on veut. C'est la drôlerie d'un homme d'esprit de café, qui se venge avec une jolie cruauté de ses camarades de bureau, de leur niaiserie solennelle, de l'enflure de leurs propos et de leur ventre. Quelle force aussi d'avoir donné un nom à des observations éparses et d'avoir posé un masque immuable au-dessus de tout cela! Silhouette désormais immortelle, et qui mérite de l'être. Il y a peut-être du Joseph Prud'homme chez Birotteau, mais coloré par le sentiment du tragique de la vie et des batailles de l'argent. Du reste, Balzac et Daumier sont encore bien plus voisins par une sorte de parenté de génie, par l'ampleur de l'investigation. Daumier prend la bourgeoisie du haut en bas de l'échelle, depuis le roi qu'elle a idolâtré, ce Louis-Philippe qui incarne si bien le côté latéral, parent pauvre, et, pour tout dire, bourgeois, du lignage capétien, jusqu'aux commerçants de la rue Saint-Denis, en passant par les politiques, par la farce judiciaire, par la comédie des médecins, par la badauderie des allants et venants sur les voies publiques. Assis sur les bancs de la Chambre, voici les législateurs, piliers du régime, qui se croient peut-être les descendants des légistes de Philippe le

Bel et qui se rattachent plus sûrement aux acquéreurs de biens nationaux. Les débris des batailles de l'Empire circulent au milieu d'eux avec une cocasserie spectrale. Daumier ouvre pour nous un Cabinet des Antiques où les « Hommes du Jour » sont mis à la torture avec une verve, avec une autorité qui les fixent à jamais dans le tragi-comique de l'histoire. — Guizot, plombé, coupant, doctrinal et sinueux tout ensemble ; Thiers, la bouche en fente, l'œil aigu derrière les lunettes de tabellion, majestueux comme tous les nains, de loin vibrion parlementaire en redingote et cravate blanche, de près solide comme une souche d'olivier, et du grain le plus serré ; Dupin, paysan noueux, au front bas, aux mâchoires d'aboyeur, et tant d'autres qui se succèdent et s'entre-croisent à travers les opinions et les partis ; les très vieux, effondrés dans leur caducité et dans leur pantalon à pont, M. Arlépaire, mouchant un catarrhe sénile dans une cotonnade ; les gloires de la chaire de faculté et de la tribune, Royer-Collard, engoncé dans sa cravate et flageolant dans ses lainages. Louis-Philippe, ce n'est plus seulement la fameuse poire inventée par Philipon, c'est Louis XIV devenu marchand de nouveautés à l'enseigne du *Chat qui pelote*. Daumier, mieux que personne, a saisi cet air de famille, cette ressemblance avec la cire d'Antoine Benoît, par exemple, qui échappe aux portraitistes officiels et aux graveurs d'écus. Le roi-citoyen a la mollesse de chairs d'une vieille femme, le regard prudent et scrutateur de l'homme qui, avant d'être roi des Français, a dû cheminer cauteleusement à travers les écueils et les obscurités d'un temps qui décimait sa race. Nous sentons là cette amère poésie historique qui est un des traits du génie de Daumier et qui, pendant l'Année Terrible, s'exprime, non plus par la satire, mais par la gravité de l'émotion.

De tous les actes de la vie publique, ceux qui l'ont le plus constamment attiré, après les fastes parlementaires, ce sont les grandes et les petites assises de la judicature. Il vit, dans les enquêtes et dans les procès politiques, l'homme revêtu de la dignité de la toge devenir agent du pouvoir, au même titre que les limiers et les gardes-chiourme de M. Delessert. Mais il est toute une partie de son œuvre où Daumier, délaissant la politique, juge au criminel et au civil. Même lorsqu'il se réfugie dans la peinture, aux jours où l'opposition est brisée par la dictature impériale, il s'y complaît. Outre la faconde et la vanité de l'avocat, ses malices de jouteur, ses larmes de tragédien, outre la foule qui écoute et qui attend, raide de peur et de curiosité, ce qui le frappe dans ces lieux étranges où des hommes arbitrent les passions, les intérêts, la liberté d'autres hommes, où tonne un genre littéraire démodé, c'est l'aride poésie du milieu, le rayon de soleil qui dessine un triangle de clarté sur un mur poudreux, c'est l'éloquence funèbre des robes noires et des rabats blancs, c'est enfin le contraste entre les grandes orgues de la défense et l'humanité si diverse et si vraie des accusés, depuis la coquette scélérate, correcte en son maintien de fausse bourgeoise, jusqu'à la pauvre femme malheureuse. Le procès est perdu, la veuve sort en pleurant, entraînée par son petit garçon qui serre les dents et presse le pas. Un beau gros avocat les escorte, emplissant de sa rondeur et de sa suffisance la robe de son métier. « Vous avez perdu votre procès, c'est vrai... Mais vous avez dû éprouver bien du plaisir à m'entendre plaider. »

Mais la bourgeoisie n'est pas là tout entière. Il faut compter encore avec les bonnes gens de Paris, avec les habitants des mobiliers en acajou, avec les troglodytes du magasin et du comptoir, avec l'homme qui passe, coiffé de son bolivar

et de ses soucis, avec le bourgeois à la pêche, flanqué de sa
compagne transie, sous une averse inflexible. Voici le bourgeois au bain et son ostéologie d'athlète fatigué, sur laquelle
le port d'un drap étriqué semble avoir laissé un ineffaçable
pli, imprimé des déviations montueuses. Voici le bourgeois
en chemin de fer, dans les salles d'attente ou sur les quais
des gares, et frappé au visage par le jour sinistre des quin-
quets. Il s'entasse dans de singuliers chars-à-bancs sans toi-
ture, ouverts de toutes parts aux morsures du vent, aux ai-
greurs collantes de la fumée, aux douches de la pluie : elle
fustige le troupeau ahuri, terrifié, content tout de même,
sous les chapeaux inamovibles.

C'est enfin la faune interlope de la ville, les nomades lointains, les réfugiés politiques sanglés dans des redingotes à
brandebourgs, les dieux provisoires, les inventeurs de systèmes et, jaillis on ne sait d'où, les Panurges en guenilles
du monde nouveau. D'un drame médiocre, Frédérick Le-
maître avait extrait une inquiétante figure, reprise et façon-
née à la mesure de son génie d'instinct. De cette ébauche
fulgurante de quelques soirées de théâtre, Daumier soudain
s'empare, il lui souffle une vie plus vaste, il lâche à travers
la société Robert Macaire et son fidèle Bertrand, le Don Quichotte et le Sancho de la filouterie ; il les affuble de cent costumes divers, il les voue aux plus étranges destins. Robert
Macaire entre dans la peau de tous les rôles, il leur communique sa verve amère et bouffonne, il est à la fois l'objet de
la satire et cette satire même. C'est Jacques Colin, dit
Trompe-la-Mort, évadé du bagne, dont il est devenu le ban-
quier, sous les traits d'un diplomate espagnol. Mais tandis
que Balzac concentre les forces de son personnage et le sim-
plifie avec une austère grandeur, en lui donnant ce coin
d'humanité si vraie, sa tendresse pour Lucien, Daumier pro-

digue le sien à travers tous les avatars. Ce n'est pas seulement parce qu'il lui est nécessaire, comme procédé de fixation et d'interprétation, c'est qu'il voit en lui la mascarade de l'aventurier moderne, né du désordre des temps, et qui se faufile par toutes les fissures dans la confusion des classes et dans l'inédit des grandes affaires. Chaque époque de détente et d'affaissement le voit renaître et pulluler. Il est une face éternelle de l'infamie gaie, mais il est aussi l'ombre anguleuse et mobile des incertitudes et des crédulités du moment.

Quelle place la femme occupe-t-elle dans ce sombre univers ? Ne cherchez pas ici la lorette de Gavarni, son souple et gentil débardeur, qui fait vis-à-vis, dans le quadrille des plaisirs de Paris, à quelque Clodoche gigantesque et puéril, cet oiseau de flamme et de velours, sœur déchue des anges des frontispices romantiques. Ce qui se dresse sous nos yeux, c'est la triste femelle sans âge, usée par la besogne domestique, la mégère du pas de porte, au cheveu pauvre, au visage tanné de matelot ; ce sont les maniaques de lettres, qui se relèvent la nuit et s'agitent dans la chambre conjugale, en quête de l'épisode à effet ; les commères en mal de médire, les divorceuses assoiffées du désastre des ménages. Parfois, le visage à demi dissimulé sous la capeline, au bras d'un absurde époux, se profile un être charmant, fait des grâces et des modes de cette année-là et qui respire la féminité. Mais Daumier voit la femme avec grandeur quand il la transfigure en République maternelle ou quand il la montre ployant sous son fardeau de linge mouillé et remontant l'étroit escalier qui unit le quai d'Anjou à la berge.

Alors nous pénétrons dans un univers recueilli, où le combattant dépose ses armes et se laisse aller à une contemplation pleine de tendresse. Passent devant lui des êtres humains qui n'entre-choquent plus les mots d'une légende, des silencieux à qui les paroles manquent, parce qu'ils n'ont plus besoin de paroles et que tout en eux rayonne d'une éloquence confidentielle, d'une mystérieuse poésie. Daumier regarde vivre les pauvres, les chantres de village debout près de l'harmonium, chantant à grandes goulées, comme on boit un vin facile, les saltimbanques, artisans en joies foraines, en plaisirs de plein vent, les lutteurs vieillis dans les combats, pareils à la fois à des dieux âgés et à des maîtres-baigneurs, enfin des voyageurs de troisième, dans leur dur wagon de bois, qui groupe face à face, dans l'ennui, la poussière et l'éreintement, les âges et les destinées des hommes de peine, des femmes de peine.

Voici que reparait à nos yeux, après deux siècles, la paysanne de Le Nain, grave, muette et bien tendue, comme une statue de cathédrale, image des acharnements paisibles, des jours lentement usés. Mais l'histoire a changé de lumière, elle est devenue plus sombre et plus pathétique. Daumier n'a rien d'un idéologue ou d'un rêveur social, son arme n'est pas la théorie, c'est le trait, la touche, le mot. Il est pourtant de cette famille d'esprits et de cette génération de Français qui, même sous les dehors de l'énorme farce et de la satire, ont aimé l'homme, ont compati aux misères et au courage du peuple. La femme pauvre, immobile sous sa capuche, les mains serrées sur son panier, n'est pas une illustration du *Voyage en Icarie*, elle est plus haute que les passions ou les doctrines d'un groupe, elle est empreinte d'une majesté brute, d'une passivité séculaire. C'est un mouvement frénétique, un appétit goulu qui emportent les personnages de la *Soupe*, un des dessins de Daumier où la vie circule avec le plus d'ardeur : elle semble mettre les formes aux prises, non pour le partage d'une pitance fumante, mais

pour quelque choc furieux, l'homme jeté en avant comme
une bête de combat, la femme ouvrant une bouche d'appel
aux armes et serrant son petit pendu à sa lourde mamelle.
C'est au contraire une résignation pesante qui courbe le dos
et penche la démarche des *Émigrants*, honneur de la sculp-
ture française au XIXe siècle. On y sent revivre ce sens de
la modernité épique, qui déjà hantait Géricault au moment
où le pinceau allait lui tomber des mains. Je ne parle pas
de l'émotion grave et cachée, mais de cette géniale aptitude
à dégager la grandeur du fait contemporain, à saisir l'épisode pour le hausser à son plan dans l'histoire générale de
l'homme. Ceci est déjà sensible chez le pamphlétaire. Et
c'est par là sans doute que Daumier plus que Decamps,
anecdotier succulent, a devancé et préparé les peintres de
Quarante-Huit. En jetant à bas du lit le cadavre en chemise
de l'homme égorgé, en montrant des jambes, des pieds
d'une effrayante vérité, en évoquant avec force la sinistre
poésie des objets vulgaires, le traversin rayé, exact, judiciaire comme une pièce à conviction, n'annonce-t-il pas
Gustave Courbet ?

Voilà l'univers de Daumier, où plutôt certains de ses aspects, qui nous font connaître quelques facultés supérieures
de l'homme même, l'ampleur de son étude, la puissance avec
laquelle il sait donner au particulier et au momentané une
signification générale et durable, l'accent populaire et universel de son comique, intelligible de partout comme celui
de Molière, enfin son amertume généreuse et sa bonté.
C'est assez dire qu'il est de la lignée mâle, par opposition à
tant de maîtres délicieux, doués du charme le plus caressant
jusque dans le cynisme, dont ils se font une grâce. Mais
quel est le secret de son autorité, et d'où vient qu'elle
s'exerce sur nous avec tant d'empire, alors que les passants

de l'histoire et de la rue nous sont devenus lointains, alors
que la poussière des ans a nivelé les remous de l'opinion et
que nous reconnaissons à peine les façons de vivre et les
habitudes de langage?

Lithographe, peintre et sculpteur, Daumier est un admirable poète de la forme. Ce chroniqueur du « fait Paris »,
ce rédacteur graphique de la *Caricature* et du *Charivari*, la
voit épique, c'est-à-dire humaine et surhumaine. Elle acquiert sous sa main ce double don, une fiévreuse énergie,
une stabilité massive. Elle est toujours sentie et traduite
avec grandeur, même lorsqu'elle est silhouette ou figurine.
Ses bourgeois, par la solidité de l'étoffe musculaire, par
l'aplomb des masses, se rattachent à l'antique souche des
héros d'Italie. C'est le mot, si perspicace, de Balzac, disant
de Daumier qu'il avait du Michel-Ange sous la peau. Dans
le drap noir et le linge empesé, s'ils sont cagneux, ventrus
ou podagres, leurs difformités ont encore quelque chose
d'herculéen. Ce n'est pas au moment où s'épanouit leur
jeunesse que la poigne de Daumier les saisit au collet, mais
plus volontiers dans l'usure de la cinquantaine. Parfois
ces athlètes fatigués et en deuil jettent au loin leur défro-
que et s'étreignent pour des luttes acharnées. Combien
Daumier les a aimés, ces combattants qu'il a observés sur
l'arène des cirques forains et qu'il enlace, qu'il arc-boute
l'un contre l'autre, dans une Iliade de faubourg ! Le trait
voltige et se multiplie autour des apparences mobiles,
comme un réseau qui capture le mouvement sans l'inter-
rompre. La forme naît, non d'une décision de l'esprit qui
choisit un profil entre cent, mais d'une ardente juxtaposi-
tion de tous ces profils dans l'espace. Ainsi dans ses pages
d'études hâtivement griffées, le champion du dimanche soir
et le dompteur de chevaux ont autour d'eux et en eux-mê-

mes l'ondulation de leur vitalité. Quelques valeurs d'ombre très transparentes en accentuent le relief et la consistance. Ces moyens ne suffisent pas au lithographe et au peintre. Il lui faut un milieu dense, profond, où la forme s'installe avec richesse. Le charme de croquis, où excellent tant de lithographes romantiques, Daumier s'en dépouille, il voit plein et violent. Longtemps ses aînés immédiats et ses contemporains ont erré à la suite de Carle Vernet dans la gamme des jolis gris, et Géricault lui-même. Daumier connaît ces délicats secrets : on le voit lorsqu'on analyse la série des Parlementaires de Juillet en pied, et aussi la collection des masques blasonnés d'armoiries qui l'a précédée dans la *Caricature*, au début de sa carrière. Ces monstres sont bien subtilement modulés. Mais si le procureur général Persil, Charles de Lameth ou M. d'Argout exercent sur nous un si impérieux ascendant, c'est grâce à de plus audacieux prestiges, à une refonte du masque humain. Ces visages semblent avoir été taillés dans une matière inédite par un dieu brutal et moqueur.

Daumier en effet interpose entre la réalité et son crayon des créatures nouvelles qu'il a modelées comme les personnages de quelque terrifiant guignol. On dirait qu'elles ont été taillées comme ces rochers des montagnes qui présentent une triste et hallucinante ressemblance avec l'homme et que contemplent longuement les touristes. Ces masques en terre (conservés par la famille Philipon) font penser à la fois aux statuettes tératologiques de l'Asie Mineure hellénistique et aux ébauches de Rodin. Ils accentuent démesurément les volumes caractéristiques, les nez immenses, braqués en éperon, les mâchoires de gorille, les os portant les chairs comme une patère porte une draperie. Le conflit de l'homme et de la bête se dessine avec une funèbre puissance d'obsession dans cette ménagerie. Le soir venu, Daumier s'installe avec elle sous la lampe. Alors la dramaturgie des ombres s'en empare. Les masses en surplomb décuplent l'intensité des noirs qu'elles projettent au-dessous d'elles, les orbites deviennent des cratères, les rides ne sont plus les brèves encoches de la fatigue ou les sinueuses fissures de l'âge, mais des ravines labourées par la colère des éléments. Nous surprenons ici le secret d'une transposition, encore aujourd'hui discutée, qui rattache Daumier à tous les sublimes hallucinés de la lampe, à la suite de Tintoret et de Rembrandt. Il s'y révèle comme l'artisan multiple d'une combinaison technique où interviennent à la fois le dessinateur, le sculpteur et, par la richesse de l'effet, le peintre. Il ne nous met pas sous les yeux de pâles humains, copiés sous la lumière blafarde d'une salle de parlement, mais des êtres nocturnes pétris par ses mains, éveillés à la vie sous une lueur inquiétante. Cette nuit et cette flamme, il me semble que je les retrouve dans la plupart des lithographies de Daumier, même lorsque les masques et les statures se détachent sur un fond aride. Plus encore, on y lit ce besoin de prendre la forme dans ses mains, de la nourrir, de l'étoffer, de lui donner son maximum de plénitude et de vigueur. A cet égard, ce grand sculpteur continue Géricault, dont on connaît les maquettes. Comme lui aussi, Daumier est possédé par l'instinct de pousser l'homme à son paroxysme, jusqu'aux confins de la bête : l'admirateur des *Sabines* s'arrête à l'athlète déchaîné, à l'esclave nègre ; le pamphlétaire va jusqu'au bout, car il est le physiologiste des monstres. Le rayon concentré de sa lampe d'étude lui a montré toute la bestialité qui tressaille sous la structure des visages et qui s'agite dans les ombres. Ombres solennelles des lithographies de Daumier, noirceurs des ro-

bes de justice, pareilles à des draperies mortuaires, sombre
vêture des foules modernes, vouées à un deuil éternel, ténèbres de cave coupées d'un jour brusque et crayeux, au
fond des cachots où l'on questionne les accusés du Procès
d'Avril, combats de l'ombre mouvante et d'un soleil fixe dans
le plus poignant clair-obscur du siècle. Ne cherchez ici ni
les ragoûts de Decamps, son pittoresque assez fébrile, sa
matière maigre, ni la précieuse virtuosité de Gavarni. L'un
et l'autre furent à coup sûr deux poètes de leur art, Gavarni surtout, dont la sensibilité optique, l'exquise finesse
dans le discernement et l'expression des valeurs ont tant de
charme, mais sur le mode mineur. Daumier est plus vaste,
plus catégorique et peut-être plus concis. Dans ses plus
belles pages, en même temps qu'il amplifie la forme jusqu'au colossal, on dirait qu'il abrège le modelé, pour donner
aux volumes toute leur éloquence. Ainsi cet illustrateur de
feuilles volantes se meut dans une perpétuelle atmosphère
de grandeur.

N'avons-nous pas là les principes et l'économie de son
art de peintre ? La lumière y apparaît comme une force
double : elle construit les masses et elle installe l'effet. Bien
loin qu'il en soit ainsi dans l'art romantique, nous y voyons
souvent au contraire des peintures vigoureuses d'effet,
meublées seulement de formes plus étincelantes que solides. Il est admirable de voir la lumière agir chez Daumier,
non seulement comme un fluide magique, mais comme
une énergie créatrice. Elle ordonne la composition et, du
même coup, elle confère une vie large aux êtres et aux
objets. Elle nous fait sentir que l'espace d'un tableau ne
saurait être l'espace vrai, mais un milieu plus intense et
plus rayonnant, où les apparences prennent une qualité
nouvelle, comme si elles étaient coulées d'une pièce dans

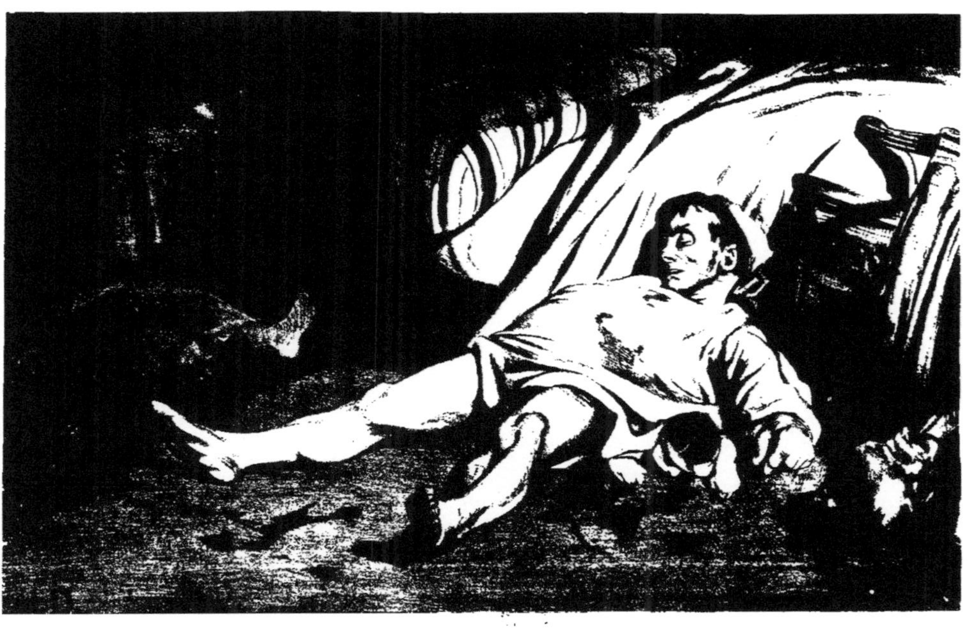

DAUMIER. — RUE TRANSNONAIN, LE 15 AVRIL 1834

l'ombre et dans le clair. Le bienfait des longs travaux dans le royaume du blanc et noir se lit encore dans cette matière dorée. Le lien qui unit la peinture de Daumier à ses lithographies et à ses sculptures est du même ordre que celui qui unit la peinture de Rembrandt à ses eaux-fortes. Mais Rembrandt, avec l'autorité du parti et la constante beauté de la tache, est un extraordinaire artisan de demi-teintes, de lueurs errantes, de reflets et de veloutements. Daumier voit plus simple et plus sobre. Il n'y a pas de halo autour de la source lumineuse dont il braque sur les vivants de ses songes le rayon direct, il n'a pas attisé de flamme surnaturelle. Il connaît la vertu de ce soleil des rues qui découpe des combinaisons singulières, qui pose des touches d'éclatante tristesse sur le repos accablé des saltimbanques ; il chérit le crépuscule orageux qui dore, derrière la porteuse de linge, les hautes demeures de nos quais, de ce demi-jour d'argent qui, dans la boutique du marchand d'estampes, éveille autour de l'amateur la chaleur des sanguines pendues au mur, la note fumeuse des dessins anciens et le confidentiel écho des marges blanches. Tantôt l'être humain se détache comme une ombre sur un fond lumineux, mais un reflet s'accroche à quelque saillie, éclaire avec plus de force un élément ou un accessoire de sa personne ; tantôt la lumière le frappe droit au visage, en pleine poitrine, comme un adversaire ; le forgeron est assailli par la flamme de la forge ; l'avocat plaidant est ravagé par la dure clarté du prétoire. Nulle puissance plus émouvante que celle-là. Elle fait surgir des profondeurs le drame des vies humaines, elle se pose sur les faces comme le masque cruel de la vérité, elle heurte le bras ou la main pour souligner le geste, elle laisse dans une ombre miséricordieuse les têtes penchées, les corps alourdis de ceux qui peinent.

La touche qui prend cette ombre et cette lumière les incorpore à l'une des plus belles matières de peintre qui furent jamais, grasse, solide, sans truculence inutile, et qui prend la forme d'un coup. La main qui la travaille est encore celle du pétrisseur de terre, impatient de donner plus de corps et plus de poids aux figurants de la comédie. Elle ne se perd pas en fluidités coulantes, en chatoyants frottis. Chaque œuvre est un bloc dont les parties sont inséparables, et c'est peut-être à ce caractère que l'on reconnaît la vraie peinture. Un tableau n'est pas une collection d'objets harmonieusement disposés, mais un petit univers complet, dont le commencement et la fin nous sont également cachés. Une loi, analogue à celle qui maintient captives et en place les énergies dissimulées dans les masses autour de nous, assure la secrète densité d'une œuvre peinte. On le comprendra mieux si l'on compare Daumier à la mince imagerie en vogue sous le Second Empire, déchet bariolé du romantisme. La peinture est ici force constructive et non agrément de surface. La valeur, la forme, le ton naissent d'une même volonté et sous la même touche du pinceau, comme sous les doigts du sculpteur. Mais cette unité, cette plénitude ne sont pas grevées d'une pesanteur monotone. La matière révèle la vie dont elle est la dépositaire par la variété d'un métier libre et fort, tantôt enveloppant l'être ou l'objet d'une caresse onctueuse, tantôt se limitant à quelques plans brefs, du plus intense laconisme. Il s'éloigne de la pratique de Courbet, dont la substance est analogue, mais non pas la touche, souvent porphyrisée par le couteau à palette. Il se rapproche de la première période de Millet, peut-être avec une moindre dépense de pâte. Tous deux avaient le même sentiment de la grandeur des êtres, du poids de l'homme sur la terre, de la beauté des formes départagées par une lumière et par une ombre de statuaire. Peut-être étaient-ils aussi de la même famille d'esprits, et leur émotion devant l'existence est souvent de la même qualité. Mais, retiré dans la solitude, entre la forêt et la plaine, le paysan de Grouchy devient le lecteur assidu de la Bible, dont la gravité farouche retentit dans son épopée rustique, tandis que le Marseillais, devenu et resté citoyen de Paris, demeure, sauf exception, fidèle à l'homme des foules. Il est pour toujours possédé par une puissante fièvre qui, même dans ses plus majestueux aplombs, fait vibrer la forme, la souligne d'accents, lui donne le mordant et la mobilité d'une vie chaleureuse. Une sorte de paix stupéfiée enveloppe le ciel, le sol, le village et le villageois de Millet. L'inquiétude immense des cités habite les héros de Daumier et les parcourt d'ondulations tressaillantes.

Dans le silence de l'opposition et aussi dans le recueillement de ses dernières années, Daumier cherche et atteint pourtant cette sérénité mélancolique qui, après l'acharnement du combat, est le privilège et la récompense des grands esprits. Aux jours où la vogue du xviiie siècle ressuscite la mythologie galante et le paganisme d'opéra, il évoque les dieux de ses songes, athlétiques et tristes, encore chauds, dirait-on, de la lutte contre les Titans, il éveille dans une nuit rousse la chair lumineuse des femmes que poursuivent les faunes, la liesse formidable de Silène et de ses acolytes, buveurs divins. Le tortionnaire des politiciens orléanistes devient l'ami rêveur de Cervantès et de La Fontaine. Il dresse sur sa maigre rosse le mannequin de ferraille habité par une âme de feu et, à ses côtés, sur un âne de campagne, la bedaine philosophique, le masque inquiet et hilare de Sancho. Dans ces mornes paysages taillés à même les débris d'un cataclysme, sous un ciel tragi-comique, Daumier exprime en marge de Don Quichotte son ironie, sa sympathie cachée. Don Quichotte et son écuyer, ces trimardeurs de la chevalerie, sont bien de la même race que les saltimbanques dont la verve foraine prodigue, à coups de gueule, à tour de bras, la fantaisie, le lyrisme et la sagesse de la rue, et qui s'endorment, recrus de fatigue, dans leur tanière en toile peinte, comme les deux paladins au bord d'une route, dans la gloire du couchant.

Ces peintures de Daumier, d'un sentiment si large, si sévère, et aussi ses dessins, si étroitement d'accord avec elles, on put en voir pour la première fois une vaste série lors de l'exposition organisée en 1878 chez Durand-Ruel, sous la présidence d'honneur de Victor Hugo. Elle eut de rares visiteurs. Plus que les plaisirs de Paris, plus que cette estudiantina andalouse dont le public, nous disent les biographes, courait entendre les médiocres guitares, c'est l'esprit du temps qu'il faut rendre responsable de cette indifférence. J'en ai déjà montré quelques traits, et j'ajoute que rarement l'art des Salons fut, dans son ensemble, plus médiocre, encombré de peintures patriotiques, de paysages sans caractère, suite très affaiblie du poète Daubigny, de plates anecdotes et de virtuosités d'école. Les hommes de 1863 étaient encore durement combattus, les hommes de Quarante-Huit oubliés ou suspects. Courbet était mort en exil pour avoir osé exécuter ce que les républicains, désormais au pouvoir, réclamaient à grands cris sous l'Empire. A l'énergique poésie du réalisme, encore retentissante de tumultes et de batailles, avaient succédé le sentimentalisme rustique, une philanthropie en idylles. On venait aussi à la peinture claire, et Bastien-Lepage donnait le change. Tout, en Daumier, respirait une ardeur trop forte, ce vin était trop âpre et trop généreux. Il subissait aussi cette infériorité, décisive à Paris, d'être puissamment défini dans les mémoires et d'y faire surgir, avec les syllabes de son patronyme, les légions des bonshommes du *Charivari*. Elles l'entouraient, il n'y échappait pas. Quand on a, presque chaque jour, avec une continuité invincible, frappé du même coup de balancier l'effigie de sa renommée, on n'a pas le droit d'en modifier l'exergue et d'écrire Daumier peintre, au lieu de Daumier caricaturiste. Et puis son nom n'avait-il pas usé la gloire ? Il vivait donc encore ? Chaque génération a hâte de se défaire de ses hommes anciens et va se chercher d'autres héros chez les ombres. Peut-être un stage d'oubli est-il nécessaire aux vraies grandeurs. Celle-ci se révéla lors de la centennale de 1900, qui nous donna aussi Chassériau et Trutat. Daumier appartient désormais, non aux préférences éphémères d'un groupe, mais à l'histoire du génie français. Il est vrai que plusieurs peintres vivants, de fière race, l'ont particulièrement aimé ; mais même si des traces de son exemple se retrouvent dans la personnalité de leur talent, il dépasse cet horizon. Il porte dans son cœur et dans son art deux vertus dont nous sommes cruellement dépourvus, le sens du mystère et cet instinct héroïque dont la tendresse humaine n'est pas exclue. Par là, il demeurera longtemps encore impénétrable à ce qui fut l'esprit du boulevard, mousse légère qui brille et meurt sur le flot de Paris. Par là, son art, sans doute unique dans notre histoire, continue Rabelais à travers Balzac et le rattache à la dynastie des maîtres de notre esprit.

MANET EN BLANC ET NOIR

PEUT-ON tenter de saisir un maître tout entier par l'abrégé du dessin, de l'eau-forte, de la lithographie, et même par la qualité en blanc et noir de son œuvre de peintre ? Il semble qu'il y ait là un paradoxe, que ce serait éteindre et faner les plus brillants de ses dons, ceux qui parlent à la vue avec le plus d'agrément, avec le plus de poésie. Et pourtant, dans ce domaine où règne une sorte de liberté rigoureuse, nous avons chance de surprendre un secret essentiel, comme la révélation livrée par une écriture à un graphologue. Nous touchons l'immédiat. Mais nous n'avons pas seulement ainsi un instrument d'analyse, nous pénétrons dans un univers solennel et charmant, où la lumière, dépouillée de son irisation prismatique, fait jouer avec une délicate pureté les notes franches, fermes, concises et pourtant nuancées d'un nouveau spectre solaire. Il y a là, dans l'économie du beau, une vertu ascétique qui n'est pas médiocre. Mais nous sommes généralement obsédés par la majesté de la peinture et par le prestige de l'œuvre unique. Il nous arrive de nous détourner des plus hautes confidences et des plus rares visions, confiées à une mince feuille de papier, pour attacher une importance exclusive aux tableaux retentissants, illustres dans les expositions de peinture et traînant derrière eux de longs échos.

C'est à de petits cercles d'érudits et d'amateurs que nous laissons le soin d'interroger les vestiges légers, de les recueillir, de les classer.

Telle fut longtemps la fortune de l'œuvre gravé de Manet. Les plus passionnés de ses admirateurs en parlaient à peine, à peu près comme d'une curiosité. Deux raisons particulières les y portaient : la bataille livrée autour de sa peinture. tumulte dont les clameurs recouvraient des voix plus discrètes, et, d'autre part, le style elliptique d'une pointe ou d'un crayon qui semblaient n'avoir tracé sur la pierre ou le cuivre que les parcours négligents, hasardeux, d'un croquis. Mais les vrais amis de cet art, ceux qui portent en eux l'étrange démon du dessin et de l'estampe, ne s'y trompaient pas. Ils voyaient avec raison dans les eaux-fortes et dans les lithographies de Manet quelques-uns des charmes les plus subtils et les plus aigus de son génie. Le beau livre de Rosenthal sur Manet aquafortiste et lithographe, véritable Manet en blanc et noir, vaut non seulement (c'est là un des résultats les plus curieux acquis par cette enquête) pour la période où Manet peut être considéré comme un « traditionnel », comme un peintre des grandes ombres et des grands clairs, mais pour celle du plein air et de l'impressionnisme. Qualité qu'aide à comprendre le double privilège d'un écrivain à la fois excellent historien de la peinture au xixᵉ siècle et de la gravure de tous les temps. Ainsi s'expliquent pour nous des œuvres d'une saveur délicieuse, mais en outre, derrière elles, apparaît un artiste complet que nous pouvons saisir dans son unité. Portrait large et solide, dont toutes les parties sont fortement liées, portrait d'homme et chapitre nouveau dans l'histoire de l'estampe.

L'eau-forte de Manet est un dessin, dessin rapide, brillant,

mordant, qui se caractérise tout de suite par deux traits essentiels : elle n'est pas dominée par l'effet, elle se passe des
caresses de métier. Elle ne nous révèle ni un visionnaire ni
un virtuose. Et c'est très digne de remarque, si l'on songe
à l'eau-forte telle que le romantisme l'avait aimée. A
part Delacroix et Chassériau, l'eau-forte romantique, c'est
la tradition du Nord, des maîtres de Hollande et surtout de
Rembrandt. Même dans l'évocation de la vie familière, elle
est ardente et magnifique, elle met autour des formes et
dans le rayonnement de la lumière une fièvre, un halo.
Elle donne aux ombres la qualité intense, elle répand sur
les paysages, par ses alternatives de clartés et de ténèbres,
une mélancolique gravité. Les plus harmonieux et les
plus délicats des maîtres, les rêveurs attendris des campagnes françaises, sont nourris par elle d'une tristesse vigoureuse, d'une austérité lyrique. Et, d'autre part, à mesure
qu'elle est pratiquée, elle s'enrichit de nuances. Elle devient
savante, elle acquiert une qualité de matière dont l'œil des
amateurs se délecte comme d'un rare et précieux épiderme.
Elle tend à la virtuosité, comme la plupart des formes secondaires du romantisme, au cours du Second Empire, dans
ce crépuscule chatoyant de lueurs raffinées et d'aimables
prestiges. Elle acquiert en peu d'années une gamme étendue de ces valeurs subtiles qui font de la belle épreuve non
seulement une œuvre d'art, mais un objet d'art.

La pointe de Manet ne s'attarde pas à ces recherches.
Elle ne fait pas naître sur le cuivre ces oppositions étonnantes qui propagent le sentiment du mystère, cette inquiétude d'un éclairage à la fois solaire et nocturne dont Charles
Meryon a répandu sur les murailles des vieilles villes les
alternatives obsédantes. L'ombre, qu'est-elle à ses yeux ?
Une note, une tache, parfois l'indication d'un fond, la pro-

jection courte d'une ombre portée, mais *jamais un milieu*. Elle ne détermine pas un effet, c'est-à-dire une distribution de la lumière ; elle n'est pas enveloppe, moins encore prestige et magie. Non seulement Manet graveur respecte toujours les vastes blancs du papier et il en joue, se soumettant ainsi à une loi primordiale de l'eau-forte, mais il écrit à la pointe plutôt qu'il ne modèle la forme, son graphisme est toujours lisible, le cuivre est griffé, non recouvert. Même dans ces limites, il lui serait possible de chercher çà et là, sur un visage, par exemple, ou sur des mains, ou dans l'exécution de telle ou telle partie, des succulences de facture, une note plus particulièrement sensible. Il s'en passe. Nul ne fut plus loin de ces sortes d'agréments délicats. Et c'est sans doute par cette austérité brûlante et rapide que ses eaux-fortes ont le plus déconcerté et déconcertent parfois encore.

C'est qu'au fond il se rattache à la grande tradition de l'eau-forte méridionale et non pas à celle du Nord. Ses maîtres, s'il faut remonter à ses origines, ce sont ces graveurs à taille unique qui se sont volontairement abstenus de tous les systèmes de croisement des tailles, par losanges, par réseaux serrés, et même par grillages contrecoupés d'obliques, destinés à donner plus de profondeur à l'estampe, plus de solidité, plus de vraisemblance aux volumes. Les charmants Italiens du xviie siècle ont commencé à propager cette belle langue abrégée, qui se contente des tailles parallèles, conduites dans le sens du modelé, entre lesquelles de délicats ruisseaux de lumière coulent à l'aise, sans être interrompus jamais. Ils évitaient ce qu'il y a de haché dans les « hachures » et conservaient à leurs planches cet aspect frais, argenté, cette lumière jeune et brillante, qui opposent l'eau-forte blonde à l'eau-forte intense. Les

Vénitiens du Settecento ont donné à cette manière tout l'exquis de sa poétique, avec les eaux-fortes de Canaletto, avec celles des trois Tiepolo, surtout Jean-Baptiste, plus vif, plus libre et plus sobre que ses fils.

Ne nous y trompons pas, c'est là l'eau-forte même de Goya. Sans doute ses songes lui viennent d'un génie plus exigeant, d'un sol et d'un temps rayés de fusillades, accablés de deuils, hantés par des songes. Encore son sabbat n'est-il pas, tout hispanique qu'il soit, absolument dégagé des nécromancies de Jean-Baptiste. Cette fin du xviiie siècle est, partout en Europe, en proie à l'ivresse d'une mystique fantaisiste. Goya, particulièrement, avait besoin des riches équivoques de l'ombre, de ce qu'elle ajoute de trouble et d'incertain à la fantasmagorie d'un sujet. Pourtant il ne modifia pas la manière. A l'eau-forte blonde il ajouta ces notes et ces tons d'aquatinte qui sont extérieurs à l'eauforte même et qui n'en altèrent ni le travail ni même l'effet. Cette constance d'un procédé — malgré tous les accents graphiques personnels aux maîtres qui l'ont pratiqué — n'est-elle pas bien remarquable ?

On peut la reconnaître dans les eaux-fortes de Manet. Elles nous aident à définir son hispanisme. Manet a-t-il connu, assidûment visité le Musée espagnol, créé par Louis-Philippe, riche de quatre cents toiles, et restitué par la République de 1848 à la famille d'Orléans ? Baudelaire affirme que non, dans une lettre à Thoré. Tout jeune encore, l'artiste faisait alors un voyage au long cours. Mais c'est que le critique veut mettre en lumière l'autorité des accords spirituels, plus profonds que des influences, et qui déterminent, par affinité, des parentés mystérieuses entre les maîtres. Pour M. Rosenthal, il est bien peu probable que Manet, appartenant à un milieu très cultivé, n'ait pas visité dans

son enfance le Musée espagnol et la galerie Pourtalès ; avant
son voyage en Espagne (qui marque d'ailleurs la fin de sa
période « hispanique »), il a connu Greco, Velasquez et Goya.
En tout cas, l'Espagne et ses peintres jouissaient alors à
Paris d'une extrême faveur ; après une première école d'his-
panisants, représentée par Ziégler et par Brune, les jeunes
artistes demandaient aux maîtres ibériques des leçons et une
émulation que le romantisme ne pouvait plus leur donner. La
vie espagnole révélait Dehodencq à lui-même, Dehodencq,
selon Roger Marx, le trait d'union entre Delacroix et Manet.

L'album d'eaux-fortes publié par Cadart en 1862 est un
précieux témoignage de cette ferveur hispanisante. Le fron-
tispice a pour motif un sombrero et une guitare. Les quatre
premières planches sont d'inspiration espagnole : le *Guitarrero*, les *Petits cavaliers*, d'après Velasquez, *Philippe IV*, d'après
le même maître, l'*Espada*. De plus, ajoute M. Rosenthal, le
Buveur d'absinthe, le *Gamin*, la *Petite fille* relèvent de la méditation de Velasquez. Trois pièces capitales avaient été écartées du recueil, l'*Enfant à l'épée*, les *Gitanos, Lola de Valence*.
Elles trahissent la même inspiration.

L'Espagne qui est là, dans toute sa force et son âpreté,
c'est une Espagne nouvelle. Elle n'appartient pas à l'étince-
lante fantaisie romantique, elle n'est pas faite de paillons, de
castagnettes en bois de grenadier, de tous ces brillants et
pimpants accessoires de couleur locale qu'au même moment
Fortuny utilise dans ses précieux et insignifiants tableautins,
avec une verve de chroniqueur picaresque et tous les dons
du prestidigitateur. Elle a quelque chose d'amer et de triste.
Elle est rustique et sent le toril. Elle est femelle autant que
femme, avec une grâce à la fois étrange et brutale. Avec le
Guitarrero, avec *Lola*, elle s'impose par l'authenticité de la
saveur humaine et par l'âcreté du fumet. Par là, sans nul

doute, elle devait déplaire, et elle déplut. Il y a dans la qualité du vrai une violence qui heurtera toujours les amateurs de pittoresque.

Ces planches qui portaient en elles toute la « localité » d'un terroir étaient écrites dans sa langue même. Manet n'a pas seulement le parler, il a l'accent. Où l'a-t-il pris ? Chez Goya, c'est incontestable. L'écart est assurément considérable entre le visionnaire hanté par le sabbat et le peintre de « la vie qui passe », mais la question n'est pas là. Le métier de Manet aquafortiste fut d'abord celui de Goya, et non le métier seulement, mais jusqu'au sentiment de la forme. Qu'il ait même parfois copié le maître espagnol, on en a la preuve par cette œuvre, toute charmante, *Fleur exotique*, exécutée d'après la quinzième planche des Caprices, *Bellos Consejos*. L'usage de l'aquatinte persiste dans sa manière jusqu'à certaines de ses dernières œuvres. Les modelés sont suggérés par des accents légers, par une ponctuation courte, par des vivacités abrégées et comme contenues, qui mordent à peine sur les grands plans de la lumière. Il aime aussi les longues tailles obliques, conduites d'un jet, en diagonale, et qui prennent la forme d'un seul coup. Aucune de ces planches n'a la qualité technique du *Supplice du garrot*, peut-être le plus émouvant chef-d'œuvre de Goya et, en même temps, sa plus belle page d'aquafortiste, mais elles sont de la même famille.

Une fois établies ces origines et cette filiation ou, si l'on veut, cette despotique affinité, nous n'avons pas défini tout entier Manet en blanc et noir. Il a un don, qui n'est qu'à lui, et qui paraît surtout sensible dans des pièces comme le *Guitarrero* : l'autorité (si rare en gravure) des œuvres nées d'un seul jet et, si l'on peut dire, d'un seul coup de fouet. On sait combien il était attaché à obtenir la même qualité en peinture, et c'est à coup sûr l'essence même de l'œuvre d'art que de se présenter, non comme une addition de parties, mais comme une totalité. De tout le groupe des amis de Manet, réuni par Fantin-Latour dans l'*Hommage à Delacroix*, c'est probablement Whistler qui, avec lui, posséda le mieux ce privilège, et peut-être Legros aussi. Mais il y a dans les belles eaux-fortes de Legros une patience attentive, une sorte de lenteur émue qui sont d'un autre ordre ; chez Whistler, la divination des harmonies fugitives procède par touches et par caprices, il promène une main légère qui éveille les correspondances et les échos. Manet est emporté par sa véhémence ; quand il griffe le cuivre, il s'en empare avec grandeur. A côté des aquafortistes songeurs, voici un aquafortiste brusque, qui avoue même parfois l'aigreur et la brutalité, mêlées au plus étrange charme. J'imagine que ses morsures étaient courtes et violentes, et qu'il n'y voyait guère que le moyen d'insérer son dessin dans le métal, sans chercher à le colorer de nuances : elles donnent des noirs égaux et coupants, comme dans beaucoup d'eaux-fortes de la première moitié du siècle. C'est qu'il ne cherchait pas à jouer des valeurs et des tons fins. En blanc et noir comme dans sa peinture, il n'est pas requis par la poésie des passages, cette délicieuse obsession de Renoir. De là la qualité immédiate, autoritaire, de ces suggestions puissantes. On se rend compte qu'il n'est pas un simple élève de Goya et des Vénitiens. Il fait plutôt penser parfois à l'énergie brûlante de Ribera, dont la texture est moins grêle que celle du maître des *Caprichos*. C'est ce que montre, entre autres planches, la *Toilette*, une figure de femme, à peine modelée, mais où il faut et comme il faut, par exemple par les indications si justes et si féminines de l'attache du bras, un nu lumineux, à la fois acide et tendre, d'une saveur qui n'appartient d'ailleurs qu'à Manet. Il a voulu le placer dans un milieu atmosphérique, peut-être indiquer un effet. Il use de contre-tailles : mais elles sont d'un réseau si libre et si lâche que la lumière filtre de toutes parts et que l'ensemble est baigné de fraîcheur.

Ce génie singulier, cette langue de notations et d'interjections ne nous aident-ils pas à comprendre le peintre ? Il semble que nous ayons là sa première fièvre, ses intentions secrètes et quelquefois un bien précieux commentaire. L'eau-forte de l'*Olympia* est écrite avec la volonté la plus incisive. Elle saisit d'un trait ardent et dur la forme de la fille dévêtue, couchée sur son lit de parade ; elle concentre à deux valeurs l'harmonie, si rare, du tableau. Nul moyen de nous égarer : l'œuvre est bien de la lignée d'Ingres, elle vaut par la qualité expressive d'un dessin ressenti ; elle est de la même sève, sinon de la même caste, que l'*Odalisque Pourtalès*. Mais nous pouvons aller plus loin. Dès les débuts de sa carrière, nous constatons que Manet n'est pas le prisonnier d'un maniérisme exclusif, dominé par les ombres dramatiques des peintres de l'Espagne et de Naples. Ce qui l'a séduit en eux, ce n'est pas le clair-obscur des *Tenebrosi*, ce n'est pas la densité du « réalisme », c'est sa signification mordante. Graveur, il a toujours respecté la lumière, non comme puissance d'effet, mais comme milieu vivant, mêlé à toutes les formes, jouant largement dans les entretailles, s'installant avec une belle aridité sur les plans clairs, à peine touchés, à peine grignotés de quelques accents qui les modèlent. Il ne jette pas sur l'univers l'étroit faisceau d'une lanterne sourde, il le contemple au soleil. Une de ses planches les plus argentées, les plus tiépolesques, *Lola*, est, par sa facture, en avance sur l'admirable peinture de la collection Camondo ; elle annonce, par la conduite de la pointe, la discontinuité d'exécution de la manière « impressionniste ». C'est le contraire de la petite eau-forte de l'*Olympia*. Ceci redresse un peu le jugement sommaire que nous faisons d'un grand artiste, en scandant son œuvre par des mesures conventionnelles. L'étude de Manet en blanc et noir nous le montre pleinairiste authentique à l'eau-forte, à une époque où sa peinture semble encore apparemment peinture de musée.

Ses lithographies confirment cette idée. C'est vers 1861 qu'il vint pour la première fois à cet art, sur l'invitation de Cadart, après le succès obtenu par la vente de la collection Parguez. Il exécuta le *Ballon*, qui épouvanta l'imprimeur Lemercier. Après le tirage de quelques épreuves, la pierre fut abandonnée. C'est une fête publique, une fête à la Goya, avec des théâtres en plein vent, un guignol, des mâts de cocagne et des oriflammes. Le ballon sphérique, dans les losanges de ficelle de son filet, s'épanouit au beau milieu comme un fruit énorme. La foule est d'une densité extraordinaire, une foule de Paris, avec ses jolies passantes et ses monstres, un cul-de-jatte philosophe qui tourne le dos à la machine aérienne, un marchand de coco, un homme en blouse, des bourgeois vêtus de noir et leurs dames en mantelet, une foule de plein-air, analogue à la foule de la *Musique aux Tuileries,* mais plus riche, plus diverse et plus mouvante. Au fond, de chaque côté du ballon, elle est dévorée par la lumière et, ponctuée de taches légères, vague et nombreuse à la ois, elle se mêle au rayonnement de la belle journée. Aucun artifice d'effet. Tout est composé avec cette solidité simple dont le *Déjeuner sur l'herbe* est un exemple de qualité classique ; les masses sont distribuées avec une symétrie et une hiérarchie qui dénotent chez Manet, non un observateur fugace, mais un puissant ordonna-

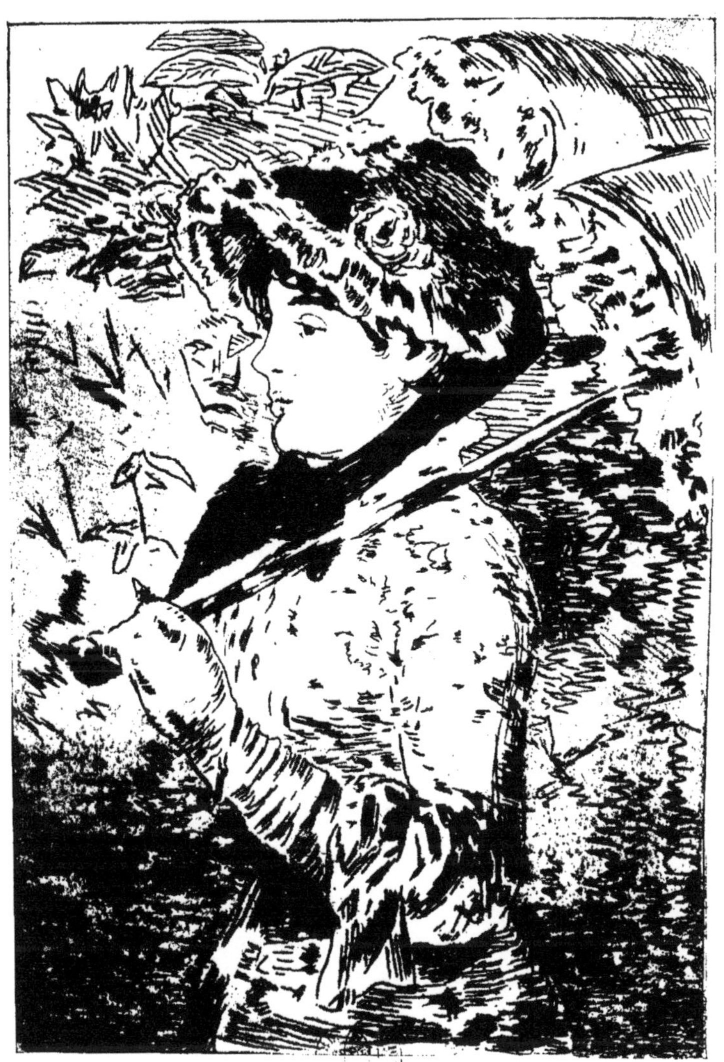

MANET. — Jeanne

teur. Et pourtant il se garde de construire la lumière, de la concentrer, d'indiquer sa source et de jouer des ombres. Il procède par taches, je ne dis pas dans le dessin des formes, qui sont nerveusement écrites, et du graphisme le plus sûr, mais dans la répartition des blancs et des noirs. Le ciel tout entier est foyer lumineux, ou plutôt c'est une vaste nappe sous laquelle il n'y a pas de place pour les cachettes du mystère, pour les spirales du clair-obscur.

Rien de pareil dans la lithographie romantique. Sans doute elle a donné de transparents dessins, des pages de croquis d'un trait vif et robuste qui ne se perd pas toujours dans un dédale ombreux : l'œuvre de Decamps, l'œuvre d'Isabey en offrent de charmants exemples. Mais elle y est alors notation pittoresque ; le dessin, quelque filtré qu'il soit, y insiste sur la qualité physionomique de l'être ou de l'objet : il se complaît à la poétique de l'accident, au charme des choses rompues, vieillies et lointaines. Plus souvent le crayon accumule avec une étonnante science les gris et les noirs. La lithographie romantique n'est pas seulement une des expressions les plus complètes du pittoresque en art : elle est effet, elle est beauté de matière. Elle vaut comme interprétation du monde, et elle vaut comme objet. Elle donne à l'œil une caresse inédite qui a quelque chose de musical. Visuelle, sonore et presque tactile, elle abonde en raffinements de valeurs, notes argentées, blancs onctueux, velours des ombres. Sous la lampe de Daumier, elle devient terrible, mais elle garde, à travers la fièvre du crayonnage quotidien, toute la subtilité de ses ressources. A l'époque où Manet dessine le *Ballon*, elle a encore des virtuoses comme Nanteuil et Mouilleron, Nanteuil, père de tant de charmants feux-follets, l'homme de génie des frontispices et des titres de romances...

Manet ne va pas au passé, mais au présent. Manet n'est pas pittoresque. L'évidence des choses fraîches, neuves, vivantes, lui est plus précieuse et plus poétique que leur au-delà d'émotion. Son parler bref et brusque a horreur des circonlocutions et des volutes. Ce dessinateur de foules y annule l'individu et ses prétentions sublimes. Ce peintre de la femme en chérit, non le modelé douillet, mais la grâce qui tient à la fierté des nerfs. Il est sensible aux drames du moment. Il a peint l'exécution de Maximilien, noté deux scènes de la Commune, mais sans mystère et sans emphase, sous un ciel cru de fait-divers, avec la netteté d'un homme pour qui le fait est plus puissant et plus beau que le commentaire. A la barricade de la rue de l'Arcade, il a vu l'homme mort derrière le tas de pavés. Ce qui est effrayant, ce n'est pas la tragédie de la mort violente, c'est sa banalité. Un fumeux paysage de Paris, un désordre pluvieux, un crayon qui s'empare rapidement des formes, le cadavre d'un soldat pareil à la victime d'un accident, et, dans le coin, deux jambes qui dépassent, deux jambes vêtues d'un pantalon rayé. Ce n'est pas la *Rue Transnonain*, c'est le contraire. Le bonhomme de Daumier est énorme et typique dans son inflexible vérité, nous le reconnaissons, nous pourrions presque lui donner un nom. Le mort de la *Guerre civile* n'a pas de nom. Dans le remous de la révolution, ce n'est pas un épisode, c'est à peine un fait. Manet serre les dents et passe. Son document laconique nous saisit.

Je crois néanmoins que Manet était mieux servi par l'eau-forte. Peut-être la lithographie était-elle trop ductile, trop glissante pour son génie abréviateur. Et pourtant le petit portrait lithographié de Berthe Morizot est bien conforme à ce que nous savons de ses exigences et de ses dons, par la qualité hardie, succincte et si richement suggestive dans la simplicité des moyens. Le trait du visage est réduit à rien, la tâche semble un défi de caprice, et nous sentons pourtant s'imposer à nous la mystérieuse saveur de l'authentique, la fraîcheur du teint, la couleur des cheveux, le soyeux des étoffes, enfin quelque chose de plus secret, un charme de femme évoqué par le plus concis des magiciens.

Et nous sentons du même coup comment cet aristocratique ami des Espagnols pouvait, l'un des premiers en Europe, avec Whistler, s'éprendre de l'art japonais. Cette audace, cette vivacité agressive, cette aptitude à saisir le tout, ce passage d'une puissante continuité synthétique à l'emploi de touches économes, largement discontinues, et de notations, vertus de ses singulières eaux-fortes, le portaient naturellement à aimer des œuvres qui semblent déjà définies par les termes mêmes dont on se sert pour parler des siennes. Il aimait à feuilleter la *Mangwa*. Nous en retrouvons l'expressive rapidité, la suggestion aiguë dans ses propres croquis au pinceau. Et n'est-ce pas quelque chose d'analogue qui se produit pour Jongkind, dont les admirables eaux-fortes sont si voisines, à beaucoup d'égards, de celles de Manet ? Mais l'accord s'établit ici plus facilement avec les aquarelles qu'avec les peintures, longtemps tributaires du paysage romantique, mêlé à de plus lointaines origines. Quoi qu'il en soit, tous deux représentent un état nouveau de la gravure, un art inédit de s'emparer de l'univers, de le fixer avec soudaineté, d'en éveiller d'un trait hardi la poésie inattendue et profonde.

IMAGES ANGLAISES

Iʟ y a l'estampe, avec sa qualité précieuse, secrète, et, d'autre part, il y a l'image à gros traits, faite pour parler à tous, le liseur du dimanche, l'enfant, l'électeur. L'image est placard, affiche, abécédaire, almanach, et il lui arrive d'être délicieuse, à Épinal. Certains artistes se sont emparés de ses procédés, ont parlé sa langue. Ils en ont armé la satire. Quelquefois même, sans autre objet que l'agrément des délicats, ils ont tiré de ses pratiques une puissance d'expression nouvelle. La renaissance des arts populaires, la vogue de la xylographie et cette suprême forme du raffinement qu'est l'aversion pour le raffinement en ont produit de nombreux exemples.

L'Angleterre du xixᵉ siècle est riche en estampes et riche en images. Ce sont deux univers. L'eau-forte dressait derrière la vie anglaise un arrière-plan de rêveries. Elle desserrait la trame trop dense et trop uniforme des techniques anciennes, substituait la vibration et la chaleur qui lui sont propres à l'unité onctueuse de la manière noire, à la frigidité métallique de la gravure sur acier. Surtout elle faisait connaître le prix de combinaisons nouvelles où le vide joue, où la concentration de l'intérêt crée le silence et l'absence dans les régions secondaires, où le blanc du papier, à peine touché de quelques notes brèves, à peine parcouru par des ondulations de la pointe, aménage autour des points sensibles la lumière et la paix. Whistler, comparé à Keats par un critique, aurait mieux aimé être rapproché de Poe, le Poe du *Corbeau*, où rien (du moins nous devons le croire) n'est laissé au hasard. Il semblait dire ainsi : ce que vous prenez pour d'agréables effusions, ce sont des mystères concertés où tout compte, même la répartition du néant. Nous en avons la preuve par le développement de son art, depuis les premières eaux-fortes de Paris jusqu'à la seconde suite vénitienne, et aussi par la succession de ses états, confidences involontaires de son délicat et tout-puissant hermétisme.

Son beau-frère Seymour Haden n'était pas de la même famille spirituelle. C'était un esprit droit et simple, un chirurgien habile, maître de ses mains : il nous en a laissé l'image, qui vaut celle d'un visage d'homme, le portrait de deux mains en train de dessiner ou de graver, *laborum dulce lenimen*. Il aime l'espace qui envahit sa fenêtre ouverte, les calmes miroirs d'eau pareils à des places désertes, les ombrages veloutés comme des fourrures, les villages anciens, bien construits, dominés par la tour normande, et ces énormes habitants des fleuves et de la mer, les bateaux. Il aime la fraîcheur de la lumière, le bon agencement de toute chose naturelle, même dans les poétiques hasards de la campagne, même sous le vieillissement des années et des siècles. Mais ce limpide génie, qui n'a rien d'un visionnaire, qui ne cède jamais au romantisme, a un tel instinct de l'eau-forte, une si savante passion pour Rembrandt que son œuvre, suite de la *Vue d'Omval*, est, elle aussi, combinaison et transfiguration. Il épargne et, si je puis dire, il inachève, il veut, pour la tonique, pour la sensible, la qualité de velours et la richesse colorée du noir. Le dessin gravé a toujours la valeur animique d'une écriture. Ces matins d'autrefois sur le papier jauni mêlent ainsi une note féerique à leur rectitude anglaise.

A l'autre extrémité de la courbe, Brangwyn, comme un corsaire, laisse derrière lui une ville fumante où se rejoignent une Angleterre d'échoppes et de boucheries, les palais et les églises de l'Italie baroque et les sombres carcasses des vaisseaux suant un goudron noir, hérissés de bossoirs et d'habitacles, chevelus d'agrès. Le soleil y resplendit comme une flamme triste, l'ombre accumulée par ce dramaturge est l'image du chaos et de la nuit.

Ces maîtres opèrent en nous une sorte de transmutation de l'Espace et du Temps, seules matières dignes d'un grand art. Mais descendons de quelques degrés, quittons ce domaine de l'inactuel pour nous mêler au moment et, délaissant les estampes, regardons des images. Non les belles images de Walter Crane et de ses amis, conçues pour décorer d'une noble arabesque les poèmes et les contes, mais des bois apparemment rudes et populaires, et qui semblent échoppés à grand coups dans la matière brute.

Une Angleterre de fumées et de brouillard, sur fond de boue et de pluie, avec la décision d'ombres catégoriques et de traits grassement noirs, une Angleterre du xixe siècle, et du xixe siècle finissant, — mais aussi une Angleterre forte, charnue, puissamment corporée, la *merry England*, buveuse d'ale et de porter, mangeuse de viandes rouges, colérique, familière, gaie, — voilà ce qui s'impose tout d'un coup aux yeux, quand on feuillette certain album de sports, certain alphabet, très à la mode chez les bibliophiles français et les amateurs de xylographies d'il y a trente ans. Trente ans, c'est-à-dire bien avant la guerre, et il semble qu'un monde nous sépare de l'Angleterre de ce temps-là. Elle est pourtant plus près de nous et plus près de l'actualité qu'on ne pense, parce que cette Angleterre d'hier, c'est peut-être, vue par un artiste doué, l'Angleterre de toujours.

En 1894, à Earls Court, puis l'année suivante à l'Aquarium, exposaient deux artistes unis par la communauté des vues, des inspirations et des recherches ; ils dissimulaient une double personnalité inquiète et hardie sous un pseudonyme comique, qui a l'air d'un nom de Dickens. Les frères Beggarstaff, — n'y a-t-il pas dans la sonorité de ce mot une sorte de gouaillerie pittoresque et, dans sa signification sordide et lyrique (le bâton du vagabond), un ironique coup de chapeau tiré à tout académisme possible ? Prenons garde que l'Angleterre des beaux peintres n'est pas à l'abri des esthétiques conventionnelles, qu'à la fin du xviiie siècle la renaissance archéologique y eut de sévères adeptes, que Turner est gorgé d'Italie, qu'en 1849 la confrérie préraphaélite précipitait les arts dans le culte exclusif du passé, enfin qu'au cours des années mêmes qui voyaient les débuts de 'association Beggarstaff, la grande voix de Ruskin continuait à officier et prolongeait des échos profonds dans l'âme du public anglais. Au milieu de ces traditions et de ces solennités, les deux peintres apparaissent un peu comme, au Japon, les *peintres de la vie qui passe* dans l'atmosphère d'étiquette et de formalisme à la chinoise des académies Kano.

Ces Beggarstaff, c'étaient James Pryde et William Nicholson, ce dernier évadé de l'atelier Herkomer. Tous deux travaillèrent en France, chez Julian, pendant quelques mois, comme tant d'étrangers attirés par les efforts des novateurs et par l'autorité de notre école et qui, s'ils ne trouvèrent là ni Manet ni Fantin ni Degas ni les grands im-

pressionnistes, reçurent néanmoins, dans les échanges
d'idées entre tant d'artistes venus de partout, les bienfaits de l'excitation parisienne : ce libéralisme diffus, cette
curiosité, cet esprit de bataille, même aux époques mornes,
font de cette ville un extraordinaire laboratoire des arts.
Des nomades qui sont passés chez Julian dans les vingt
ou vingt-cinq dernières années du xix⁵ siècle, comme de
ceux qui, de nos jours encore, séjournent dans les académies où viennent « corriger » quelques maîtres en vogue,
on peut faire deux parts : les uns sont pleinement absor-
bés et rapportent dans leur pays le reflet de quelque
grand peintre, imité avec une souplesse slave, latine ou
nordique ; les autres, moins nombreux, sont restés fidèles
à leur instinct. Le génie du milieu les a secoués sans les
arracher à leur nature.

Ce moment de Paris n'est pas indifférent. C'était le temps
où la génération de 1890 cherchait à se définir par le symbole et par la synthèse, en donnant à la forme un aspect
plus catégorique et plus plein, une signification plus riche.
Je ne sais si nos Anglais ont raffiné sur ces doctrines, mais ils
ont pu voir les expositions des symbolistes aux Indépendants,
les programmes du Théâtre Libre et, partout, nos affiches,
confluent de tant de recherches. Cette agitation retentissait
jusque dans les ateliers de l'Académie. N'est-ce pas chez
Julian que grandit et se forma le groupe des « nabis », influencés de loin par Gauguin et soulevés par l'esthétique de
Sérusier ? Les Beggarstaff représentent, si l'on veut, un
aspect anglais de ce moment de la vie occidentale, — aspect
dont toute tonalité théorique est exclue, où l'accent ethni-
que prend une valeur singulière. Ne cherchons pas dans
leur art l'essence subtile. Feuilletons avec eux un recueil
d'images anglaises de la fin de l'ère victorienne.

On n'ignore pas que d'autres artistes transposaient eux aussi dans leur langue les inquiétudes communes à leur génération. Le whistlerisme (dont plus tard Nicholson peintre fut un des tributaires) les avait enveloppés et séduits comme une causerie du soir. Ils y trouvaient cette exigeante qualité de *goût*, ce raffinement poussé jusqu'au scandale le plus délicat qui distingue, dans l'art et dans les mœurs, le vrai gentilhomme des élites grossières. Par là ils se séparaient, se créaient à eux-mêmes un féerique domaine, un royaume imaginaire où il leur arrivait de convier des séraphins saugrenus. A côté d'Aubrey Beardsley ou de Charles Condor, la jeunesse de Nicholson est celle d'un colleur d'affiches. Ils ne sont pas, ces exacts Londoniens, les hôtes de la même planète. Beardsley préfigure Cocteau. Il appartient à cette rare dynastie des génies ou des talents latéraux qui entrent de biais dans la renommée, et comme par mégarde, en se faisant précéder d'une roue de feu empruntée, non au char de l'Apocalypse, mais à la boutique de l'artificier. Il n'importe, car les fêtes et les bals masqués qu'ils combinent pour eux-mêmes et pour les « heureux peu nombreux » ne sont pas des divertissements de financiers ou de monarques, mais quelque chose de beaucoup plus royal. Le divin instinct du jeu s'y satisfait d'arabesques d'esprit assurément rares et secrètes, combinaisons sans lesquelles l'art de vivre tendrait de plus en plus à l'animalité. Charles Conder avait en moins l'élégance de la cruauté, en plus le charme d'une rêverie tendre. Ses amitiés françaises, son goût pour les maîtres de notre xviiie siècle, son sens fin et chaleureux de la féminité, voilà des notes qui le dépaysent assez. Mais j'en ai dit assez pour faire sentir les nuances. Ces rêveries, ces inventions, ces nostalgies, ces raffinements, enfin cette fière acuité dans la manière de sentir, ce n'est pas

Nicholson. Ses vertus sont autres. Il n'est ni de la confrérie
ruskinienne ni du club dont j'ai dit quelques règles princi-
pales. Il faut le prendre comme il est et le regarder comme
on lit une bonne histoire.

Il se place au cœur de la vie anglaise, vie des ports, vie
du home, vie de la cité, au cœur de ces traditions inébranlables comme les monuments des Celtes, et que chacun peut
retrouver, bien lisibles, dans ses dessins, comme les
grosses lettres d'une réclame. Par là, il rejoint les grands humoristes de mœurs, si l'on peut dire, les Cruikshank, les
Rowlandson, héritiers de la carrure et de la virulence de
Swift, mais non de cette terrible atrabile, de ces noires hu-
meurs que l'Irlandais fomente et recuit dans le secret de ses
irritations, pour les répandre avec énormité, toutes fumantes,
toutes corrosives, sur l'univers et l'humanité. Tels sont ses
maîtres ou ses aînés, plutôt que Hogarth, dont il est vrai
qu'il a quelques traits : mais il ne moralise point. Avec ce
dessin largement écrit, si Nicholson eût été le moins du
monde salutiste, membre d'une secte à propagande, quels
tableaux du vice et de la vertu n'aurait-il pas présentés à
son siècle, quels bonshommes alourdis d'ignominies variées,
quelles évidences de candeur, de foi, de sacrifice n'eût-il pas
peints ! Mais vices et vertus, pour l'humanité selon Nicholson, sont calcinés par l'exercice des sports. La fatigue saine
de l'entraînement et des matches annule, endort ces débats
du bien et du mal. Besognez au grand air, tapez des poings
et des pieds, ouvrez bien vos bouches pour entonner une
grosse quantité du bon air humide et salé qui baigne les
campagnes de l'Ile, fouettez le cheval, forcez le renard, et,
sur le sable des plages, frappez comme il faut de votre canne
bossue la balle, dur météore : après cela, vice et vertu se-
ront au-dessous de vous, et il y a fort à parier que vous serez

honnête et que vous suivrez les voies du Seigneur, que vous le vouliez ou non.

Le dessin de Nicholson (avec des insuffisances ou des « indifférences ») ne trahit pas cette sympathie fine qui caresse le détail des choses et qui, même dans l'inanimé, sait surprendre et montrer le galvanisme caché de la vie. Il y a des œuvres si tièdes d'humanité qu'elles nous sont immédiatement amicales. Leur inachèvement même a une puissance d'évocation presque infinie. Tel croquis lithographique de Lautrec, par exemple, semble taché au hasard de quelques traînées de cendre de cigarette, et ces riens de matière errante, ces indications qui ont l'air de nous interroger sont les dépositaires de toute une expérience, les témoins d'une inquiétude, d'une fièvre passionnée pour ce qu'il y a de secret et de suggestif dans les moindres apparences de la vie. Mais le contraste est trop évident, le jeu des oppositions trop facile. Prenons plutôt une affiche française de ce temps-là et, puisque j'ai prononcé le grand nom de Lautrec, celle qu'il dessina pour le Divan Japonais. C'est d'abord une belle tache, comme il convient, une fière arabesque, une expression forte et lisible, faite pour le mur, faite pour la rue, avec cet élément de surprise, dans le cadre de la composition et la coupe des personnages, que Lautrec doit sans doute à Degas. Mais l'instinct poétique, la qualité sensible de l'artiste lui permettent de capter et d'insérer dans ce vaste chiffre une goutte d'essence précieuse, — l'extrême particularité d'une minute de l'être humain. A un dessinateur de « types » comme Nicholson s'oppose ici le poète de l' « unique ». L'homme qui tient contre sa bouche la crosse de son rotin, la femme en noir avec son chapeau à brides, son corsage montant, c'est sans doute le Paris d'une génération et d'une classe, mais c'est aussi le fugitif éclair de la vie personnelle. Il ne suffit pas de dire que ces deux portraits sont d'une étonnante ressemblance (nous en sommes sûrs). Lautrec saisit ce qu'il y a, non pas de plus obscur mais de plus fugace chez un vivant, — sa totalité dans l'éphémère, et de le suggérer par l'air qu'il a ce jour-là, par la manière de porter un chapeau, par l'accord ou le désaccord avec le milieu. L'individu est un équilibre instable qui se fait et se défait perpétuellement. Les choses où il a mis un peu de sa chaleur ne sont pas des moules creux, mais des lieux habités, ou plutôt des compagnons de ses réussites et de ses échecs : elles ondulent avec lui. Les gants noirs d'Yvette Guilbert, dessinés par Lautrec tels qu'elle les abandonna, un soir, sur le piano, sont, non d'inertes dépouilles, mais des êtres physionomiques. Ils s'emparent de nous avec l'autorité d'un souvenir surgi soudainement des ombres et qui nous replonge dans l'authentique de la vie passée.

Ainsi Lautrec travaille dans l'extrême mobilité du temps. L'imagier Nicholson, au contraire, procède par masses stables. Il taille en plein bois, et ses bonshommes sentent le jouet neuf, bien verni. Ils restent solidement conformes à eux-mêmes. Ce sont des espèces de dieux brefs, reconnaissables de partout, fidèles au génie de la peuplade. L'artiste ne rôde pas sur la pointe des pieds autour d'un phénomène prêt à s'envoler, si l'on respire trop fort. Il regarde jouer des Messieurs trapus qui s'en donnent de tout leur cœur et qui n'ont pas peur de paraître un peu trop des *seniors*, avec leurs ventres, leurs courts favoris à la John Bull, comme Caldecott en a tant dessiné, mais d'une plume plus aiguë, pour les *Christmas numbers* des périodiques londoniens.

Il n'est pas *sensible*, dans l'acception française et moderne du mot, mais il est perspicace, il a une espèce de sagacité allègre qui lui permet de discerner l'essentiel et de tout mettre en œuvre pour le faire paraître avec une évidence criante. De tous les dessinateurs anglais qui nous ont laissé l'image des mœurs et des êtres de leur génération, Nicholson est peut-être le seul qui ait vu typique. Ce don, largement départi aux romanciers anglais, est beaucoup plus rare chez les illustrateurs. Il est extraordinaire que le génie anglais n'ait pas enfanté un Dickens ou un Thackeray en images. Les charges du *Punch* sont incroyablement dépourvues d'originalité ou, si l'on veut, de puissance *signifiante*. Et pourtant, comme on la voit bien en traits et en couleurs, cette fourmillante et cocasse humanité de Dickens, ces bonshommes aux ressorts simples, d'une psychologie d'automates ! Dickens s'impose à nous, non par des nuances, non par des profondeurs, mais par des silhouettes, articulées et mues par des ficelles, bariolées plaisamment. Ses héros ont plus de tics que de caractère : dans le minuscule de leurs proportions, ils sont vus avec une largeur charmante. Peut-être ne sont-ils pas absolument vrais : en tout cas, ils sont types, et voilà sans doute, sans parler du caractère anecdotique de leurs aventures gaies ou tristes, la raison pour laquelle ils prennent place si délibérément dans notre imagination. Des âmes d'une essence plus rare, confinées à l'exquis des grisailles, des camaïeux de psychologie romanesque, passent au second plan : les marionnettes de Dickens occupent le devant de la scène, on les voit de toutes parts, personne ne les oublie, tout le monde les reconnaît, les désigne et les nomme. Dickens est, au fond, son propre imagier, et un merveilleux illustrateur de la vie. Il la découpe en une infinité de petites vignettes, animées, intenses.

Mais Dickens manie de fins outils sous sa loupe cristalline. Nicholson dégrossit seulement son humanité, il la dote d'une ampleur simple, de proportions solides, Il a commencé par dessiner des affiches, cela se sent. Cet art à son de trompe, ces énormes jambages, ces violentes taches, ces extravagants paraphes par lesquels le monstre publicité se jette sur nous, nous paralyse et nous capture, a eu, depuis ses débuts, en somme récents, plus d'aspects et plus de nuances qu'on ne croit. Nous la jugeons tantôt à travers les fragiles chefs-d'œuvre de notre Chéret, ce Fragonard névropathe et moderne, tantôt d'après les calligraphies et les stylisations de l'école de Grasset, toutes choses déjà si anciennes. Lautrec nous offrait tout à l'heure un exemple d'une qualité plus mordante et plus haute. Il y a une école anglaise de l'affiche qui, cessant peu à peu d'être art pour devenir instrument, multiplie sur les murs des villes fumeuses des énormités cocasses, inquiétantes. Leur laideur même nous force à les voir, à les lire, à les emporter, aveuglantes et gigantesques, dans nos mémoires, avec la hantise d'une embrocation illustre ou d'un savon mondial. Les affiches des Beggarstaff sont plus savantes, elles n'agissent pas sur nous à la façon d'une soudaine clameur — et elles sont aussi « affiches » qu'elles sont anglaises. Elles ont cette cohésion, cette tenue nécessaires à une image qui doit être vue de loin, d'un seul coup, en plein air, et dont la signification doit être claire pour tous. Elles n'empruntent rien au chatoiement du ton, à ce chiffonné de couleurs tendres que nous avons naguère tant aimé. Presque monochromes, blanches et noires sur un fond de pain bis, elles font jouer une seule note, un rouge, par exemple. Le *Don Quichotte* du Lyceum dresse une silhouette de cavalier debout contre une silhouette de moulin. L'*Hamlet* des Beggarstaff n'est ni un étudiant de Dorpat ou de Kœnigsberg, « gras et de courte haleine », gorgé de bière, de

pessimisme et de Hegel, ni un convulsionnaire romantique,
mais un noble et charmant seigneur d'Elisabeth. *Becket*,
tout droit et de profil dans ses longs vêtements épisco-
paux, semble annoncer la roideur et la hauteur de ton de la
High Church.

On n'est pas étonné de voir Nicholson, auteur de ce Don
Quichotte et de ce Becket, devenir portraitiste, j'entends
imagier de quelques effigies absolument connues, partout
et de tous. Les portraits de l'humanité moyenne et des
simples particuliers exigent le sentiment des nuances, l'analyse de rapports délicats, tout un travail en profondeur qui,
derrière une façade usée ou banale, retrouve à la longue
la vérité cachée, l'accent de l'existence personnelle. Mais il
y a des vies qui sont tout en façade et en dehors, qui s'imposent à la conscience publique par quelques traits d'une évidence forte. Ces vies-là ne s'appartiennent pas, elles sont la
propriété de la foule qui a construit leur légende et dessiné
leur image. Tels sont, entre autres, les souverains et les
acteurs, des masques et des silhouettes bien plus que des
physionomies ondoyantes. C'est ce que comprit excellem-
ment Valloton, aux temps de la *Revue Blanche*. Ses poètes
(souverains et acteurs eux aussi) étaient frappés dans une
dure matière, violemment alternés d'ombres et de clairs, sus-
ceptibles d'être démesurément agrandis.

Dessinateur d'affiches, artisan du blanc et du noir, ce solennel deuil graphique qui drape avec majesté les princes,
Nicholson a gravé quelques portraits-types assez beaux.
C'est d'abord un général anonyme, le général anglais d'hier
et d'aujourd'hui, dont notre mémoire, aidée de notre instinct et de notre imagination, nous fournit les éléments *vrais*,
à travers les rumeurs et les racontars : Roberts, French,
Haig, le vieux Baden Powell, ceux de Ladysmith et ceux

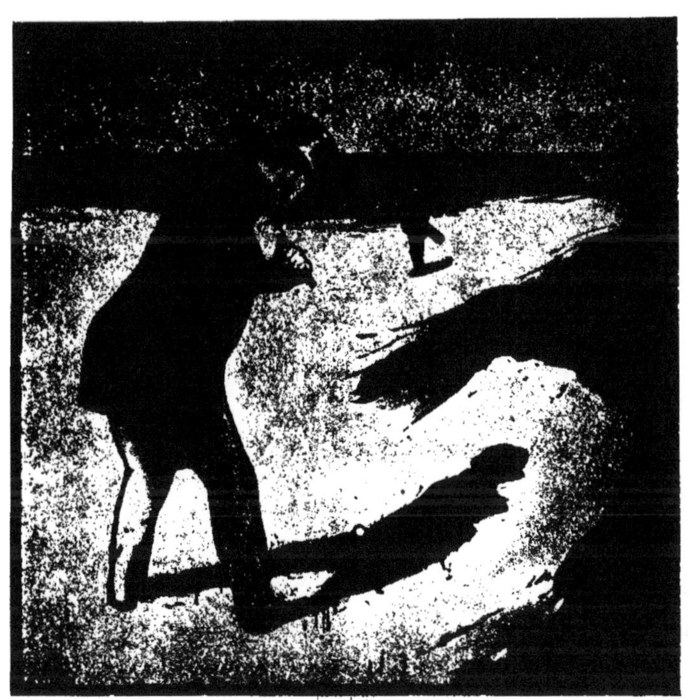

NICHOLSON. — LE GOLF SUR LA PLAGE

de Khyber-pass, le guerrier khaki, homme de sport et de
bonne compagnie, exactement sanglé dans son complet en
toile de tente ou en flanelle coloniale. Il se dresse devant
nous, pareil aux héros qui décorent les murs des parloirs
et des salles d'armes, dans les vieux manoirs familiaux
des campagnes. Son armée est représentée au loin, une
petite armée schématique, un carré d'hommes flanqués
de leurs chefs à cheval, qui vont peut-être partir brave-
ment contre les Boers ou les Afridis, peut-être aller dis-
puter quelque polo régimentaire. Dieu de la guerre,
arbitre des matches, il est le loyal servant du *fair play*
et le féal chevalier de la Reine.

La Reine, la voici. auguste et caduque. Les deux plus
beaux portraits vraiment historiques de la reine Victoria,
c'est, éblouissant de jeunesse et de charme impersonnel,
inépuisable, microscopique, tiré à des millions d'exemplaires,
le timbre-poste des premières années, et puis, souveraine-
ment lady et pareille à tant de parentes de province, la
vieille dame de Nicholson, la marraine de tous les hôtels
Regina du monde, la touriste des sites célèbres, escortée
d'un bichon à longs poils, vieillard lui aussi. Mais entre
les fines hachures puériles du timbre et le sommaire
modelé de l'estampe, il n'y a pas seulement la différence
du format, il y a la distance d'une marque de fabrique à
une œuvre d'art sentie avec humanité. Les Français se-
raient tentés de juger cette dernière irrespectueuse, cari-
caturale : elle ne l'est pas. Cette grand'mère sur la plage,
avec sa carrure énorme, sa capote naïve, sa grosse canne,
c'est l'impératrice des Indes, symbole vivant et aimé d'une
immense union nationale, c'est l'antique souveraine en
l'honneur de laquelle, au fond des mess du Penjab ou
de l'Afrique du Sud, les soirs de cérémonie, le président

de table hausse son verre pour le premier toast et dit d'une voix forte : « La Reine, Messieurs ! »

C'est l'Angleterre encore, l'Angleterre toute pure, qui nous attire et qui nous émeut, dans l'*Alphabet* et dans l'*Almanach*, sans doute les meilleurs ouvrages de Nicholson. La vie d'autrefois et la vie d'à présent ne font qu'un, dans la puissante contexture de cette civilisation. Telle page nous reporte aux temps d'Henri VIII et d'Holbein, telle autre au règne de la reine Anne, telle autre à l'Angleterre de Pitt, d'autres enfin nous montrent des passants d'aujourd'hui, — et c'est toujours la même humanité, pleine de force et pleine de sang. On peut faire la même observation à propos des beaux bois dessinés, vers le milieu du dernier siècle, pour les illustrés londoniens, par un artiste trop peu connu chez nous, et d'ailleurs bien différent de Nicholson, John Gilbert. L'Angleterre familière, copieuse, mangeante et buvante, dont il nous montre l'image avec une verve gaie, c'est surtout l'Angleterre de la première moitié du xviie siècle : nous y sommes, nous reconnaissons tous ces petits-fils de Falstaff, ils vivent, ils se trémoussent, ils se lâchent, ils boivent un coup. Aucun effort de reconstitution archéologique. Pas l'ombre de romantisme, mais l'unité anglaise, faite du respect du passé dans l'activité du présent. En feuilletant les planches de Nicholson, en retrouvant chez John Gilbert la *merry England* mêlée à l'Angleterre d'Hudibras et à l'Angleterre victorienne, on se prend à penser que ces insulaires vivent en dehors du temps. Chez eux, rien ne s'écoule et tout demeure. La tradition n'est pas un système ou un programme de parti, c'est la permanence même des forces anciennes.

Dans l'*Alphabet*, toutes les planches en portent témoi-

gnage, ou presque toutes. Longue, flexible et solide sous
son chapeau Rembrandt, toute noire dans son amazone,
sous laquelle un retroussis de jupe laisse voir un volu-
mineux, un aristocratique jupon de lingerie, la *Lady*,
cravache en mains, se dresse comme l'énigmatique divinité des allées cavalières de Hyde Park. Le *Gentleman*,
plein de négligence et de hauteur, passe vêtu d'une ample
redingote mastic. Le *Nobleman* fait un parfait contraste
avec lui : l'homme du monde est tout en longueur, en
recul de dignité, en sourcils hauts, en menton qui pointe ;
l'homme noble s'épanouit et sa rondeur emplit la page :
l'embonpoint du squire est vaste, allègre et content dans
sa gentilhommerie de campagne. Le *Sportsman*, couvert d'un
ample cuir de laine, calé dans ses bottes à revers, le *Publi-
can*, avec son gilet prodigieux, sa bonne pipe de Hollande,
son visage en pyramide, la gentille *Laitière* chapeautée
comme la *Fille aux crevettes* de Hogarth, toutes ces figures
de jeu de cartes sont taillées au couteau dans un bois antique, aux fibres serrées.

L'*Almanach des douze Sports* nous donne en douze planches
les grandes annales physiques d'un peuple, ses passions
les plus fortes. A ces dépenses d'activité musculaire qui
calcinent un sang trop âcre et qui l'aèrent, à cette attention
que réclame un jeu brutal et méthodique il se livre avec
application, avec frénésie. Les hommes ont la chasse au
renard, la chasse à courre, les courses, les régates, la
chasse en plaine, le golf, la boxe. Les femmes ont la pêche
à la ligne, le tir à l'arc, le patinage. Hommes et femmes
se mêlent pour le cricket et le *four in hand*. Mais non, le
cricket, tel que l'a peint Nicholson, est un jeu d'hommes,
gaillards carrés, aux encolures de taureau, maniant à deux
mains, non des maillets de demoiselles, mais des palettes

énormes. Humanité massive! Le boxeur qui, sur le ring, oppose sa force anglo-saxonne à l'athlète noir présente un facies aplati de quadragénaire, ascète ou scélérat. Le Monsieur qui profile sur le sable aride des dunes sa silhouette coiffée d'un tube, vêtue de noir et brandissant sa canne de golf, a la mine d'un homme d'affaires ou d'un homme d'Etat : il ne s'amuse pas, il vise la petite balle blanche avec une sorte d'attention cruelle. Il est là, et non ailleurs, précédé sur le sable par son ombre manchotte. Les femmes donnent de la grâce à l'adresse et à la patience. La pêcheuse qui s'apprête à jeter la ligne pique délibérément l'appât à l'hameçon ; la jolie archère en crinoline évoque les amitiés anglaises de Mérimée et le sport de ses derniers jours ; la patineuse est notre contemporaine : elle a l'allant des grandes filles souples qu'on voit à la montagne pratiquer les sports d'hiver, et le plaisant regard de côté des flirts de skating et de palace.

Dans le sport, l'homme et la femme ont des compagnons dont la force, l'endurance et la sagacité sont égales à des vertus humaines, les bêtes, et ces amis de nos jeux, à force de vivre près de nous, mêlés à nos plaisirs et à nos luttes, bénéficiant d'une camaraderie tendre, ont fini par prendre quelque chose de nous et, chez Nicholson, une note spécifiquement, inexprimablement anglaise. Les grands chiens allongés, décochés comme des flèches, le chien du garde-chasse, avec une patte de devant un peu déboîtée, avec la grande tache noire qui lui recouvre la moitié de la tête et qui noie le regard d'un de ses yeux, enfin les forts chevaux musclés comme des athlètes olympiques, portant beau, tête haute, ce sont encore des portraits-types, qui définissent eux aussi la terre et le milieu.

Cette largeur, cette justesse et cet humour sont servis par

un métier. Nicholson est imagier d'instinct et, comme tel, il a innové. L'art du bois a traversé, au XIXe siècle, trois grandes époques : d'abord celle du livre romantique à vignettes, dessinées par Gigoux, Johannot et leurs émules, gravées par Thompson, Porret, André Best, Lavieille et bien d'autres ; le croquis, nerveux comme un autographe, est « épargné » par l'outil du graveur, qui lui laisse sa franchise et sa liberté ; c'est, si l'on veut, la période du trait. La seconde, influencée en Angleterre par l'illustration des keepsakes et par la gravure sur acier, en France par la seconde manière de Gustave Doré, a vu naître des planches d'un travail beaucoup plus nuancé, mais d'un effet plus froid, où des artistes comme Pisan cherchent à rendre par des gris échelonnés et par un système de tailles analogues à celles du burin une gamme de tons beaucoup plus étendue et des effets plus complexes ; c'est la période des valeurs. Nicholson inaugure la troisième, la période de la tache. La planche qui sert à illustrer la couverture de l'*Alphabet* montre un crieur de gazettes, un marchand forain, qui tient son éventaire pendu au cou et qui fait voir, en réduction, quelques planches du recueil, entre autres la *Bouquetière*, la *Lady*, le *Garde-chasse* et la *Comtesse*. Elles sont frappantes, ces toutes petites, et très démonstratives : malgré l'exiguïté des proportions, elles paraissent complètes d'effet, d'allure, de mouvement, et identiques à celles dont elles ne sont que les diminutifs. Et pourtant chacune d'elles n'est qu'une tache à bout de pinceau.

Plus encore qu'une influence japonaise, on voit là le souvenir et le profit de l'apprentissage de l'artiste comme peintre d'affiches, et Beggarstaff se retrouve derrière Nicholson. Le secret de sa force, c'est de masser ses énergies, de pocher de grands noirs et de réserver de franches lumières. Aucune subtilité de modelé, aucune taille : mais, quand il le faut, quelques accents qui suggèrent les volumes. Parfois, sur le fond gris, un gris plus clair ou plus soutenu colore en ton sur ton quelque accessoire ou quelque accoutrement. Et tout à coup, au milieu de ces gris mouillés, parmi ces noirs gras et funèbres, répandus par un pinceau qui ne s'attarde pas, éclate une note vive et qui vibre. Tantôt un rouge, pareil au rouge typographique d'un titre : la corbeille de fleurs de la bouquetière, l'habit rouge de l'homme de cheval, la casaque du trompette, ou encore, allègrement touché, le bouchon verni de la pêcheuse à la ligne. Tantôt un bleu, mais grisaillé, sans éclat, inquiétant et sourd : derrière l'homme au tube qui promène sur la plage la balle de golf, la mer froide qui baigne l'Angleterre.

Les hommes et les femmes, vus avec l'unité de la race et de l'accent moral, fortement typiques, emplissant les pages, d'aplomb sur le sol, vigoureux et sains dans cet éternel crépuscule jaune et noir, modelés grassement en plans d'ombre et en plans de lumière, leurs costumes, interprétés comme des aspects de leur humanité, les bêtes de sport, non accessoires ou instruments, mais compagnes, mais amies, ces images d'une civilisation ont leur prix. Après un long et charmant voyage romantique, après les rêveries italiennes ou bibliques des préraphaélites, l'Angleterre de 1894 retrouvait en Nicholson un artiste proprement anglais, — non pas grand moraliste ou profond observateur, — mais anglais, anglais comme un boxeur, comme un squire de campagne, comme un capitaine de mer.

NOUVEAU MONDE

C'EST en feuilletant, il y a quelques années, des albums de dessins et d'eaux-fortes de Joseph Pennell, l'habile disciple de Whistler, que j'eus, pour la première fois, le sentiment des vastes ressources que la vie aux Etats-Unis, la configuration de leurs cités, leurs estuaires peuplés de navires et franchis d'un seul élan par des paraboles de fer peuvent offrir à l'art, et particulièrement à l'estampe. Pennell est un poète, malgré un métier un peu mince et de vieilles habitudes de pittoresque européen. Il est attentif à la singularité des phénomènes. En France, en Angleterre, à Venise, tantôt lithographe, tantôt aquafortiste, il a le goût d'une vision étrange, le sens des énormités, l'instinct de cette beauté irrationnelle, qui naît des plongées vertigineuses et des perspectives de gouffre. Toute une partie de son œuvre appartient à la suite de Seymour Haden (sans avoir le prestige de ce maître), mais ce qu'il doit à l'Amérique l'a haussé. Il a précédé les vues en avion du cratère de New-York. Il n'a pas délibérément préféré le coin de presbytère anglo-normand, avec son vieux jardinet, son arceau gothique ou roman, aux formidables concrétions de ciment et d'acier qui hérissent comme des cristaux le cœur de Manhattan. Sans doute, dans peu d'années, il apparaîtra comme un primitif, comme un survivant des anciens âges, qui eut le privilège d'assister à la genèse d'un monde nouveau, et le mérite de s'y intéresser. Il fait en quelque sorte charnière, et par là même il nous invite à bien des réflexions.

Un monde nouveau, je renverse à dessein les termes de cette antique formule : le nouveau monde. Car il y a peu d'années qu'il se définit enfin par la nouveauté, et non par l'emprunt. Longtemps il se dressa contre toutes les formes neuves, profondes et utiles de sa culture ou les étouffa soigneusement dans leur germe. La gloire de Poe est due à Baudelaire. Les jours ne sont pas si éloignés où les gens de lettres new-yorkais refusaient d'admettre Walt Whitman dans leur club. C'est à Paris, c'est à Londres que grandit et resplendit le génie de Whistler. Hier encore on copiait avec application le Parthénon, la cathédrale d'Amiens, Chenonceaux. Le signe incontestable d'un changement nous est offert par la figure des villes. L'indice de sa valeur organique, c'est qu'il jaillit des besoins de la vie et qu'il affecte, non des combinaisons prosodiques ou des tonalités musicales, mais le premier des arts, l'art de bâtir. Il donne un démenti violent à toute sorte d'anciennes croyances, il renverse les valeurs. Il s'appuie sur l'argent, sur le besoin et sur la prodigalité d'argent, sur la passion du mécanique et de l'artifice. Il bondit dans la hâte, il ne laisse à rien le temps de vieillir, il s'alimente d'un gaspillage frénétique, il prend sa force dans le tumulte et dans la multitude. Les murs qui se dressent désormais ne sont pas implantés dans le sol, mais suspendus dans les airs. Les maisons ne sont pas l'asile d'un foyer, mais des cités compactes de dix mille âmes. Des express y circulent, non sur le plan de la terre, parallèlement à l'horizon, mais du haut en bas d'un abîme. L'ombre de ces parallélipipèdes projette sur des lieues carrées des pans de nuit géométriques.

Un art, une culture peuvent grandir dans un milieu qui se livre avec passion à la recherche du bien-être et aux combinaisons mathématiques de l'argent. Une flambée de mysticisme peut être plus dangereuse pour l'art que la frénésie de la prospérité. Les chefs-d'œuvre ne naissent guère dans les sociétés adonnées à la « religion de la beauté ». Elles créent, elles perfectionnent un public exquis, ardent, zélé, mais enfantent-elles des artistes de forte carrure ? Bien plutôt des lyriques qui se consument dans le vague, qui se satisfont d'aspirations et d'élans. Ce serait une erreur que de nous représenter un citoyen d'Athènes au vᵉ siècle uniquement plongé dans le rayonnement spirituel des entretiens de Socrate ou dans la contemplation des Parques de Phidias. Lisons, pour nous en convaincre, dans Thucydide, les discours par lesquels les ambassadeurs athéniens justifient l'impérialisme économique et politique de leur cité. L'histoire de Venise est celle d'un groupe de marchands voluptueux et jaloux. Les constructeurs des cathédrales n'étaient pas haussés par une spiritualité exclusive : c'étaient des bourgeois fervents, mais solides, mais gais, et nuancés de bonhomie. Quant aux pyramides, elles furent bâties par des carriers captifs pour des possesseurs de mines de cuivre. La soif de jouir et d'étreindre les biens de la terre, d'énormes disponibilités d'argent sont moins stérilisantes que l'ascétisme ou la sèche ferveur de l'esthète.

Au pied de ces polyèdres, on est enclin à trouver superflus le culte et les regrets voués par une certaine élite au passé de l'Amérique précolombienne. Que des individus de race blanche installés sur ces antiques assises chérissent l'art des Indiens Pueblos de préférence à la peinture post-impressionniste, c'est sans doute un accident léger. Le critique Waldo Frank loue avec émotion les ca-

banes de briques des Mexicains de Californie, leurs volets
peints en bleu, leurs gaies fleurs rouges : mais ces délicats
agréments sont-ils les signes, les symboles d'une culture originale, ou même les valables survivances d'une culture
ancienne et respectable ? J'y vois plutôt le témoignage
d'une fidélité à des dieux morts et la paresse de créer.

Dans la première partie de ce film étonnant, et peut-être
jusqu'à une période avancée du xixᵉ siècle, on peut se représenter deux personnages symboliques, le sédentaire et le
nomade, le puritain et le pionnier. A l'écart se tient le
gentleman colonial, le planteur anglais des états à esclaves,
attaché à un passé dont la victoire des nordistes lui laisse encore la nostalgie. Mais je parle d'une époque plus ancienne.
Dans sa petite société très compacte, le puritain associe la
Jérusalem nouvelle et la nouvelle Angleterre, institue la
discipline d'un camp, fomente l'intensité de la vie religieuse
qu'il ne sépare pas de la vie active, car les Madianites me-
nacent de toutes parts son âme et son enclos ; il établit sur
des bases inébranlables les forces conservatrices de l'Amérique ; il maintient de nos jours encore, dans les comtés de
l'Est, une tonalité ancienne et, dans les petites villes en particulier, dans ce que nous appellerions la province, la vé-
nérable antiquité des mœurs. Le pionnier court le monde et
sa chance. Tantôt il est sorti des flancs de la société puritaine, comme un mauvais fils ou, plus simplement, comme
une force de peuplement dans un monde immense presque
désert. Tantôt il est venu de partout, avec ses dieux lares
noués dans un mouchoir. Ce bagage léger ne l'alourdit
pas. Il laisse derrière lui la misère, le servage, ou, plus
simplement, la monotonie des jours. Il n'est ni théologien
ni juriste, mais homme harcelé par le besoin de vivre et
par l'instinct du jeu. Avant le temps où l'émigration s'est en-

tassée dans les villes, les révolutions européennes ont alimenté ce courant. Les scories d'une Europe éruptive étaient encore brûlantes en touchant le sol du Nouveau Monde. Il importe de rapprocher deux dates, qui se succèdent précipitamment dans la chronologie et qui retentissent à un si long intervalle dans l'espace : Quarante-Huit, l'année de l'écroulement d'une grande aventure sociale, Quarante-Neuf, l'année de la fièvre de l'or. J'ai entrevu jadis un de ces *forty-niners* devenu patriarche, le front étoilé d'un coup de pistolet, comme un héros de l'écran. Il lui avait fallu six semaines pour traverser l'Atlantique à la voile. On ne met pas une aussi vaste étendue d'eau et de temps entre l'Europe et soi pour devenir sacristain ou conseiller municipal.

Avant et après l'année de l'or, cette sorte d'hommes a donné à l'Amérique ou réveillé en elle le sens de la mobilité et cette faculté poétique, le goût du risque. Ils ne lui demandaient pas la sécurité d'un bon petit domaine coupé de haies, mais toute la largeur de l'horizon. Certes ils n'avaient pas non plus franchi les mers pour composer des poésies pastorales, mais sur les pistes, dans les herbages sans fin, leur existence quotidienne était tendue et haussée. Elle absorbait et dévorait en nécessité d'action l'apport des énergies et des sensations nouvelles. On peut imaginer que beaucoup de poètes et de peintres *possibles* sont ainsi passés dans les solitudes de l'espace et dans les ombres du temps. La naïve épopée de Fenimore Cooper exhale encore l'étourdissante odeur d'un printemps sauvage. Ce feuilleton magique emprunte ses procédés à une technique bien discutable, mais son arome lui vient du sol, de cet immense morceau de planète entre deux océans et de ses arènes solitaires. Une telle œuvre ne saurait être prise pour un document, et c'est tout de même un chapitre de l'histoire des hommes. Sous la lumière fausse des vieux romans, elle nous transmet encore le charme de ces vies vagabondes. Elle nous aide à nous représenter ces bannis des cinquièmes étages de nos vieilles villes, ces faubouriens de Varsovie, de Prague, de Londres, de Paris, jetés en pleine ère préhistorique, dans des paysages vastes comme la Bible. Qu'ils aient eu pour but de se libérer et de s'enrichir, c'est certain : mais ils acquéraient d'un seul coup, avant les troupeaux de bœufs et les pépites, une richesse et une liberté inconcevables.

On a pu les comparer à Robinson Crusoë, ou même au Robinson Suisse, mais Crusoë est circonscrit de toutes parts, il est limité par sa solitude et par son île où il n'y a rien, que des débris de vaisseau et la Bible. S'il s'arrête un instant de fabriquer des jarres, de taillader son poteau-calendrier ou de prier Dieu, il est perdu. Son livre est le journal d'une détention. Quant au Robinson Suisse, c'est un maître d'école qui fait naufrager son école avec lui, pour le plaisir de donner un cours sur la faune et sur la flore exotiques. Le pionnier d'Amérique n'est pas incarcéré dans un îlot : il va, il se déplace, son goût est de vivre au loin, plus loin, de changer, d'inventer, de s'inventer lui-même. C'est là une majestueuse base pour un art.

Car un art est aussi bien l'expression d'une volonté de puissance ou d'un intense vouloir-vivre que l'effusion d'une harmonie intérieure ou le rythme parfait de forces disciplinées. L'harmonie, le rythme sont le terme d'une longue expérience. Les belles danses polynésiennes ne sont une haute expression artistique que par la mise au point d'un travail séculaire; c'est le contraire d'une expansion barbare. Mais la force d'un contact soudain avec la nouveauté, chez un être en pleine vigueur, peut engendrer l'art, comme il peut donner naissance à d'extraordinaires forces sociales.

Les Américains du milieu du XIXᵉ siècle n'eurent pas le temps de créer un art original. Leur art, ce fut la vie même inventée dans la violence.

Cette violence de vivre subsiste. Elle se manifeste partout. Elle enfante le désir de toute grandeur. Elle stimule la culture, sous des formes précipitées, extensives, ingénieuses. L'homme moyen est curieux. Il lit trop de magazines absolument médiocres, trop de romans fabriqués sur le modèle anglais, trop de manuels et d'encyclopédies, mais il lit, il édite et il consomme un grand nombre de livres. Il est moins limité que nous, qui nous appuyons sur les siècles et sur des institutions de contrôle auxquelles nous n'épargnons pas les épigrammes, mais que nous respectons au fond de notre cœur. Et s'il est vrai que l'exemple, l'étude, la méditation des maîtres sont des conditions nécessaires, ou seulement favorables au développement des arts, l'Amérique, peuplée de chefs-d'œuvre anciens et modernes, réalise pleinement cette condition, et elle la réalise avec audace, aimant (au Musée de Boston, par exemple) à faire une place d'honneur à des révélateurs de génie longtemps discutés dans leur pays.

Elle est prodigieusement riche, et d'une richesse qui agit. Les fortunes américaines ne sont pas stables, héritées de longues générations, accumulées par une épargne savante : l'épargne n'est ni leur procédé ni leur but. Elles vivent au grand soleil, on les voit se faire et se défaire. Dans un pays où l'argent vit avec intensité, où il s'acquiert par le risque, non seulement il n'est ni ridicule ni déshonorant de le choisir pour but dans la vie, mais encore cela est généralement admis, et même il n'y a guère d'autre but. Ces fortunes à pulsation profonde et qui livrent bataille ont le luxe pour symbole et pour escorte. Par là, dans une certaine

mesure, elles peuvent favoriser les arts. L'argent à Venise et
à Anvers n'avait pas une origine plus relevée que l'argent
à New-York, il sortait des duplicités, des collusions et des
coups de main. Ces réalistes hasardeux, prodigues amis du
faste, peuvent beaucoup. Hier encore, ils avaient surtout le désir d'étonner et d'éclipser, de faire plus grand,
plus haut, plus massif, plus éblouissant que nos malheu-
reux millionnaires d'Europe, claquemurés dans des dimensions petites et dans des pays exigus. Ils franchiront la
distance qui sépare le luxe du raffinement, cette espèce
d'hommage de la puissance à la simplicité, qui, dans des
civilisations accomplies, comme le Japon des Asikaga, fait
intervenir une note de pauvreté volontaire, un choix des
matières modestes, embellies par l'exquis du style et des
intentions. Mais l'argent entre de telles mains n'est pas
matière inerte et petite. L'émulation féodale de San Gi-
mignano, où l'on voit les donjons des seigneurs se multiplier et chercher sans cesse à se dépasser, revit ici décuplée. Le graveur Pennell ne dessine plus sur son cuivre
ces jolies singularités toscanes, ces colombiers carrés qui
ont encore quelque chose de rustique, mais des prismes
effrayants, des termitières colossales agencées par des géo-
mètres. Longtemps l'on commit l'erreur de bâtir des maisons en les asseyant sur des murailles. Désormais on suspend les cloisons à l'armature comme des panoplies. L'acier,
le nombre, la géométrie permettent à l'homme de fixer tout
rêve possible dans la matière.

Ces audaces sont à l'échelle de la nature qui, sur cette
terre, modèle le sol, creuse les lacs et les fleuves, précipite les cataractes, épaissit les sylves sauvages avec une ampleur qui sert d'exemple aux humains. Longtemps l'asile de
populations primitives et clairsemées, des troglodytes des

mound-builders ou des nomades aux tentes de peau, l'Amérique du Nord s'est offerte d'un seul coup, comme une immense survie des vieilles périodes géologiques, au parcours, aux rêveries et à l'activité des modernes. Dans les sites du Nouveau Monde, une âme vaste peut s'étendre et se dilater à l'aise, sans trouver jamais sa limite. Pour les avoir effleurés, Chateaubriand est revenu parmi nous transfiguré d'exotisme, chargé de sensations inconnues, enivrantes. *Atala*, le *Journal sans date* nous donnent un vertige d'immensité, de choses lointaines, de nuits odorantes et telles que le peintre le plus sensible ne nous en suggéra jamais de pareilles. Prestige des mots qui restent inertes sous la plume d'un voyageur ignorant, qui deviennent riches en images et en parfums, quand un petit Breton mélancolique les associe aux secrètes cadences de son cœur. On voudrait voir Monet, ce paysagiste épique, au bord des mêmes fleuves et dans l'ombre rayonnante des mêmes forêts.

La carte des États-Unis présente, enclavé au nord-ouest du Wyoming, un vaste espace entouré, comme la plupart des États de l'Union, de limites d'une déconcertante régularité. Ce carré géographique, c'est le parc national, ou parc de Yellowstone, immense territoire laissé volontairement à la pleine liberté de la nature, à l'intacte sauvagerie. Point de villes, point de villages, mais la terre toute seule, inculte et féconde, sous un ciel dont les fumées d'usine n'altèrent pas la pureté native. Les richesses, les étrangetés, les curiosités naturelles sont là, — d'admirables paysages aussi, et une solitude que troublent à peine les caravanes de promeneurs. Cette grande pensée, cette place largement laissée au silence et au libre développement des choses, c'est un contrepoids à l'intensité de l'industrialisme, une sorte d'offrande expiatoire, c'est une promesse pour l'art. Nulle part l'Europe ne saurait s'assurer de semblables retraites. Ces lieux frappés d'interdit, ces replis des monts, où s'éteignent avec solennité des nations très anciennes, notre élite n'en connaît pas d'analogues sur notre sol. Elle peut envier ces formidables asiles, dédiés au songe et à la solitude.

De ces exemples, de ces possibles et de ces riches réserves, les habitants des obélisques de ciment et de fer que nous montre l'aquafortiste ont-ils fait un autre usage spirituel que l'étonnante configuration de leurs cités ?

L'art dans les sociétés primitives ou très anciennes, c'est une fonction sociale, c'est même une technique religieuse. L'art moderne n'est, au sens strict du terme, fonction de rien, c'est un pur *fiat*. La civilisation américaine veut que tous les efforts aient une portée concrète et se réalisent dans le fini. La vertu, disait Renan, est un bon placement, mais à l'infini. L'œuvre d'art, comme la vertu, comme la foi, n'a pas cours en banque. J'entends bien qu'on peut spéculer sur elle, comme sur toutes valeurs, mais l'œuvre d'art sur son plan métaphysique, l'œuvre d'art possible est, par essence, désintéressée. Bien plus, elle réclame, pour se réaliser pleinement, une atmosphère de désintéressement. Cette vertu, la politique, l'activité morale, la vie privée des Etats-Unis sont loin d'en être exemptes. Mais qu'un noble et désintéressé citoyen des Etats-Unis refuse de se proposer dans la vie une fin concrète et des résultats tangibles, et qu'il cultive en lui le sentiment de l'inutile, le voilà ou bien contraint de se réfugier dans quelque transcendental Concord, ou bien rayé automatiquement de la vie de la communauté.

Le voleur hindou, qui, avant de percer une muraille, se demande si le trou sera en forme de lyre, d'oiseau ou de fleur, obéit à un sentiment saugrenu de l'inutile, et les lyri-

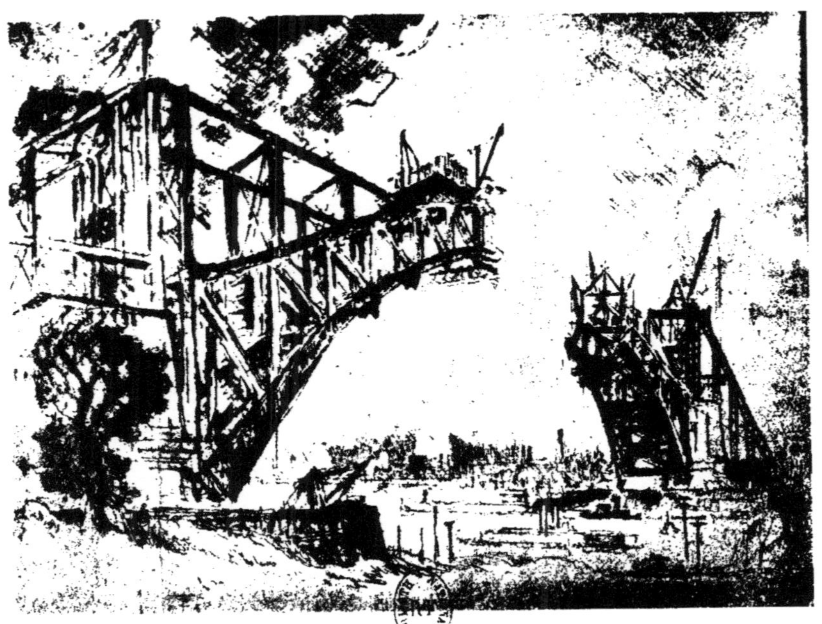

PENNELL. — LE PONT

ques constructeurs de locomotives français perdent un temps
précieux à *finir* leurs machines, à leur donner ce je ne sais
quoi d'achevé, de complet, d'agréable à voir, qui est le
comble de l'inutile.

C'est qu'en vérité le temps compte, la vie est courte, les
affaires sont difficiles et compliquées. Dans les rues de New-
York ou de Chicago, l'on ne voit pas bien un flâneur. De
tous côtés, la flânerie est absorbée par des violences qui la
dispersent, qui la déchirent. Ce mouvement est-il favorable
à la création des grandes œuvres ? Le repos, le silence, le
calme leur sont nécessaires, — ou bien elles naissent incom-
plètes, agitées encore de secousses ou de saccades. Et, d'autre part, pour les comprendre, il faut se tenir tranquille
longuement, sans parler, sans consulter sa montre. Certes
rien de plus propice à la méditation, que certaines salles des
beaux musées des Etats-Unis, rien de plus intelligent, de
plus harmonieux que les belles retraites ombragées que l'on
a ménagées près d'eux ou qui les entourent. Mais quelle qualité de silence y portent les promeneurs ? Et d'ailleurs les musées, ici comme partout au monde, ne sont-ils pas surtout
visités par des gens pressés ?

Cette mesure du temps nous déconcerte. Mais le temps
n'a pas partout la même longueur d'onde. Il est possible (le
rêve nous le montre) d'adapter les développements pensés
les plus vastes et les plus riches à des ondes extrêmement
courtes. Pour le songeur, le chemin de fer n'est pas un bo-
lide, mais un cloître suspendu au-dessus du temps et de
l'espace. Dans les villes d'Amérique, la hâte même ajoute à
la note magique d'une vie qui s'entoure, non de grossières
ferrailles automatiques, mais d'un réseau frissonnant de
courants captés. Partout frémissent des feux bleus, crépitent
des aigrettes d'étincelles, retentissent des messages aériens,

s'enlacent des ruisselets et des rubans de forces invisibles. Le jour où un homme trouvera extraordinaires ces choses habituelles, un grand poète naîtra.

Mais l'art n'est peut-être, après tout, que le dépôt de nos inquiétudes les plus barbares, les plus anciennes, revêtues de formes nobles. Il s'épanouit dans le mystère. Le sens du mystère lui est indispensable, et le sens du mystère peut-il se développer dans un pays d'évidences, où l'on s'efforce de tout réduire à l'intelligible (ce qui n'est pas mal), au tangible, au concret, un pays de réalistes cordiaux, où la religion et la philosophie ont un caractère nettement éthique, où la critique des idées a pour principe et pour critère la notion d'efficacité ? Depuis quelques années, les croyances ésotériques y ont, paraît-il, fait de grands progrès, et c'est là, il est vrai, une objection. Mais le secret de ces doctrines n'est-il pas précisément de permettre à l'homme une action directe sur l'enchaînement des effets et des causes, et n'y a-t-il pas là de quoi tenter des réalistes déterminés ?

Pourtant l'Amérique a fait naître deux extraordinaires officiants du mystère de l'art, Edgard Poe et James Mac Neill Whistler, — Poe qui donne l'étrangeté comme signe distinct du Beau, Whistler dont les subtiles harmonies et la puissance de suggestion sont peut-être allées plus loin que n'importe quelle forme d'art des civilisations occidentales. Mais l'on reconnaîtra sans peine que l'un et l'autre se présentent comme de grands isolés, — Poe comme l'opprobre de l'Amérique, Whistler comme l'exemple et le type du génie nomade.

Je le revois, ce seigneurial Whistler, debout, en redingote noire, avec sa charmante tête bouclée, dans l'*Hommage à Delacroix*, de Fantin-Latour. C'est un cosmopolite. Il a

longtemps vécu dans le vieux monde. Il a beaucoup aimé la
France, la France de Manet, de Fantin, de Delacroix, de Legros, de Baudelaire, pour sa libéralité, pour son élégance,
pour la hardiesse et la sûreté de son goût, pour cette distinc-
tion éminente qui convenait si bien à son propre génie. Mais
il nous a plus donné qu'il n'a reçu de nous, et son œuvre,
pleine d'une fantaisie solennelle, d'un délicieux caprice, est
l'expression d'un génie à la fois très savant et très audacieux, d'une civilisation raffinée, ancienne et pourtant libre.
Tous les « possibles » de l'Amérique sont en lui, et quelque
chose de ses origines aussi. Le premier peut-être, il a connu
et compris les arts de l'Extrême-Orient et il en a fait passer
les prestiges dans notre peinture de paysage. Le portrait de
sa mère, si concentré, si digne, si riche en profondeur, n'est-
ce pas un hommage à la Nouvelle Angleterre ?

Rien de semblable chez Mary Cassatt, qui nous conduit sur
un tout autre plan, mais qui, en pleine vie directe, sans
mystérieux dessous, sans intentions cachées, nous révèle
une charmante âme d'Amérique, une tendresse robuste de
bonne nurse, habile dans l'élevage des bébés. J'aimerais à la
confronter avec notre Guiguet, le peintre des gentilles filles
rustiques et populaires, aux yeux noirs éveillés, à la mine
futée, — d'une vie intérieure plus nerveuse, plus subtile, et,
pour tout dire, plus whistlerienne peut-être. Mais les petits
de Mary Cassatt sentent bon l'eau fraîche, la nursery bien tenue, l'odeur des grands parcs qu'on voit se profiler par les
baies ouvertes.

Les concentrations, les discrétions, les royales ombres
ponctuées ou striées de lueurs rares, la singularité d'un
goût charmant, inédit, qui abonde en trouvailles et qui
les dissimule, un sentiment moderne uni à la plus solide,
à la plus fine structure morale, Whistler enfin, et, d'autre

part, cette vie gaie et jeune, un peu animale, peinte avec franchise, mais d'une touche qui reste très femme, Mary Cassatt, voilà deux aspects décisifs de l'art d'hier aux Etats-Unis

Il y en a un autre qui est déjà chez Whistler, ami du Japon et de son art, encore si mal compris : c'est le sentiment du Pacifique. Il prend une place de plus en plus grande dans l'âme de l'Amérique, — et c'est peut-être ainsi, et par elle, que les vieilles formules de l'Europe apprendront des variations nouvelles, en mêlant leurs combinaisons régulières aux arabesques et aux labyrinthes spirituels de l'Asie et des îles. La Porte d'Or qui ouvre la rade de San-Francisco donne accès à un infini lointain. L'Amérique, quand elle sent la pesanteur d'un monde trop dense, s'évade par là. C'est sa revanche, son bienfaisant exil, son inconnu réparateur. La sauvagerie préméditée de Yellowstone, ce mystère enfermé dans un rectangle géographique, a-t-elle exercé déjà quelque influence sur la culture ? Je ne sais, mais, pour la navigation aux Iles, c'est un fait acquis. L'Ecossais Stevenson fit à la race ce magnifique cadeau moral, lui apprit, parfois à l'aide d'artifices enfantins, en racontant des histoires de pirates et de trésors cachés, le bonheur et le repos des longues navigations marines, le destin mélancolique des peuplades finissantes, au pied des cônes volcaniques ou sur les anneaux de corail, la merveille de retrouver intact et en place, sur le même sentier, le même caillou auquel trois générations de passants n'ont pas touché ! Un peintre, John Lafarge, fut sensible à ces charmes, au bienfait de se perdre dans l'immensité des mers, mais son art reste inférieur à sa sensation. Qu'est-ce à côté de Gauguin ? Les Polynésiens et les Polynésiennes de Lafarge ressemblent aux modèles de Raphaël Colin.

Il nous faut revenir à ces cités dont le modèle n'existe nulle part et qui traduisent avec tant d'autorité la puissance créatrice d'un grand peuple. Dans un art associé à l'*utile* de la vie, où la beauté est, dans une certaine mesure, fonction de l'utile, il était à l'aise, il a inventé. Les villes plates de l'ancien monde dépassaient à peine le niveau uniforme d'un plan : l'Amérique les a dotées de leur troisième dimension, la hauteur. En dressant au bord des mers ces falaises gigantesques, hérissées de tours et de clochetons, percées de fenêtres innombrables, parcourues à leur surface de brumes errantes, usines, offices, banques, donjons, temples, cathédrales, champ prodigieux offert aux jeux de l'ombre et de la lumière, elle a vraiment, pour sa part, renouvelé l'image de l'univers. Loin d'y sentir la maladive obsession du colossal, cette manie des civilisations à leur déclin, on y découvre l'élan naturel et les fortes aspirations d'une race vigoureuse, répandue sur ce continent où sa mission était vraisemblablement, non de sauver ce que Waldo Frank appelle les cultures ensevelies, mais de faire sa propre tâche et d'ouvrir à l'homme des horizons inconnus. Au fond de la baie de New-York, les maisons d'Amérique se dressent au milieu des nuages, non comme des monuments d'interdiction, non comme les châteaux-forts d'une oligarchie bestiale, mais comme les témoins et le théâtre d'une activité qui, lorsque les poètes, les artistes et les hommes d'état lui auront donné sa direction définitive et son vrai sens, sera bienfaisante pour l'humanité.

Elle reste encore inquiétante et dramatique, et c'est ainsi que je crois la voir à travers les planches de Joseph Pennell. Cet art a plus qu'une signification pittoresque. Joseph Pennell est dessinateur et graveur avant tout, un homme du blanc et du noir. Il faut nous en féliciter. Les concisions terribles de l'estampe, la puissance du trait, l'âpreté d'un style fixé profondément dans l'airain, — quelles ressources pour exprimer la mélancolique, la haute poésie des cités modernes ! La peinture est trop souple, trop molle, trop brillante. Elle chatoie trop. Le soleil des villes d'aujourd'hui a quelque chose de fixe, d'ardent, de décoloré. Les ombres ont une profondeur nocturne. Elles coulent comme un fleuve noir et fluide, où fourmille une humanité indiscernable, entre d'immenses falaises rectangulaires. L'estampe, domaine de Piranèse et de Meryon, était l'art qu'il fallait au poète graphique des cités américaines. Pennell sort de l'enseignement de Whistler. Les eaux-fortes de Whistler, quel charme ! Mais peut-être un charme seulement, celui d'une main fine et nerveuse, d'une vision habile à indiquer, à travers l'épisode, la poésie du tout. Pennell a promené sa fantaisie whistlerienne à Londres, à Venise, mais, requis par New-York et par San-Francisco, il est devenu plus énergique, plus habile à concentrer les valeurs. Une très ancienne planche de lui, — une vue du Puy-en-Velay, — révèle déjà un art singulier, très audacieux, d'ordonner de puissantes masses, de les mettre en page sous le jour et sur le plan qui fait le mieux saillir leur énormité. Par là il était appelé à dépasser les jolis caprices des habiles aquafortistes américains plus ou moins influencés par Whistler, — les Mary Nimmo Moran, les Charles Plate, les Otto Bacher, tout le groupe de Keppel. Il n'est pas toujours insensible au pittoresque, mais, plus souvent, il comprend avec force la puissante, la sauvage grandeur de la ligne droite. Alors, sur un sol très bas, s'érigent les blocs cyclopéens des *buildings*. Au dessus de modestes maisons à dix étages, au fond de Cortland street, se dresse d'un seul coup la silhouette d'un monstre aux arêtes vives,

compact, sans accidents, monolithique, parfait. Liberty
Tower domine de ses fenêtres à meneaux et de sa grâce
colossale le district financier. L'Avenue, c'est le lit encaissé
du Colorado, bordé de Sélinontes intacts, sur lesquels pèsent
des à-pic formidables baignés de nuées. Suspendus à des fils
légers, les ponts filent sous des arcs de triomphe béants et
franchissent d'un bond les bras de mer, où pullulent d'immenses vaisseaux, tout petits. De là, la cité se déploie
comme une mêlée d'où jaillissent des bras tendus.

Des pentes de Fairmont, San-Francisco offre le même
spectacle nuancé par les jeux d'une atmosphère plus riche et plus souple. Le caractère hàtif, misérable des maisons
de bois se mêle à la stabilité des donjons qu'elles entourent
de toutes parts. Il y a de grandes excavations d'ombres hérissées de clartés compactes. Et puis les avenues défilent
précipitamment vers la mer, le long des pentes. Kearny
street s'engouffre dans une perspective qui donne le vertige
et bute contre deux hautes tours carrées, dont l'une est coiffée d'un clocher. Des flèches, des dômes, des terrasses en
plein ciel escortent Market Street, et les màtures, là-bas,
se profilent sur le soir derrière la Porte d'Or.

Cette fièvre et cette solennité, cette vie qui se hâte et
qui se glisse dans les ravins d'ombre ménagés entre les
donjons, cette mer qui vient porter ses vaisseaux au pied
des hautes murailles bàties par les fils du puritain et du
pionnier, cet univers où la logique inflexible de l'ordre
s'associe à la profusion, au gaspillage, à l'incohérence, au
provisoire, ces alternatives de soleil et de nuit, on en a déjà,
à travers les villes de Pennell, une sensation directe, violente.
Les études des architectes contemporains jettent sur les
secrets de cette structure et de cette plastique monumentale une lumière étrange. Dans les esquisses où ils cher-

chent ce qu'ils appellent la *mass envelope*, on voit se dégager
peu à peu l'épannelage par grands éclats réguliers. Les dessins de Hugh Ferris identifient le building à une opération
de l'entendement et à une cristallisation naturelle. Mais,
en même temps, comme il travaille du dehors vers le dedans
pour définir un volume dans l'espace, le constructeur moderne rejoint le primitif architecte qui entaillait les falaises.
Cet art n'est-il pas à la fois anticipation et régression? Pour
le saisir dans son essence, peut-être ne faut-il pas le chercher dans ses essais d'urbanisme, prendre les ports par
leur front de mer, — mais regarder certains blocs à revers,
à l'endroit où ils dominent les terrains vagues, qui ne sont
pas encore la place de l'homme, avec leurs ravines, leurs
cratères et leurs tumuli. Alors ils se dressent comme des prismes de quartz ou de spath dans un énorme désastre, jaillis
du cœur bouillant du chaos et gelés par l'éther.

ZORN

Chaque génération fait à son tour et pour son compte la découverte de la nature, et l'on dirait que cette merveille l'enivre et la prend tout entière. Peut-être est-ce dans l'art du paysage que les renouvellements de la peinture moderne sont surtout sensibles et bien apparents. Pour l'eau-forte, c'est encore plus vrai. La poésie des vieilles cités, accablées de désuétude, travaillées par l'érosion, patinées par le soleil et par l'air, la solitude des campagnes, les soirs qui retentissent au-dessus des marécages et des forêts, voilà par excellence le domaine où l'art de Rembrandt et de Piranèse, aux mains des romantiques et de leurs successeurs directs, s'est le plus largement et le plus volontiers exprimé. Feuilleter un carton d'estampes du dix-neuvième siècle, c'est cheminer dans de prodigieuses villes, sur lesquelles resplendit avec fixité un soleil violent, à travers une nature mystérieuse, hérissée de feuillages, pleine de passion et d'austérité. L'homme n'apparaît qu'à titre accidentel. Il s'avance, comme une petite ombre, sur les routes de velours escortées de troncs énormes. Dans l'étang où se répercute un chaos de nuages, il navigue sur une barque rustique, et l'oblique lueur du couchant frappe sa chemise blanche. Dans les sablonnières, il court derrière les porcs qui se bousculent en grognant. Le fusil à l'épaule, il suppute les menaces du ciel. Mais toujours ce ciel, ces sables, ce soleil du soir, ces impénétrables forêts l'enveloppent et l'associent à leurs prestiges. Millet peut-être est le premier à l'avoir étudié et aimé, non comme le comparse d'une grande féerie naturaliste, mais comme un héros qui se dresse haut sur la plaine. Et pourtant, là encore, la poésie des travaux et des jours baigne l'homme et la femme dans une atmosphère dont on ne saurait les isoler. Cet Hésiode de l'estampe, plus grand à mesure que les générations s'écoulent, n'a pas séparé la terre et le paysan.

L'image de l'homme suffit à d'autres maîtres, à Manet, à Legros. Elle accapare la curiosité d'Anders Zorn, — et non pas l'homme d'un milieu, l'homme d'une patrie, reconnaissable à son type physique et à son costume, mais l'homme moderne, pris partout, au gré d'une vie nomade. Le voici tel quel, le passant d'une rue et du monde, dessiné d'un jet, à la fois semblable à tant d'autres et différent. Ce n'est pas un personnage de légende. Il ne recule pas à l'arrière-plan du songe. Il appartient à la même région de l'espace que nous. Sous la pointe de l'artiste, il ne scintille pas comme un joyau, palpé par un avare, dans l'ombre d'une cave, il ne s'esquive pas dans un rayonnement trouble où caracolent des spires de fumée. Il a quelque chose de bref et de brusque. Les artifices de facture, les jolies recherches, les fioritures de l'outil n'ont point de part à ces audaces fortes et sobres.

La plupart des eaux-fortes de Zorn sont des portraits. Cet art, tel qu'il a été conçu par les maîtres, est exclusif de toute dispersion. Il est une concentration, non un développement. S'il se déploie en commentaires, il donne la mesure de sa débilité. Quelle que soit la richesse de leur substance analytique, la plupart de ses chefs-d'œuvre nous frappent par leur aspect de totalité soudaine.

L'artiste qui étudie le visage de l'homme ne copie pas le visage d'une statue. Un être vivant n'est pas un tout définitif, cerné par de dures lignes, mais le lieu géométrique de forces contingentes et qui passent. Il y a en lui du trop et du pas assez, du passé et de l'avenir, des choses habituelles et de l'inattendu, des expressions de surface et des signes de profondeur, le charme d'une minute et une poésie éternelle. Un visage n'est pas un, et c'est pour cette raison que les portraits photographiques ont si peu de sens, étant découpés dans des moments de la vie; il est la superposition d'un grand nombre de physionomies dont chacune exprime sa nuance propre. Quel est le lien de ces formes passagères qui se succèdent, se juxtaposent et se marient dans la même structure d'os et de tissus? Comment le surprendre? L'institution de l'amitié le discerne parfois plus sûrement que l'analyse psychologique ou l'observation du moraliste. L'instinct des artistes, par une illumination soudaine mieux que par de lentes démarches, le met en évidence, tout en sachant conserver la note mystérieuse et presque fuyante de cette impondérable unité.

Ainsi un beau portrait n'est pas seulement une expression dans l'espace : c'est aussi une évocation dans le temps et, n'étant pas limité à l'arbitraire du moment, il résume un passé, il suggère un futur. De même qu'un paysage n'est pas le fragment d'un univers mort, mais un système de forces actives, un portrait n'est pas une minute de vie extérieure, mais l'incarnation d'une puissance spirituelle. Mais, sous peine de devenir une pure expression symbolique, il importe qu'il reste dans la vie, dans la vie qui passe, et qu'il n'immobilise rien. La permanence de la vie intérieure est faite, non de cohésion rigide, mais d'échanges instables, de contacts, d'accroissements et de diminutions. Peut-être, pour être fidèle et complète, l'image de l'homme devrait-elle exiger un grand nombre de portraits, comme les Bismarck de Lenbach. Il y a une sorte d'antinomie au fond de cet art ; il doit rester fidèle au mouvement de la vie, il doit d'autre part nous communiquer la note profonde, la tenue constante de la personnalité. Je crois l'eau-forte particulièrement apte à résoudre cette antinomie, à trouver la synthèse de ces nécessités contradictoires.

C'est que la peinture tend à se délecter de sa propre matière. Un portrait peut être un beau morceau de peinture, mais alors est-il un portrait ? Les arts graphiques ont des concisions plus pressantes et qui vont plus loin ; l'eau-forte les décuple. Elle est hardie et libre par le trait de la pointe, qui court avec une sorte de fièvre sur le cuivre, saisit la forme et la laisse jouer à l'aise dans un réseau peu serré, sorte d'écriture rapide, juste et pure, qui peut aller jusqu'à l'abrégé sténographique. Un trait dit beaucoup à l'esprit. Il n'est pas limite ou schéma, il est nerf. Sur lui s'organisent tous les possibles. Il évoque en même temps qu'il définit. L'art de l'estampe est évidemment capable de modelés aussi complets que les modelés peints : il est solennel, paisible, profond dans les admirables portraits français du xvıı^e siècle, chez l'aquafortiste Morin, chez le buriniste Edelynck, — mais son génie propre réside dans l'économie et la franchise. Et, d'autre part, grâce à la qualité de la morsure, grâce à l'harmonie particulière des noirs, sur cette légère armature il répand une sorte de poésie mystérieuse qui n'est qu'à lui.

La plupart du temps, une touche peinte exprime une enveloppe, un éclat, une sonorité de ton, ou quelque suave et subtile caresse de matière ; un trait dessiné accentue ou suggère l'essentiel d'une forme : une taille d'aquafortiste émeut en nous quelque chose de plus que le sens du concret et du visible; accompagnée de l'entretaille blanche, par laquelle joue le papier, elle est à la fois lumineuse et doucement funèbre; comme tout art d'abstraction, elle éveille en nous les songes et, avec les songes, le sentiment des forces occultes. A la nervosité d'une main habile, à cette agile maîtrise qui, sans hésiter, avec autorité, inscrit dans la matière la courbe ou la saccade du mouvement, l'eau-forte ajoute ce dessous vibrant et ombreux, sans lequel l'image des vivants serait semblable à l'image des morts.

Zorn aquafortiste et peintre nous offre une occasion excellente de saisir et peut-être de définir ces nuances. J'ai montré quel accord étroit unit Manet coloriste et Manet en blanc et noir, et comment le mordant de sa peinture répond au mordant de sa pointe de graveur, enfin la manière dont la lithographie et l'eau-forte, traitées avec concision, en jouant des vastes réserves lumineuses du papier, l'amenèrent à donner plus d'air à sa peinture. Pareille correspondance n'existe pas chez Zorn. Ce talent facile et coulant a été comme resserré par l'eau-forte et mieux tendu. La hâte devant des modèles avares de leur temps lui a imposé des abréviations sur le cuivre qu'il ne concevait pas possibles sur la toile et qui, sauf chez les grands maîtres, y sont peut-être périssables. C'est sans doute un virtuose. Il appartient à cette lignée qui, dans le même temps, donnait à la peinture Carolus Duran, Sargent, Boldini, Sorolla et beaucoup d'Anglais. Toute une époque, toute une classe ont eu de la prédilection pour cette famille d'artistes : il faut les laisser à leur plan, très secondaire, dans l'histoire de l'art moderne, à côté des peintres de pastiches, rompus à des exercices d'adresse d'après les toiles des musées. Mais il y a là matière à réflexion. L'art contemporain se conçoit comme difficulté. Il se hausse aux problèmes les plus ardus et, à travers ses improvisations hardies, on sent encore qu'il peine. Si l'on met à part, bien entendu, le monotone brio des vignettistes et des portraitistes mondains, il faut reconnaître que la facilité née du don et de l'expérience n'est pas forcément une vertu médiocre. Elle est à l'occasion une ressource et un charme, un moyen d'exprimer d'un jet ce qu'il y a de continu chez les êtres. La vie ne procède pas par petites touches. Elle ne construit pas non plus des épures. Elle ne machine pas. Un homme n'est pas seulement un organisme d'os, de tissus et de nerfs, c'est un certain air, une certaine coupe, comme l'habit. Il arrive que Zorn, facile génie, rencontre et capture, d'une brosse rapide, cette note impondérable. Cette aptitude, on est tenté de la rapprocher de la qualité de certains comédiens qui, d'un coup et non par une minutieuse étude, entrent, comme en triomphe, dans la peau d'un rôle. Il intervient là-dedans un instinct de mimétisme extérieur à l'intelligence, et cette absolue servitude de la main, du corps tout entier, qui donne de la grâce aux acrobates. Mais qu'on ne demande pas à ces devins heureux, à ces délicieux funambules d'aller au fond de notre émotion.

Zorn, peintre de la chair, la traite non comme une matière rare travaillée par la riche subtilité de la lumière et du temps, mais comme une sorte d'enveloppe, d'une souplesse abondante, qui fait corps avec les formes. Le modelé, le dessin peint est de la même famille que celui de Besnard, avec moins de succulence, quelque chose de plus lisse et de plus mouillé. Il n'est pas grand coloriste, je veux dire qu'il ne cherche pas la qualité tonale, mais un accord de valeurs établi sur des roux, des roses et des gris. Le soleil lui vient de très loin, même quand il peint en France ou en Amérique, et comme à travers la frigidité de l'air. Il y a dans sa matière picturale la note lavée de l'aquarelle, et il est vrai qu'il fut un prestigieux aquarelliste. Les nudités jeunes, les chairs saines lui furent une constante joie, car nul n'aima plus franchement la beauté animale de l'homme, de la femme et de toute la vie. Descendu de Mora vers le Sud et vers l'Occident, il garda toujours dans les yeux et dans la mémoire son soleil pâle, ses printemps un peu décolorés de conte scandinave, l'image des paysannes aux belles épaules, aux membres nourris d'une bonne sève froide. Il nous les montre à leur toilette dans un cuveau de bois, ou bien assises nues sur une escabelle, ou bien groupées des deux côtés d'une table, occupées à broder. Elles sont semblables à des statues, coulées d'une pièce et sans retouche du ciseau. Ces corps de jeunes bêtes, comme les visages des portraits, comme toute chose au monde pour le peintre, sont pris, modelés, enlevés, dirait-on, d'une seule touche, sans que le pinceau ait quitté la toile. Mais si nous pensons par contraste à Ingres, à Manet, à Degas, à Renoir, nous nous demandons pourquoi ces fruits si généreux, ces formes nobles et hardies, saisies avec une riante autorité, manquent de la qualité poétique et de la saveur secrète que nous trouvons chez ces maîtres. Peut être est-ce le trait de ses origines et d'une conception de la vie qui, malgré les voyages du nomade, resta toujours baignée de nature, de grand air et de plaisirs simples. C'est surtout parce que Zorn est moins peintre que graveur. Dans ses eaux-fortes et dans ses toiles, il reste assurément le même homme et si l'on esquissait seulement ici une étude de ce que l'ancienne esthétique appelle le « contenu », on pourrait en montrer bien des raisons. Peinte ou gravée, la belle fille reste la même, et choisie, présentée de la même façon. Pourtant, elle change d'univers. La lumière qui éclaire le visage de l'homme ou de la femme n'est plus la même. La matière où il prend vie, malgré l'étonnante facilité du trait de pointe, recèle une vertu particulière. Elle reste homogène, mais elle cesse d'être continue. En elle, l'art de Zorn acquiert ce qui lui manquait. Elle est réseau et elle est accent, elle est tache et elle est lueur ; même quand elle semble traduire un abandon ou un caprice, elle fait sentir le coup de griffe. Les plus délicates chairs ne sont pas caressées par la souplesse du pinceau, elles sont évoquées dans leur vérité et dans leur au-delà de vérité par un outil inflexible et par un acide fumant.

Graveur, et graveur-né, Zorn a le sens de l'économie et de la liberté. Il a l'accent décisif, — cette première vertu de son art, car, en travaillant sur l'airain avec un stylet d'acier, il n'est pas permis de tâtonner. Il sait faire mordre ses planches, secret alchimique que beaucoup de peintres ont ignoré, même le grand et subtil Whistler. Par là, ses œuvres ne sont pas de plaisants croquis d'humanité, d'habiles dessins multipliés par l'imprimerie, mais de riches harmonies ; par là cet art si sain, si cordial, émeut en nous une sympathie d'ordre supérieur. Les formes et les visages qu'il nous montre en souriant ne sont pas toujours exempts d'une élégante banalité, mais la pointe et la morsure leur confèrent une qualité animique : touchés de brèves ombres, ils sont désormais habités par des âmes.

Quel apprentissage a formé ce don ? Un vieil ami de Zorn, le graveur Hermann Haag, lui révéla les premiers éléments de la technique. A Londres, il connut aussi James Tissot, âme scrupuleuse et sensible, talent non sans fierté, mais plutôt porté vers les harmonies blondes et soyeuses de la pointe sèche que vers les pénétrantes violences de l'eau-forte. James Tissot, — c'est le charme et l'indécision d'une époque finissante, et l'on ne saurait l'oublier quand il faudra noter

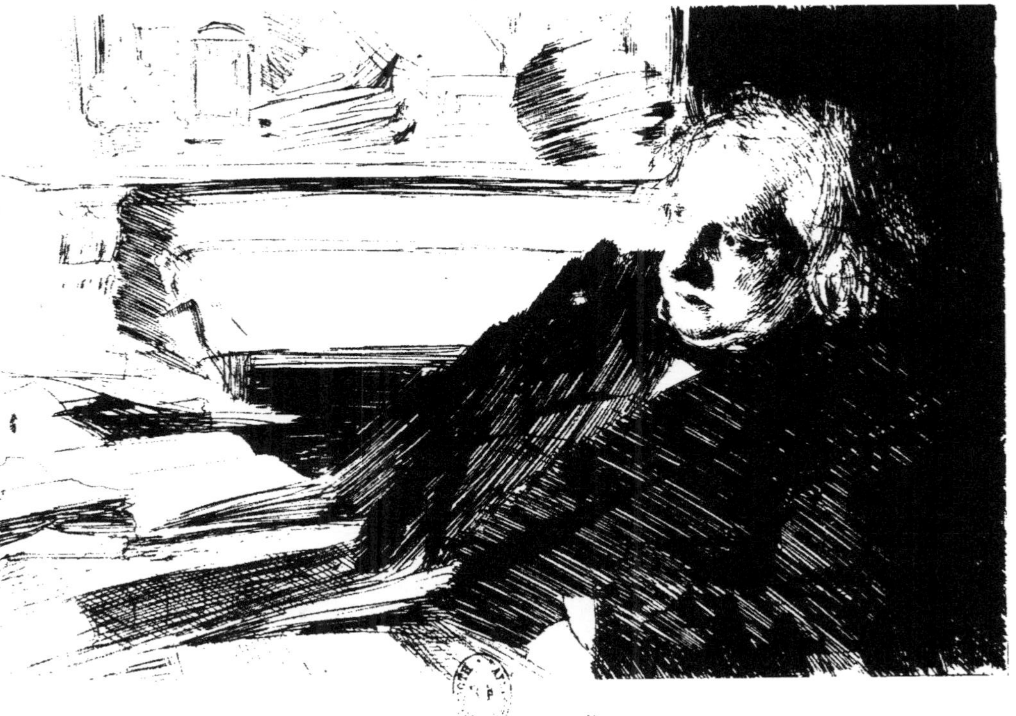

ZORN. — Portrait de Renan

une certaine rareté de goût, cosmopolite, intelligente et délicate, aux alentours de 1880. On se rappelle son grand portrait de deux jeunes filles, ombres légères vêtues de blanc sous
de mélancoliques retombées de feuilles. Il a quelque chose
du style rigoureux des grands portraits d'autrefois, avec
une note d'amitié profonde, que Zorn a ignorée, avec cette
poésie de chose passée qui donne plus de prix à l'émotion
dans le recul du temps. Tissot est également connu comme
émule (et comme victime) des préraphélites anglais, par
son effort considérable de reconstitution biblique. Comment
ne pas regretter que cette sensibilité si fine ne soit pas res-
tée fidèle à ces rêveuses confidences de femmes, de soirs
et de jardins ? Toujours le prestige des grandeurs de l'histoire séduira les natures peu faites pour les étreindre et
pour les ressusciter. Lazare ne s'est pas dressé, debout,
hagard, sous les passes d'un magnétiseur mondain. Pour
l'arracher au sépulcre, il a fallu l'héritier d'Élie et sa fulgu-
gante douceur. Tissot, très minutieux observateur, peintre
patient, attentif à la poétique physionomie du détail, est,
dans ses planches, plus succinct et plus libre. Mais la gravure lui est un procédé secondaire. Il la touche d'une main
de dessinateur, avec finesse, avec modération. Le Suédois
s'en empare avec cette fraîcheur d'autorité qui invente ou
réinvente tout. S'il est vrai, comme on l'a écrit, qu'en art
toute matière est une vocation, je veux dire qu'elle implique
et requiert un don spécifique, il nous en offre l'exemple. La
qualité de cet accord n'échappe pas. Voyons-nous, conce-
vons-nous Watteau dessinant avec la mine de plomb d'Ingres,
Ingres se servant des trois crayons, Rembrandt gravant au
burin ? Zorn avait l'instinct de l'eau-forte, d'une certaine
eau-forte rude et charmante, où ce peintre de l'époque des
tons fins trouve la note intense dont il avait besoin et qu'elle

seule pouvait lui donner. Aussi en est-il rapidement le maître. Aucune de ses planches ne sent la fatigue. Elles sont toutes d'une vivacité, d'un allant extraordinaires, écrites avec rapidité, comme une lettre, et signées d'un coup. On dirait qu'on les voit naître avec une précipitation gaie.

Voilà sa force et voilà sa faiblesse. Toute réussite est peut-être faite d'un heureux défaut. Celui-ci correspondait à l'esprit du temps, mais il exprimait aussi l'impatience de Zorn, son sentiment de la durée, dont les ondes étaient courtes. Son art n'est pas tout défini par sa vie nomade. Whistler était nomade lui aussi : mais il appartenait à une autre dynastie spirituelle. De même Alphonse Legros, dont il n'est pas inutile de comparer les portraits gravés à ceux de Zorn, pour mesurer, sinon au même moment, du moins dans le même demi-siècle, et à l'intérieur du même art, de la même technique, l'écart entre deux familles d'esprits. Legros nous transporte dans un monde où toutes choses ont acquis leur stabilité définitive, leur poésie éternelle. On sait ses origines, l'éducation qu'il reçut de Lecoq de Boisbaudran, le milieu de 1863; ses amitiés méditatives, son séjour en Angleterre, et ces événements ont, en eux-mêmes, la force d'une signification : mais ce qui les domine, c'est Legros, lent et recueilli, qui adopte vis-à-vis de l'âge où il est, non une attitude négatrice ou réactionnaire, certes, mais ce léger recul de solitude et de réflexion qui suffit à créer une ample perspective morale. Il vit à la fois là et ailleurs, et il n'a pas besoin de pasticher le passé pour rejoindre ses contemporains d'autrefois. La sonorité de son art est inactuelle, sans qu'il soit d'ailleurs possible de la rattacher à un chapitre déterminé du temps. Si nous pouvions dire de lui, comme de Peter Dupont, qui grave à la Dürer ses chevaux de labour et ses chevaux de halage : c'est un

maître du xvi⁰ siècle, égaré (volontairement, habilement)
dans le nôtre, il descendrait à un rang inférieur. Legros
est inactuel à l'égard du passé comme il l'est à l'égard
du présent. Son univers, son humanité sont à lui. Ses
portraits sont au delà de la hâte, faits d'une matière
résistante et légère, également répartie par une main
obéissante. Le sentiment de la vie secrète, durable, s'attache à l'austérité du trait, continu. juxtaposé, qui n'est
presque jamais coupé de contre-tailles. Les portraits de
Zorn ont l'air d'avoir été gravés au cours d'une croisière de
printemps, le lendemain d'une fête de nuit, sur un
yacht.

Prenons-les tels quels. Regardons avec sympathie ces
minutes d'existence heureuse, ces femmes brillantes, encore
tout animées de plaisirs, ces oisifs, ces délicats, auxquels
se mêlent parfois des hommes de pensée et quelques-uns
des maîtres du temps.

Debout, tenant d'une main son verre et de l'autre un
fume-cigare, le vieillard qui porte le *Toast* est d'une structure magnifique. d'un aplomb sacerdotal. Sa barbe est
comme un flot qui s'épanche, ses yeux s'abritent sous des
sourcils bien arqués. Cérémonieux et solide, il se dresse
avec la majesté cordiale qui sied à une solennité d'amis. Il
porte sur son ventre la belle chaîne de montre naïve des
bourgeoisies anciennes. Ses admirables mains semblent scan-
der modérément un débit simple. Marquand est près de sa
cheminée, qui l'éclaire d'en bas, le visage un peu tendu,
comme aux aguets, sillonné de rides verticales, pareilles à
des encoches, favoris flottants, moustaches tombantes. Sa
main joue avec un lorgnon. Il écoute, avec un merveilleux
air d'attention détachée et méfiante. Au-dessus de l'âtre, des
faïences, un ancien portrait de femme suggèrent un intérieur

feutré. Dans un atelier de peintre, M. et Mme Atherton Curtis, devant une grande toile où s'ébauche une Madone portant l'Enfant, se tiennent debout, vêtus de leurs habits de tous les jours, elle, avec sa bonne petite figure de puritaine exaltée par Ruskin, en longue blouse blanche d'atelier. Le trait gravé semble courir à la surface des plans et des volumes, avec quelque chose d'indifférent et de hâtif, mais tout est en place dans l'espace et dans le temps.

Le portrait de Renan est célèbre. Le voici derrière sa table encombrée de paperasses, épaulant sa corpulence dans un fauteuil, tout le corps un peu penché vers la gauche, dans une attitude de détente réfléchie. Le dirai-je ? Quand on le confronte à d'autres portraits de Renan (je ne parle pas de celui que peignit Bonnat, d'une énormité vulgaire), on le trouve un peu arrondi, avec un vague air de pasteur d'Ibsen. Mais ce n'est pas le bonhomme gracieux et papelard dont le Journal des Goncourt, par exemple, nous a laissé une idée si fausse, ce n'est pas non plus l'ironiste onctueux des *Huit Jours* de Barrès. Dans le modelé du visage, — la joue gauche, le front, — il y a une sorte de violence et d'emportement : le graphisme même du métier a une autorité psychologique. Le Renan de Zorn est l'homme des grands combats de l'intelligence. Son regard n'est pas d'un détaché qui a fait le tour de tout et qui se moque de tout, mais d'un homme qui a su voir, délibérer, choisir, accepter la bataille, y commander, la mener. Quel regard d'un chef !

On sait par Armand Dayot que Renan était alors très souffrant et très avare des quelques moments qui lui restaient à vivre. Pour le décider à accorder à Zorn une séance, il fallut lui promettre qu'elle serait brève et qu'elle ne se renouvellerait pas. L'artiste exécuta en une heure un dessin (aujourd'hui à Mme Noémi Renan), et c'est ce dessin qui

servit à la gravure. Il en fut ainsi pour beaucoup d'autres,
par exemple, pour le Berthelot qui venait admirablement
lorsque le modèle tomba malade, si bien que Zorn ne put
obtenir une seconde séance : la première avait duré dix minutes environ. Ce qui m'arrête dans les faits de cet ordre,
ce n'est pas l'adresse du prestidigitateur, c'est la puissance
de l'intuitif. Pour interpréter la vie, il nous faut mille
lentes démarches dont un Zorn ne s'encombre pas. Il la
saisit et il la fixe sans user d'un questionnaire analytique, il
la comprend parce qu'il la surprend.

L'image de la femme est bien séduisante. Avec ce faire
audacieux qui raye précipitamment le cuivre, qui le griffe,
l'attaque, le mord, il exprime tour à tour sa fraîcheur de
fleur sauvage et sa poésie de fleur raffinée. D'autres que lui
se plaisent à des enveloppements de finesse, à d'impondérables systèmes qui reconstituent la pulpe charmante des tissus, qui font rayonner suavement le doux éclat de la chair.
Mais Zorn ne cherche pas à assouplir la matière gravée pour
simuler la matière vivante. Ce serait donner le change. Il
évoque la femme avec une amitié hardie, il ne nous flatte
pas avec un moelleux simili. Penchée sur le billard et nous
livrant les confidences des toilettes du soir, ou bien au
piano (Miss Anna Burnett) et dans un contre-jour, la
femme de Zorn n'est pas une apparition fuyante ou une
déesse énigmatique, mais une vivante qui nous regarde
avec des yeux clairs. Certaines ont le ton de mondanité
provinciale propre aux cours du Nord. Telle autre, dans
un négligé matinal qui laisse voir les beaux bras nus, une
rondeur d'épaule découverte par le linge qui glisse, les ma-
gnifiques cheveux défaits d'une fille des mers, sourit de
sa forte bouche rouge, de ses yeux sincères, avec la
fraîche évidence des jeunesses saines, bien plantées, durcies

par un vent salé. Mrs Kipp a la vivacité nerveuse et contenue de l'Anglo-Saxonne ; sa petite main, gantée, dont les plans s'ajustent délicatement, est leste et dégagée comme un joli oiseau qui va fuir. C'est la nature, c'est la vie même, — mais la nature et la vie, vues par nos yeux habituels, sont équivoques, pesantes, indifférentes, à côté de ces expressions succinctes, qui en condensent l'exquis et le fort et qui les galvanisent sous nos yeux. La Dame à la cigarette, Mme Simon, Mme Dayot ont peut-être quelque chose de plus rare. L'artiste, maître de son secret, est définitivement libre. Sous des cheveux d'or, la Dame à la cigarette tend un merveilleux visage, le menton, les joues, le front éclairés par une fine lueur. Les demi-tons des parties dans l'ombre sont obtenus par des tailles qui sont là comme au hasard et dont chacune, par une économie qui tient du miracle, est juste dans la forme, juste dans la valeur. On dirait un amusant croquis, et c'est une œuvre complète. Jamais la qualité d'un teint, jamais la jeunesse d'un épiderme aux plans fermes, aux chairs rondes n'ont été rendues avec cette poésie de vérité. Sous sa voilette qui l'enveloppe de mystère, sous son chapeau de velours, dans ses fourrures, harmonie de riches ténèbres où le gant blanc brille avec soudaineté, Mme Dayot est à la fois une dame d'autrefois et une femme d'aujourd'hui, l'élégance et le raffinement de Paris associés à un rêve lointain.

Zorn, évocateur de la féminité, est aussi un poète de la plastique, — poète non pas mystique, mais d'une sensualité drue, qui n'exclut pas la tendresse. Il a aimé les beaux corps pour leur plénitude et pour leur douceur. Ses modèles sont des gaillardes, mais femmes aussi par la qualité de la chair, par la structure élancée et par l'élégant athlétisme. L'une ramène sur son sein ses vêtements épars et croise ses

bras en penchant la tête. Debout près de la mer, où oscille
la mâture d'un canot, une autre quitte son peignoir où ses
bras encore sont engagés et, ainsi rejetés en arrière, ils semblent nous mieux offrir les richesses d'un corps généreux. Une
autre, éclairée par un jour frisant, contre un rideau à fleurs,
est pareille à quelque statue de bronze. Au bord du lit, dont
elle écarte le drap, Olandine rayonne dans la lumière de la
lampe. Toutes, celle qui a le visage rond et le nez bien dessiné, comme la belle fille à la bonne petite tête canine,
qu'elles se présentent nues au soleil ou nues dans l'intimité
de la chambre, sous un jour blanc ou dans la tiédeur veloutée d'un clair-obscur d'eau-forte, sont douées d'une fraîcheur
de vie que l'on retrouve seulement dans quelques beaux nus
anciens enlevés avec un entrain poétique par Cornelis Schut.
Auprès d'elles, les savants modelés de Rops, si cherchés, si
expressifs, ont le faisandé du cadavre ; les probes modelés
des vieux burinistes nous font penser à des épures, et la Vénus de Lucas de Leyde paraît ciselée péniblement dans un
buis d'une grande dureté.

Zorn graveur a l'originalité de la force et de l'innocence.
Cette note compte dans l'histoire de l'Occident à la fin du
xixᵉ siècle. D'une époque obsédée par l'intellectualisme, hé-
sitant entre des techniques de plus en plus complexes et
qu'elle tend à amalgamer, il sort avec une franchise, avec
une candeur uniques. Ce Scandinave au cœur transparent,
aux ivresses enfantines, n'a pas anémié sa sensibilité dans
les milieux divers qu'il a traversés. La vie lui parut belle et,
somme toute, assez simple. Il l'a aimée. Il s'est emparé
d'elle avec une brusquerie de Viking. Que lui manque-t-il
donc pour atteindre à la grandeur ? Précisément les vertus contraires à ses propres dons : la gravité, qui naît du
sens et du désir de l'inactuel ; la poésie du caractère, qui

tient à la rigueur de l'analyse; enfin je ne sais quelle tristesse, cette ombre qui vient, non des noirs de l'eau-forte, mais des profondeurs de la vie.

ESTHÉTIQUE DES VISIONNAIRES

Ils forment un ordre à part, singulier, confus, où prennent place des talents très divers et peut-être aussi des âmes inégales. Ils font paraître parfois ce qu'il y a de plus hardi et de plus libre dans la génialité créatrice, une puissance de divination toute concentrée sur les domaines les plus mystérieux de la rêverie humaine, enfin les effets d'une optique spéciale qui altère profondément la lumière, les proportions et jusqu'à la densité du monde sensible. On les dirait mal à l'aise dans les limites de l'espace et du temps. Ils interprètent plus qu'ils n'imitent, et ils transfigurent plus qu'ils n'interprètent. Ils ne se contentent pas de notre univers, et, tandis que l'étude des formes qui s'y rencontrent satisfait la plupart des maîtres, elle n'est pour eux qu'un cadre provisoire ou, si l'on veut, un point de départ. L'homme est par eux perpétuellement dépassé. Ils sont à l'opposé du génie plastique des méditerranéens et de l'humanisme. Mais ils ne sont pas le produit particulier des civilisations du Nord. On les rencontre partout. Plus que l'expression d'une race, ils représentent une famille d'esprits. Leur donner le nom de visionnaires, c'est, en utilisant un nom déjà ancien dans la langue, préciser leur attitude à l'égard de la raison classique et de ses démarches, peut-être aussi un aspect essentiel de leur pensée esthétique et de leurs procédés de création.

Mais parler d'esthétique et de procédés, n'est-ce pas anticiper sur la définition de leur activité, la régulariser et la limiter ? Il semble d'abord qu'ils inventent au hasard, par à-coups et sous le despotisme capricieux d'une inspiration bizarre. Nous les considérons volontiers comme des voyageurs venus de très loin, et par des chemins détournés. La lueur qui resplendit sur leurs œuvres, c'est la foudre, ou le soleil des morts. Rien de plus éloigné des méditations voluptueuses ou sereines des classiques, pour qui l'harmonie entre l'homme et le monde s'établit par un accord large et paisible, en fonction des idées claires, et presque *more geometrico*. Aussi n'est-il pas surprenant de voir, sous la plume des écrivains français du xviiᵉ siècle, visionnaire et délirant à peu près synonymes. Ils apparaissent comme des accidents, comme des scories. Chacun d'eux semble être à lui-même sa loi et son système. On les isole, comme des cas. Sous l'influence du romantisme, le xixᵉ siècle les a étudiés et aimés. L'idée qu'il s'est faite de la grandeur de l'homme s'est nourrie de leurs exemples. Il a chéri en eux l'expression de l'absolue liberté, le déchaînement de l'individu, et dans leurs œuvres l'image d'un monde mystérieux, aux proportions inaccoutumées, riche en profondeurs. Mais s'il arrive qu'ils légitiment ou qu'ils illustrent les doctrines d'une école, ils n'en sont pas tributaires. Ils n'appartiennent pas plus à un groupe historique, à un cénacle ou à un moment, qu'ils ne sont déterminés par des formations ethniques.

Pourtant ils ne se séparent pas absolument les uns des autres, et il est possible de les étudier d'ensemble. S'ils ne présentent pas des caractères étroitement communs, leurs œuvres permettent de saisir des analogies et des traits de parenté remarquables dans l'ordre psychologique. Leur vie affective peut être riche et variée, mais en général ils sont imaginatifs plus que sensibles, du moins dans le sens que la critique moderne, avec ses glissements de vocabulaire, donne à ce mot ; et leur imagination n'est pas seulement la puissance de créer et d'enchaîner des images, mais une aptitude exceptionnelle à les recevoir et à les traduire comme des hallucinations. Visionnaires, — le terme les qualifie avec justesse. Ils ne voient pas l'objet, ils le *visionnent*. On dirait qu'entre la sensation et la perception s'interpose une vertu particulière qui, sans altérer la nature, lui confère une vivacité, une intensité, une profondeur étonnantes. Si le concept d'intensité peut être, sinon défini, du moins utilisé comme élément de la vie psychique, c'est dans un ordre comme celui-là. La lucidité de la fièvre, dont nous ne sommes doués qu'à titre exceptionnel et pathologique, est peut-être l'état ordinaire de ces maîtres, mais, tandis qu'elle ne fait paraître à nos yeux et à notre esprit que des angles plus vifs, des volumes plus concrets, de plus frappantes lumières, de plus fluides transparences, elle fait rayonner dans leur art un prestige de grandeur et d'étrangeté par lequel leur génie nous subjugue, mais qu'il n'est pas aisé d'interpréter. C'est qu'ils s'abandonnent rarement à des analyses intimes et à des confidences. Leurs œuvres leur suffisent, ou plutôt elles sont, si l'on peut dire, le dépôt de leurs obsessions. Pour pénétrer jusqu'au cœur de ces vies à la fois évidentes et cachées, il nous faut les prendre comme guides. Elles sont les mémoires authentiques de leur activité spirituelle.

Elles sont remarquables par l'autorité de l'évocation, et c'est souvent une évocation qui les a fait naître. On sait la puissante élasticité de certains états psychologiques, parfois artificiellement provoqués, qui, d'un détail en apparence futile ou indifférent, fait surgir une succession compliquée et cohérente d'images fortement colorées, d'un relief vigoureux, d'une continuité obsédante. C'est ce qu'on pourrait appeler la résonance psychique. La conscience, brusquement éveillée, sent se propager en elle, comme à travers un métal richement sonore, toute une ondulation d'échos. Des formes paraissent, non pas incertaines et fumeuses, comme dans les caprices d'un rêveur normal, mais décisives et même violentes. Thomas de Quincey, le fumeur d'opium, entend prononcer à son oreille ou se dit à lui-même ces deux mots, *Consul romanus* : aussitôt, avec une soudaineté théâtrale, il *voit* défiler des légions en armes, leurs tribuns, leurs bagages et toute une pompe militaire. Sur un pan de muraille en ruines, lézardé par les hivers, taché d'humidité, mangé de lèpres végétales et de moisissures, Vinci suit comme le trait d'un dessin le parcours énigmatique des fentes, et il y découvre des formes merveilleuses. Sans doute ici le phénomène n'est pas pur : il y a observation et reconstruction, mais aussi, et sans qu'il soit d'ailleurs possible de dire dans quelle mesure, évocation et enchevêtrement d'images. Quel parti l'art extrême-oriental n'a-t-il pas su tirer, lui aussi, des effets du hasard et de l'esthétique de l'accident ! Est-ce d'ailleurs le seul point de contact que l'on puisse remarquer entre le génie asiatique et la pensée d'un maître qu'on ne saurait limiter au pur humanisme ? L'atelier de Rembrandt abrite un trésor singulier, — vieilles armes, antiques turqueries, bouquins dédorés par les années : ils ne lui servent pas d'accessoires pittoresques, ils ne constituent pas le bric-à-brac d'une officine romantique. Ils sont le prétexte ou le point de départ d'évocations qui, par delà l'espace et le temps, éveillent dans son génie et en nous les plus rares accords. Tantôt ces visions se suffisent, tantôt elles se superposent à l'univers, qu'elles multiplient, qu'elles approfondissent. Chez le fumeur d'opium, elles ne s'objectivent qu'en hallucinations. Chez Vinci, elles s'allient à un exercice de la mémoire visuelle et à une exceptionnelle puissance analytique. Dans la pensée et dans l'art de Rembrandt, elles n'annulent pas l'observation des milieux, l'étude de l'homme, mais elles font courir à travers la réalité la plus familière comme le reflet d'un monde inconnu.

Mais plus que le mot, la note musicale, l'accident de la muraille ou l'objet lointain, la lumière est la puissance évocatrice chère et habituelle aux visionnaires. Pour nous elle n'a d'autre fonction que d'éclairer l'univers, et pour eux elle est un ordre. Elle ne suggère pas seulement, elle distribue et associe. Un bref rayon, une lueur errante la contiennent tout entière, et ses passages fortuits font naître et disparaître des mondes. Sa répartition en ombres et en clairs sur des solides dans l'espace les délimite à nos yeux : pour les visionnaires, elle les « illimite ». Même si elle leur conserve leurs proportions et l'exactitude de leurs rapports, elle leur confère une valeur inédite et surprenante. Pour nous elle est signification nécessaire des volumes, pour eux les volumes ne sont que ses prétextes. La lumière des visionnaires est à notre lumière ce que cette dernière est à l'abstraction de l'espace géométrique.

Aussi ne se sont-ils pas contentés de traduire les jeux de la lumière solaire. Elle leur parut pâle, ou plutôt diffuse, d'un rayonnement égal, affaibli par sa dispersion. Ils l'ont violemment concentrée dans des intérieurs aménagés pour la répercuter dans de profondes ombres. Ils l'ont étudiée le soir, quand le soleil se couche, alors que ses rayons sont plus riches et plus denses ; au clair de lune, qui lui donne plus d'enveloppe et plus d'onction, au milieu de masses plus sourdes, simplifiées et étoffées par la nuit ; à la lueur

des lampes qui, dans un milieu que circonviennent de toutes
parts les ténèbres, pose sur les objets de larges et décisives
touches. Vinci admire le dernier rayon du jour caressant le
front des servantes assises sur le seuil des portes ouvertes,
devant un intérieur obscur. Tintoret travaille à la lampe,
d'après des maquettes de bois : de même Daumier, qui modèle les siennes, par larges pans, dans la terre. Piranèse erre
la nuit dans les rues de Rome pour chercher ses effets. Le
soleil de Meryon tient du couchant et du clair de lune.
Celui qui frappe comme la foudre les pignons dentelés que
dessine Hugo, c'est le dernier éclair d'un ciel de cataclysme
sur un monde détruit.

Rien de plus remarquable que l'exemple de Tintoret,
puissant ordonnateur de formes, poète des voluptés d'Italie, et en même temps visionnaire obsédé d'une lumière que
Venise ne lui donne pas. Ni l'ardeur chaleureuse et paisible
de Titien ni la gamme argentée de Véronèse ne le contiennent tout entier. Dans les dernières années de la Renaissance italienne, sur des colosses à longue stature bâtis par
Michel-Ange et que son propre goût drape dans d'étonnants
oripeaux d'Orient, il concentre d'abord une lumière d'or,
presque pesante, presque onctueuse, à force de générosité,
celle qui hante Venise depuis les révélations d'Antonello et
qui alterne, dans son histoire picturale, avec les gris d'argent et les harmonies transparentes. Et puis il y renonce,
comme à la lueur laiteuse qui baigne les nus de l'Anticol-
lège, il est requis par une sorte de nuit enflammée, par un
crépuscule éclairé de halos. La forme cesse d'être purement
plastique pour devenir tache et mouvement. Les volumes
(encore solides et définis dans ses esquisses) ne sont plus
des solides dans l'espace, mais des apparences ondulantes,
touchées çà et là par le rayon d'une lampe à réflecteur que

promène sa main. Même dans des œuvres de composition hiérarchique et qui semblent des odes à la lumière éternelle, comme la *Gloire du Paradis* et les esquisses qui l'ont préparée, cette grande clarté céleste, au seuil même des lieux où réside le tonnerre, laisse çà et là une place à des cavités nocturnes, éclairées vaguement comme par un luminaire.

Le cas de Daumier est autre et pose un problème d'un caractère différent. Mais le procédé est du même ordre et répond à une exigence analogue. Toute caricature est une transfiguration. Le grand caricaturiste n'est pas un homme d'esprit, c'est un visionnaire. Il voit l'homme par le trait énergique, vaste et simple ; de l'être social arrondi par les contacts, il dégage une sorte de bête immuable et sublime. Assis dans une tribune de la Chambre ou de la Cour des Pairs, Daumier fixe fortement ces immortels dessous de ressemblance dans un masque ou une statuette de terre et, la nuit, sous une lampe qui en accentue les reliefs, qui projette avec violence l'ombre dérisoire des arcades sourcilières et des nez, il les modèle au crayon, dans l'ombre et dans la lumière.

Dire que ce sont là, chez les uns et chez les autres, purs procédés, habitudes d'exécution, c'est méconnaître le caractère essentiel de la psychologie de l'artiste, psychologie active et créatrice, qui ne permet pas de distinguer émotion ou vision d'une part, de l'autre création et technique. Nous séparons les deux stades, mais nous n'en n'avons pas le droit. Le génie des visionnaires crée spontanément les moyens et les outils qui leur sont nécessaires. Ils ont été les plus grands innovateurs techniques : la preuve nous en est donnée par l'histoire des arts du blanc et du noir, où leur obsession de l'ombre et de la lumière a produit des chefs-d'œuvre.

On peut croire d'abord que la gravure est un pur schéma,

par rapport aux arts de la couleur, qui semblent plus complets. Et il est vrai qu'elle fut d'abord, comme procédé typographique, un simple moyen de multiplier les dessins. C'est
peu à peu qu'elle a conquis ses richesses et sa personnalité.
Un art entre tous la haussa aux significations les plus énergiques et les plus étendues, — l'eau-forte. Deux traits la ca-
ractérisent : l'extrême liberté de la pointe, qui dessine sur
le vernis et sur le cuivre sans être asservie à la régularité de
parcours de l'outil (comme dans la gravure au burin), la variété et l'intensité des noirs, que l'acide insère en quelque
sorte dans la matière à d'inégales profondeurs, au creux des
sillons tracés pour le recevoir et qu'il élargit à la base en les
rongeant. L'ombre acquiert ainsi une qualité copieuse et
fourmillante, en conservant plus ou moins la note vibrante
par le jeu des entretailles, c'est-à-dire des blancs minimes
ménagés entre les tailles dessinées par la pointe. La lumière
a pour elle l'autorité retentissante du papier, et le voisinage
immédiat des ombres qui, quelque modulées qu'elles soient,
n'en ont pas moins les noirs comme éléments constitutifs,
lui confère une poésie à la fois solaire et nocturne. Si le
propre des visionnaires est de voir intense, ils avaient là
d'exceptionnelles ressources pour s'exprimer. Mais ils ne les
ont pas trouvées toutes faites et toutes prêtes. Ils les ont ar-
rachées au sommeil de la matière. Il est curieux de constater qu'ils en ont eu la divination et l'exigence.

Les gravures exposées en plein vent à la foire de Leyde
n'enseignaient que peu de chose à la jeunesse de Rembrandt. On y voyait paraître l'amusante vivacité des scènes
populaires, le trait d'humour capricieux ou tendre de quelques petits maîtres, et aussi des burins sérieux et complets,
riches en virtuosités d'outil. Rembrandt n'était pas encore
possédé par la caducité de l'homme, par le prestige de la

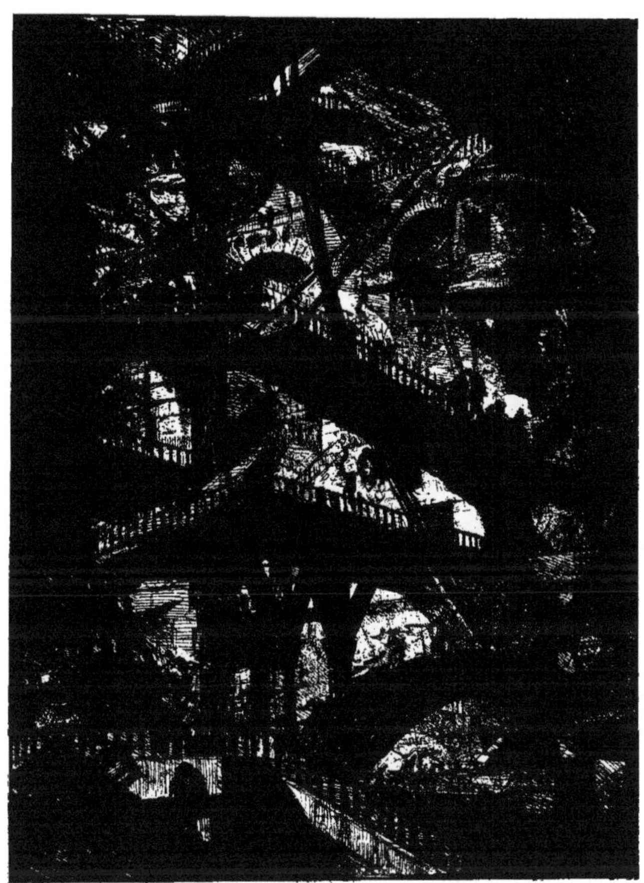

PIRANÈSE. — LES PRISONS, PL. VII

pauvreté, par la Bible juive, par l'apocalypse de la lumière. Les eaux-fortes sorties de sa collaboration avec l'habile et sensible Liévens, et où sa part n'est pas facile à discerner, sont rembranesques par la poésie du caractère. par l'obsession orientaliste, par la tendresse attentive avec laquelle il suit le parcours des années sur des visages aimés. La grande *Résurrection de Lazare*, peut-être gravée d'après lui, mais reprise de sa main après 1630, s'ouvre à la lueur surnaturelle qu'il va faire briller tour à tour sur les prodiges de la vie du Christ, sur des intimités de ghetto, sur le paisible miracle de la vie quotidienne. Déjà l'eau-forte lui est nécessaire, et la peinture ne prend pas tout de ses visions. Sans doute la matière peinte, élaborée par lui avec des audaces et des secrets d'alchimiste, est capable d'en propager le rayonnement, par la gamme infinie des valeurs, par la souplesse de l'enveloppe, par la qualité dorée de la lumière. Il est étonnant de voir ce qu'il fait (même avant la période héroïque et les abréviations des dernières années) de la matière que lui ont léguée ses prédécesseurs, je ne dis pas seulement Miereveldt, mais même ces petits Hollandais d'Italie et ces Rhénans qui, autour de Gherardo delle Notte, ont été hantés eux aussi par le mystère des lampes, par les lumignons errant dans la nuit. On dirait qu'il ajoute à la profondeur de l'espace une dimension nouvelle, toute de l'âme. Mais n'est-ce pas à l'eau-forte qu'il a confié les fulgurations et les rayonnements les plus étranges ? Elle est à la fois catégorique et tremblante. Elle a la concision terrible du blanc et noir, et en même temps je ne sais quelle chaleur. Elle est une puissante alternative, et elle a l'unité de l'enveloppe, par ces reprises à la pointe sèche sur un réseau croisé dans tous les sens et faiblement attaqué par l'acide, qui donnent aux ombres une qualité veloutée jusqu'alors inédite dans cet art.

Elle est fidèle aux puissantes évidences de la vie, et elle
les transpose dans l'ordre sublime.

Les planches de Rembrandt, même les plus « faites »,
celles qui sont le plus chargées de travail, ont quelque
chose de soudain et de total. Ce caractère de totalité des
grandes œuvres, justement mis en lumière par Benedetto
Croce, peut être interprété ici comme l'effet d'une autorité
qui s'empare du bloc, plus qu'elle n'en compose et n'en ré-
partit les éléments. Malgré la richesse des épisodes, la
Pièce aux cent florins, par exemple, est bien moins une savante et poétique construction que l'évidence d'un tout. La
moitié gauche de la planche est inachevée (sans doute à
dessein, et pour éviter l'effet sourd), mais cet inachèvement
ne retire rien à l'unité qui nous saisit : peut-être en serait-il
autrement en peinture. C'est qu'ici la base de la lumière
(le papier) est la même dans les parties les plus exécutées et
dans ce champ admirablement aride où les formes sont à
peine touchées de quelques ombres. Dire que ces œuvres
ont un caractère de soudaineté, c'est signifier qu'elles se
séparent avec une violence brusque des conditions ordinaires et des circonstances de notre vie sensible, amusée, si l'on
peut dire, par la couleur étendue à la diffusion de la lumière. La couleur est absente, un rythme à deux temps
s'impose à nous, une sorte de cadence autoritaire qui, dans
la concentration de la lumière, fait toujours vibrer les ombres et, dans la concentration des noirs, fait toujours palpiter des stries de clarté, des rayons perdus, d'équivoques reflets. Nous ne saurons jamais si des images analogues aux
visions hallucinées sont à l'origine des eaux-fortes de Rembrandt : il est remarquable qu'elles se présentent à nous
comme telles, — mais avec un charme de tendresse et de
compassion qui les rattache à ce qu'il y a de plus intime

dans notre humanité. La lumière, la lumière absolue du blanc et noir, est la puissance qui nous les révèle, et l'eau-forte selon Rembrandt, richement nourrie des caresses de l'ombre, est le *moyen* de cette lumière. Crevant d'un prodigieux halo le ciel de l'*Annonciation aux bergers*, au-dessus d'un hérissement touffu, tombant en cataractes sur le tertre et les gibets des *Trois croix*, jaillie toute trouble, dans telle *Nativité*, du carreau de corne d'une lanterne d'écurie, tournant comme une roue de feu et pénétrant à travers le vitrail treillagé de plomb du *Docteur Faustus*, parcourant de longue ondes pacifiques l'étendue et les feuillages du *Paysage aux trois arbres*, elle est à la fois naturelle, en ce qu'elle modèle les objets conformément aux lois de la perspective des ombres, et surnaturelle par son intensité, par tout ce qu'elle fait fourmiller en nous d'évocations et de songes. Peut-être l'a-t-il vue telle, à la fois orientale et nordique, sur le mur sordide d'un ghetto batave. Peut-être n'était-ce qu'un rayon gris comme celui d'Israëls. Mais il s'étendit dans son génie et dans son art en nappes sombres et dorées, que le pouvoir d'incision et de concision de l'eau-forte telle qu'il la fit concentra et fixa en images étonnamment concrètes et vraies, mais comme les visions du songe.

Le cas de Piranèse est du même ordre, il fut lui aussi un aquafortiste visionnaire, dans un monde et avec des moyens différents. Il offre l'exemple le plus remarquable de ces artistes qui, possédés par une vocation, non seulement d'idées, mais de technique, ont l'obsession de leur art avant même d'en connaître les rudiments. Piranèse devance en tout ; il se devance lui-même. Élève chez le Sicilien Vasi, il veut un jour tuer son maître, qui se refuse, croit-il, à lui enseigner le secret de la « véritable eau-forte ». Laquelle ? L'eau-forte intense, celle des ombres torrentielles et des puissants accords lumineux. Elle n'existe pas avant lui, du moins techniquement, car le métier de Rembrandt doit autant aux reprises de pointe-sèche qu'à l'eau-forte pure. Mais Piranèse la devine, il la voit, il en a besoin pour ressusciter Rome, pour répandre sur ses ruines la majesté d'une lumière qui n'appartient pas au monde des vivants, mais à l'immortalité. Il la poursuit à travers les cryptes et les arcades de ses premières *Prisons*, d'un trait encore maigre, reprises plus tard, lorsqu'il sait sur quelles robustes préparations de travail il faut répandre le bouillonnement de l'eau-forte à couler, lorsque ses promenades nocturnes lui ont enseigné à masser les effets avec grandeur. Alors s'accumulent des énormités chancelantes, à moitié plongées dans la nuit, à moitié dévorées par la lumière, parcourues de reflets stridents dont la source n'est nulle part. Sous un ciel de pyrotechnies fumantes, elles semblent envahies par le jour des caves, et le rayon qui les frappe paraît comprimé violemment par l'étroite issue d'un soupirail. Les solitudes de Rome sont multipliées par les ravages de ce soleil qui aggrave la décrépitude des ruines en même temps qu'il les arrache à la nuit. Il les frappe de coups précipités, il les enflamme une dernière fois et il les laisse crouler silencieusement dans les ombres.

Le plus singulier, c'est que ces visions surprenantes sont l'œuvre d'un archéologue et d'un architecte. L'archéologue est discutable dans ses interprétations historiques et dans ses reconstitutions : il ne l'est pas dans l'étude technique qu'il a faite des monuments des anciens. Les proportions sont justes, les profils sont exacts, les matières et les accidents que le temps y a fait paraître d'une indiscutable authenticité. L'architecte inscrit ses volumes dans l'espace avec une sûreté d'ingénieur, il rend compte de leur struc-

ture intime avec une pratique éprouvée de maître-maçon. Il
n'exagère ni ne déforme, mais il prend ses masses par l'an-
gle le plus propre à nous saisir, comme par surprise, il en
emplit toute sa page, elles débordent, écrasant le terrain et
l'horizon, se haussant jusqu'aux cieux. Il n'esquive rien,
ni les floraisons maladives ni les bouquets hirsutes qui
poussent entre les pierres ni les lèpres séculaires qui
en veloutent la caducité, émouvante comme celle de
l'homme même. Mais l'infini de ce détail, touché par la
chaleur solaire ou absorbé par l'ombre, semble la matière
même des jeux de la lumière. Il ajoute à l'obsession du
colossal, déterminée par la vaste écriture des formes, l'obsession d'une vérité concrète puissamment lucide. Ces grandes choses, à la fois mortes et vivantes, exactes et fantas-
magoriques, superposent à l'image la plus attentive et la
plus fidèle de l'objet le réseau d'un clair-obscur qui leur
confère le prestige de l'illusion.

Mais lorsque Piranèse s'abandonne à ses songes, et que
délaissant l'histoire et les restes de Rome, il se laisse
aller à ce qu'il appelle ses Caprices d'invention, il met en évidence avec une incomparable autorité un autre trait de l'esthétique des visionnaires, l'obsession d'une profondeur
qui ne doit qu'un élément accessoire à la poésie de la
lumière, — le délire de la perspective. La perspective,
ordre de recherches et de fantaisies éternellement cher au
génie italien, qui s'y satisfait par la décoration théâtrale,
par des trompe-l'œil d'architecture, par l'aménagement des
villes, par les machines d'artifice, par la peinture enfin des
lieux les plus beaux, les plus célèbres ou les plus étranges
des cités d'Italie, des monuments et des résidences. C'est
sans doute au théâtre qu'elle s'est exercée avec la plus riche
originalité : les beaux dessins de la dynastie des Bibbiena

nous en donnent de nombreux exemples. On y voit déjà ·
ces effets de bascule, ces multiplicités d'arcatures, destinées à stimuler chez le spectateur l'appétit et l'illusion des
profondeurs illimitées de l'espace sur le plan de la toile
peinte, enfin cet évanouissement des bases et des premiers
plans que l'on retrouve chez Piranèse. Mais pour les
peintres de théâtre, c'est un jeu habile, l'effet d'une virtuosité dont les dérèglements apparents sont déterminés par
des lois. Il semble que le visionnaire soit sous l'empire du
vertige. Les marches de ces escaliers colossaux escaladent
des abîmes et se perdent à d'inaccessibles hauteurs. Des
forêts de piliers supportent des arcs d'une énorme portée,
derrière lesquels s'en profilent d'autres, et, derrière ces
derniers, en voici d'autres encore qui s'enfoncent précipitamment dans un lointain où leur fuite les entraine. Nous
sommes hissés sur une estrade démesurée ou sur une frêle
passerelle, suspendus au-dessus d'une nuit sans fond parcourue de poutres, de câbles et de chaînes, hérissée de
herses et de stèles funèbres. Le souvenir des ordres classiques a disparu. Les blocs s'empilent avec rudesse. Les
masses ne sont plus que les repères d'une perspective qui se
multiplie sans cesse et qui nous interdit de mesurer désormais avec sécurité hauteur, largeur et profondeur. Nous
voici loin des fictions les plus savantes de l'opéra italien,
de ces décors élégants et complexes où se déroulent les sinueux méandres des aventures d'amour. Ces caves colossales sont l'asile du crime, du châtiment et de la mort. Au
malaise que provoque cette multiplication d'incertitudes
s'ajoute l'horreur des lieux interdits, l'obsession nocturne
de la tombe et du malheur.

Cet étonnant cauchemar de la perspective, l'album des
Prisons, n'est pas un exemple unique. L'imagination anglaise,

à la fin du xviii⁰ siècle et dans la première moitié du xix⁰,
en a été hantée elle aussi. Beckford, à la fin de son admirable
conte de *Vathek*, peint une gigantesque cité souterraine dont
les voûtes se perdent sous les assises de la planète et où les
victimes des passions funestes errent, un brasier à la place
du cœur, dans des galeries qui n'ont point de fin. La tour-
nure particulière du génie visionnaire de Milton, avec ses
emprunts à la vie terrestre, transposés et multipliés dans des
perspectives d'infini, se retrouvent dans les rêveries de John
Martyn, mieux traduites par l'enveloppe veloutée et les
lueurs inquiétantes de la manière noire que par une matière
picturale alourdie. Carthage, Babylone, le Pandémonium
sont des entassements et des profusions que commandent
les lois d'une optique analogue à celle de Piranèse, mais
plus morne. Vus de la terrasse des palais, les portiques
s'échelonnent et plongent dans l'espace avec une monotonie
solennelle. La cité en ruines étage ses myriades de maisons
au bord d'une mer ténébreuse qui berce la méditation de
Marius. Au centre d'un cirque dont l'ellipse s'élargit en para-
bole, éclairé de lampadaires colossaux qui se succèdent à la
file et se perdent comme de tremblantes petites flammes
dans la nuit, au pôle d'une sphère de cristal noir, Satan pré-
side l'assemblée des démons réunis par millions. L'obsession
du vide et l'obsession du nombre se compliquent l'une par
l'autre, et l'obsession du colossal les domine. Ces formes
déviées et morbides permettent d'expliquer en un certain
nombre de cas l'esthétique des visionnaires. L'obsession de
la lumière est d'une autre nature. Tantôt elle se suffit, elle
projette un rayon pénétrant sur notre humanité et sur notre
univers, dont elle ne dénature rien ; tantôt elle se superpose à une notion arbitraire de l'espace et, soit sur des volumes vrais, soit dans des inventions de perspective multi-

pliée, soit dans des rêveries d'histoire fabuleuse ou de sur-humanité, elle répand les plus déconcertants prestiges.

Mais l'obsession de la lumière ne se satisfait pas toujours des concisions du blanc et noir. Il existe des visionnaires de la couleur, — non pas tous les grands coloristes, mais quelques-uns d'entre eux, qui « visionnent » la couleur, comme d'autres maîtres « visionnent » les volumes. Ce n'est pas dans l'armature de Turner, si l'on peut dire, dans la composition et le trait de ses tableaux, qu'il faut cher-cher son secret. Cette armature est tour à tour classique et romantique. Son Italie est à peu de chose près celle de Claude, ou plutôt celle de Richard Wilson ; ses vues de villes et de châteaux, dessinées avec une attention savante, appartiennent à l'histoire de la grande vogue archéologique et architecturale de son temps. Les états d'eau-forte pure du *Liber Studiorum* présentent des paysages harmonieuse-ment et même hardiment conçus, mais qui ne déconcertent pas nos habitudes. Il est avant tout homme de plein ciel, et même, à la fin de sa carrière, le cadre léger d'une com-position schématique s'évanouit, pour faire place aux fan-tasmagories de l'air et de l'eau. D'autres Anglais, riverains de la mer ou promeneurs des belles campagnes parcourues par le rayon d'un soleil océanique, ont eu le sens de la riche gamme de l'atmosphère, de ses troubles, de ses coups de jour, ménageant dans la brume les étages d'une perspective aérienne très subtile. Mais, même dans leurs effets les plus vaporeux, ils restèrent des ordonnateurs de formes, experts, non seulement en météorologie marine, mais en profils de côtes et en architecture nautique. Turner à la moitié de son âge renonce à ces éléments de vraisem-blance, de nature et d'humanité ; la barque, la voile, le flot ne lui sont plus qu'une ondulation de la lumière. La couleur

même, cette couleur d'une intensité inouïe et profonde qui
donne à des œuvres comme *Ulysse raillant Polyphème* une
signification supérieure au sujet, ne lui est plus élément
d'harmonie stable, mais passage, mélange, illusion. Tandis
qu'un visionnaire comme Piranèse aggrave en nous, à l'aide
de volumes formidablement définis, la notion d'une sorte
de stabilité vertigineuse, faite de l'horreur du gouffre
et de l'oppression du poids, un visionnaire comme Turner
nous absorbe dans un monde instable, où tout est lueur,
reflet et fusion. Lui aussi il a et il nous fait subir l'horreur du gouffre, mais ce gouffre est au-dessus de nous,
autour de nous, immense, mais non pas vide, rayonnant,
mais non pas incolore. L'œil ébloui conserve sa puissance
analytique, parce qu'il est œil de peintre. La vibration du
ton le décompose en ses éléments, mais chacun d'eux se
répercute en correspondances et en accords errants. A la
terrible magie de la fixité s'oppose la magie des fluides, et
la couleur, par les passages, par la pénétration de la lumière,
par les halos qui la dispersent et qui la dévorent, par sa
décomposition même, traduit l'universel mouvement qui fait
onduler et chatoyer les phénomènes de la terre, de la mer,
du ciel.

La vision colorée est ici du même coup vision dynamique.
Elle ne cloisonne pas, elle multiplie les échanges et les pé-
nétrations, elle fait bouger. Il y a quelque chose de semblable, mais par de tout autres voies. chez certains maîtres
plus anciens. L'art de Venise, d'abord noblement statique
ou riche en belles compositions processionnelles, est peu à
peu travaillé par une inquiétude que tendent à exagérer la
pratique du décor des plafonds et l'abus passionné de la
perspective. Sur les ciels peints se profile le paradoxe des
formes strapassées par les raccourcis, ou bien allongées

pour résister au tassement par les courbes. Le plan vertical adopte les fuites, les bascules, les élans de la voûte horizontale et de la coupole. Il plafonne à son tour. L'homme ne pèse plus, il vole, il s'insinue dans l'éther, avec une sorte de balancement qui tient de la reptation et de la danse. On dirait qu'il oscille sur des axes multiples. Ses proportions s'effilent et s'étirent. Il est pareil à une flamme agitée par le vent...

Tintoret, que nous avons vu sculpteur de maquettes en bois et dessinateur à la lampe, est aussi le poète et le physicien de cette dynamique nouvelle. Il en a sans doute puisé les éléments dans l'étude assidue de Michel-Ange. Mais le peintre du *Jugement Dernier*, où elle apparaît déjà, reste trop profondément un statuaire et un athlète pour ne pas respecter avant tout le plein des corps et l'éloquence des beaux reliefs et, malgré l'audace avec laquelle sont chiffrés ses groupes, ses grappes d'élus ou de damnés, ses avalanches d'hommes nus, ils sont écrits d'une main trop fortement tendue pour que le mouvement qui les entraîne ou les précipite ne nous apparaisse pas d'abord d'un sculpteur plutôt que d'un peintre. Chez Tintoret, le chiffre, la tache, le parcours tendent parfois à l'emporter sur la plastique. La forme allongée, les rythmes alternatifs, les poses contrastées, les tourbillons, l'allégresse fiévreuse de la danse vouent à l'oscillation éternelle ces beaux corps, hier paresseux ou pleins du malaise de leur trop grande force, et qui semblent désormais possédés par la hâte de s'inscrire de cent façons, et presque simultanément, dans l'espace. Un Grec de Candie recueille à Venise ces secrets, il en apporte à Tolède l'obsession et presque le délire, il en nourrit la mysticité de l'Espagne. De cette perspective du mouvement il extrait une étonnante perspective spirituelle. L'homme lui est matière plastique, qu'il pétrit, qu'il allonge, qu'il agenouille, qu'il étire dans la mort ou qu'il propage à travers le ciel, comme la promesse de l'ange. Il traite l'espace, non en malade atteint d'astigmatisme, non en savant qui le contemple à travers un objectif déformant, mais en visionnaire, comme un domaine élastique où toute forme errante est apte à prendre une signification inédite et cachée. La vie et la mort, la chute et la rédemption, les souffrances du martyre et les joies du paradis se pénètrent et se possèdent à travers ces ondulations mystérieuses.

La dynamique et la mystique de l'espace sont du même ordre que les perspectives irrationnelles, fondées sur l'obsession du nombre, du vide, du colossal et aussi sur une certaine obsession et une certaine interprétation de la lumière. En signaler l'importance, c'est mettre en relief quelques aspects curieux de l'esthétique des visionnaires, ce n'est pas résoudre les questions qu'elle peut poser. Le problème du « normal » et de l' « anormal » en psychologie artistique reste, entre autres, intact. Mais ces observations nous amènent néanmoins à quelques conclusions d'ordre général. Et d'abord les visionnaires qui nous semblent former si nettement un ordre à part, et dont les œuvres font intervenir dans notre convention de l'univers quelque chose de soudain et de lointain qui ne se peut définir, ne sont peut-être pas essentiellement différents des autres artistes. Ils ne font que donner un relief extraordinaire et une autorité déréglée à une matière psychologique et à une attitude technique qui leur sont communes avec eux, mais qui, chez ces derniers, sont mieux commandées et se réalisent moins impatiemment dans les œuvres. Les visionnaires nous aident du moins à définir l'art en tant qu'obsession héroïque, à voir dans l'imagination esthétique, non une simple aptitude à percevoir, à organiser, à fixer, à extérioriser, mais un pouvoir de transfiguration, qui cherche et crée spontanément sa technique. Entre le rêveur halluciné et l'artiste, l'esthétique des visionnaires permet d'établir certaines relations, mais une différence capitale avant tout : l'obsession de l'artiste est créatrice ; en d'autres termes, le monde sensible qui lui est point de départ lui est également point d'arrivée, elle a besoin de s'y insérer ; elle ne s'en contente pas, mais il lui est indispensable ; elle le transfigure, mais elle le respecte. Elle est technique autant que psychologique. Elle élabore l'étendue, la masse et la lumière. Elle ne peut se passer de les étreindre sous ses outils. De là sa féconde puissance innovatrice. Enfin elle tend à opposer représentation et suggestion. Par là comme par son sentiment de l'illimité, par sa puissance de prolongement, l'art d'Occident, malgré la différence des procédés, rejoint les esthétiques extrême-orientales et permet de dégager un caractère humain et universel de l'œuvre d'art, conçue, non comme imitation de la nature, mais comme création du monde.

LE LIVRE DES MAGICIENS

DANS les temples de l'Asie orientale, les colossales divinités de bronze tiennent leurs yeux baissés sur des rêveries indiscernables. Les plaques de pierre dressées
dans les logettes funéraires des montagnes, retracent, par
leurs figures et par leurs emblèmes durement gravés, les annales d'une humanité fabuleuse. Peints sur soie, les poètes,
les héros et les sages semblent endormis, par la vertu de quelque charme, dans un songe qui nous échappe. La neige, la
lune et les fleurs, fixés en tons légers sur le papier des estampes, ont la poésie d'une réalité à la fois chimérique et
vraie, contemplée à travers un crépuscule transparent. Les
vases et les coupes de grès portent sur leurs flancs des
aurores et des nuits où palpitent des météores. Il y a dans
l'art extrême-oriental une sorte de magie qui n'est pas seulement celle du séculaire et du lointain.

Nous ne nous en détachons pas volontiers. Notre curiosité, stimulée par les voyageurs, par la révélation, non de
chefs-d'œuvre seulement, mais d'une autre face de l'homme,
a pris place parmi les inquiétudes de notre vie spirituelle.
Elle n'est pas un simple épisode de l'histoire du goût exotique, elle n'est pas le trait des purs érudits et des amateurs
spéciaux, elle a une portée générale. En élargissant notre
conscience historique, elle intéresse peut-être ce qu'il y a

d'essentiel dans nos disciplines. D'abord éveillée par un caprice de la vogue, elle a répandu à profusion les jolies taches, un peu acides, des crépons et des écrans à travers les ateliers de l'avant-dernière génération de nos peintres. Elle a conduit nos archéologues vers ces arènes immenses où, dans la solitude des déserts, sont ensevelies des civilisations. Elle nous a fait connaître peu à peu des notes, des nuances qui font désormais partie du trésor de l'âme moderne, — et ces richesses nouvelles, qui venaient s'ajouter aux exemples et aux leçons légués par les sociétés méditerranéennes, nous amenaient insensiblement à nous interroger. Nous ne pouvons plus croire, avec Renan, que l'histoire du peuple d'Israël, l'histoire grecque et l'histoire romaine soient les seules qui comptent dans la formation générale de l'humanité.

L'étude de l'art occidental dans la seconde moitié du xix⁰ siècle serait incomplète et même faussée si l'on n'y faisait une large place à l'influence de l'Extrême-Orient. La peinture de Whistler, par exemple, l'essence subtile de ses « Harmonies », la musicale profondeur de ses « Nocturnes » doivent beaucoup à quelques planches d'Hiroshighé, contemplées jadis par l'artiste aux murs d'un petit tearoom chinois, près de London Bridge. L'accent nerveux, la hardiesse de tache des dessins de Manet se ressentent des albums japonais. Claude Monet a découvert et admiré en Hollande l'art d'Hokousaï. Et puis nous avons connu la Chine massive, les chevaux et les archers sculptés sur les bas-reliefs des tombeaux, dans des solitudes immenses dédiées aux empereurs morts, les paysages vertigineux des hautes époques, fondus d'un seul jet, qui nous ont fait paraître grêles les paysages de brindilles du xv⁰ siècle. S'il est vrai que la manière dont l'homme regarde et interprète l'u-

nivers révèle un instinct profond et les décisions de sa pensée, ce contact avec les arts de l'Asie a une signification large.
Il n'y a peut-être pas eu de période plus critique, dans l'histoire de l'art européen, depuis le jour où le grand théoricien
de la Renaissance, Alberti, formulait les règles de l'interprétation de l'espace.

Aussi la publication d'un traité chinois d'esthétique (1)
n'est-elle pas faite pour intéresser les seuls érudits. Des formules et des préceptes recueillis à Nankin, au début du
XVIIIe siècle, dans la maison d'un amateur par quelques
doctes amis de la peinture, il est permis de dégager quelque
chose de plus qu'un enseignement spécial. L'art en Asie, à
cette basse époque, n'est sans doute plus que le jeu subtil
et formaliste des lettrés. Mais la parole de ces critiques affaiblis n'en porte pas moins jusqu'à nous l'écho de vérités
anciennes, nées au temps où l'art était une institution morale, règle d'or de la vie, miroir de la nature et des dieux.

Pour les Méditerranéens, l'homme est la mesure de toutes
choses. L'art, selon la formule d'Aristote, est l'expression de
sa joie et de sa liberté. La nature n'existe qu'en fonction de
l'intelligence. Les dieux sont semblables aux mortels, ils
éprouvent les mêmes passions, ils connaissent les mêmes
joies et les mêmes infortunes et n'ont qu'un privilège, celui
de rester jeunes et de ne pas mourir. Plus que l'image et la
personnification des forces naturelles, ils sont des exemplaires de l'homme accompli, celui que la cité s'exerce à
modeler et à maintenir, par l'entraînement du gymnase, du
stade et de la palestre. Un athlète vainqueur est un dieu périssable qu'immortalise sa statue. Elle sert de canon et de
modèle aux athlètes futurs et aux statuaires. L'art qui dresse

____

(1) *Encyclopédie de la peinture chinoise,* traduite et commentée par R. Petrucci, Paris, H. Laurens éditeur, un vol. in-f°.

les images des héros et des dieux emprunte à l'homme en
sa fleur des formes parfaites. Il glorifie un corps dégagé des
incertitudes de la jeunesse et préservé des fatigues de l'âge
mûr, un équilibre architectonique garanti par la régularité
des fonctions, et que ne viennent troubler ni les désordres
des passions ni l'angoisse des choses cachées. Sous le front
poli des dieux d'Athènes au vᵉ siècle. l'inquiétude de l'absolu
ne réside pas plus que l'horreur religieuse derrière le fron-
ton triangulaire des temples. L'art n'est pas une inspiration
orgiaque, mais un harmonieux développement.

Sans doute, c'est là le terme d'un long travail, par lequel
le génie grec refit et transforma les dieux barbares qu'il
avait reçus des ancêtres. Peut-être même, dans les soubas-
sements de la cité, conserva-t-il ces vieux génies informes
et impurs, empreints de mystère et de bestialité. Mais,
de même que de la passion de Dionysos et de l'antique
dithyrambe il avait extrait le drame de Sophocle, il ne
produisit à la lumière que des dieux revêtus d'une humanité majestueuse, dieux par la raison et par la beauté.
Ainsi se trouvait fixé l'avenir des arts en Occident. Jamais
cet âge d'or ne cessa de hanter la mémoire et l'imagination
des Européens. Ils furent quelque temps submergés par
l'abstraction, par l'art géométrique et zoomorphique des nomades, héritiers d'une humanité reculée. A travers tous les
périls, malgré les invasions et les mélanges ethniques, en
dépit des influences de l'Orient et du Nord, ils n'avaient
pas complètement perdu le souvenir des rivages fortunés
où l'élite humaine avait jadis, sur un sol pierreux,
ombragé d'oliviers, établi les règles de la raison et dressé la
statue de l'impérissable jeunesse. Même quand le christia-
nisme les eut habitués aux profondeurs de la vie spirituelle
et du sentiment religieux, ils retrouvaient l'homme peu à peu

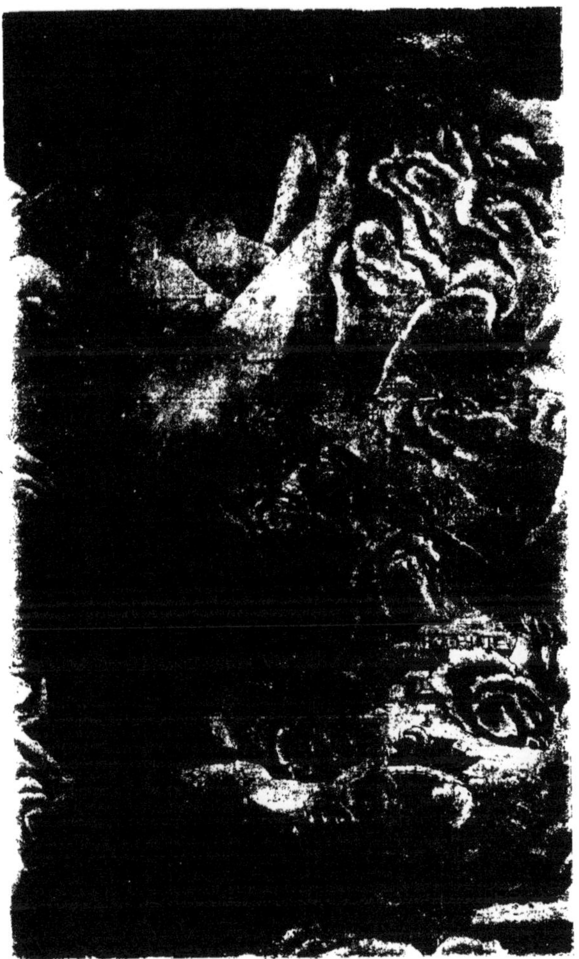

LI TCHENG. — Paysage montagneux, peinture
Collection Simkhovitch.

dans le dédale du décor et sous la végétation des rinceaux, et parfois, quand ils avaient sous les yeux quelque modèle romain, ils prêtaient ses nobles formes aux saints et aux anges. Même quand les peintres du Nord et nos enlumineurs eurent découvert le charme et la beauté des paysages, la nature resta pour nous toute baignée d'humanité, — domestique et familière chez les Flamands et chez les Rhénans ; éloquente, ordonnée comme une série d'idées claires, animée par des présences héroïques et par d'illustres vestiges chez Poussin et chez Claude ; dévastée par les passions humaines, agitée de malaises humains chez les romantiques. La nature sans l'homme est une idée confuse, un chaos, un non-sens. La solitude ne la restitue pas à elle-même ; tantôt, c'est avant tout l'absence de l'homme, dont les désirs et les tristesses se manifestent encore, tantôt la solitude d'un solitaire, d'un acteur isolé dans son décor.

De la fin du xiie siècle à la seconde moitié du xixe, l'art occidental a l'homme pour centre, l'imitation pour procédé. Dans l'âge moderne, quand il croit se laisser emporter par les forces obscures de l'instinct, il reste fidèle à une représentation concrète de l'espace, telle que la Renaissance en a déterminé les règles ; seule la dynastie des visionnaires cherche à s'en affranchir. L'histoire de la technique confirme ce caractère, elle aide à le préciser. La peinture à l'huile, en permettant la transparence des ombres, donne aux formes la puissance du relief, elle leur confère l'autorité de l'évidence. Les plus mystérieuses de ces images, celles qui sont baignées du crépuscule des songes sont encore modelées dans une matière plastique dont les ombres et les lumières, décuplées par des artifices, les imposent à nos regards avec plus de force que les volumes à trois dimensions. Bien loin de s'enfoncer vers un indiscernable hori-

zon, elles s'avancent vers nous comme pour prendre part
à notre vie. Les lourds cadres d'or à reliefs qui les déli-
mitent sont des baies ouvertes sur un monde identique au
nôtre, mais plus éclatant, d'une lumière plus chaude et plus
violente. Nous sortons d'un musée comme on s'éveille d'une
ivresse, les hommes nous paraissent pâles et plats, la
nature nous semble un fluide où passent des apparences
légères.

En Extrême-Orieut, le confucianisme, muraille des empires, maintint longtemps l'homme d'aplomb, sur le socle
d'une nature compacte et bienfaisante, entre deux paren-
thèses de néant. Mais pour la pensée bouddhique l'homme
n'est pas le centre de l'univers, la nature n'est pas un cel-
lier ou un spectacle ordonné pour lui seul. Il vit en elle, il
passe en elle comme un remous. Elle l'enveloppe, elle le pénètre, et chacune des formes de la vie, même les plus
humbles, même les infimes, peut l'avoir abrité jadis, dans le
vaste déroulement des existences antérieures. Il ne se dresse
pas, debout et nu, glorieusement limité à sa propre forme
et à son existence unique, comme l'athlète grec qui naît pour
une seule vie et qui meurt pour toujours. Mille échos de
choses passées et futures se croisent autour de lui. La nature
n'est pas un bloc inerte, elle n'est pas non plus un système
inconscient, elle est l'ordre des forces spirituelles. L'effort
du bien et du mal a configuré toutes choses. Homme, bête,
plante, rocher, tout a vécu, tout vit, tout est appelé à vivre
selon la loi des mérites et des démérites. Le monde occidental, domaine où le roi commande, opéra où se démène
l'acteur, se présente comme une toile de fond et comme un
support. Le monde bouddhique est la création de la volonté,
mais sur cette volonté pèse inflexiblement le fardeau des
vies passées. Elle est capable de s'anéantir par un effort de

détachement ascétique : alors l'illusion du monde disparaît,
et l'illusion de l'homme avec elle. La volonté de vivre sur un
sol ferme, sous un ciel clair, dans le court espace de temps
compris entre ces limites absolues, la naissance et la mort,
a inspiré au génie grec l'amour des choses définies, le culte
des beaux exemples et des belles formes. Dans un univers
qui est tout entier passage, échange, écoulement, devenir,
l'homme, à peu près annulé comme individu, est indéfini-
ment prolongé dans le temps par ses vies successives et,
dans l'espace, il retrouve des témoins, des amis, des vestiges de son immémorial passé. Par un entrecroisement de
fils ténus, il est relié à tout. Aussi sa pensée ne saurait-elle
se développer par séries, elle est sollicitée par l'absolu.

Les procédés par lesquels l'art méditerranéen pouvait
saisir le fini et le limité, l'imitation, avec, pour but, l'harmonie dans les formes et la logique dans la pensée, étaient
insuffisants pour traduire une conception de la vie où le
fini et le limité n'existent pas, où, par un jeu d'ondulations,
toutes choses se touchent, se superposent et se confondent.
Il est vrai que des statuaires gréco-romains de basse époque
ont, pour la première fois, dans le nord-ouest de l'Inde,
donné une forme et un corps au sage de l'Asie, de même que
le type de l'Apollon archaïque avait servi jadis de modèle
aux saints du jaïnisme. Aux premiers âges de la religion
bouddhique, le Bouddha n'était même pas représenté : son
trône vide figurait son absence métaphysique et son évanouissement. Mais le génie de l'Extrême-Orient s'est emparé
du dieu grec et l'a rendu conforme à ses propres songes.
Sur le spectacle de la vie et sur l'universelle illusion, il a
baissé ses paupières. Il a immobilisé les attitudes de son
corps selon les prescriptions rituelles, et chacun de ces
gestes était l'expression du détachement ou de la pitié. Re-

vêtu de laque d'or, le Bouddha était moins une présence
qu'une lumière et une apparition. A mesure que le poly-
théisme touffu des nations soumises à la loi nouvelle s'emparait du bouddhisme et lui tendait de nouvelles images, il
les revêtait de la même majesté uniforme, il les plongeait
dans le même sommeil.

D'ailleurs les Aryens de l'Inde, frères lointains des Grecs,
finirent par se désintéresser du bouddhisme et par revenir à
leurs antiques divinités. Il y avait en eux, mais gâté par un
climat perfide et par un écrasant régime social, sans avenir
de liberté, un vieil anthropomorphisme qui prit peu à peu
les formes les plus prolixes et les plus complexes, de même
qu'une sorte de fureur dialectique qui, tournée vers la théolo-
gie, multiplia les sophismes et morcela les sectes. Mais, sur
les rives du Fleuve Bleu, au milieu d'une nature verdoyante
et rocheuse, une race rude possédait avec puissance ses
paysages, où elle démêlait subtilement l'échange des forces
planétaires. Elle avait donné naissance, dès une haute
époque, à une philosophie, à une lyrique qui, loin de s'écar-
ter du bouddhisme, étaient appelées à en favoriser la diffusion en Chine et à lui permettre de s'exprimer par un art
original. On ne saurait faire une place trop grande aux riverains du Yang-tsé-Kiang, à la philosophie du Tao, sorte
d'hégélianisme asiatique, dans lequel on a cherché à reconnaître des infiltrations de métaphysique indienne. En
tout cas, les procédés par lesquels l'art chinois et l'art
japonais ont essayé de fixer une image du monde conforme
à leur génie sont le résultat d'un effort esthétique qui doit
beaucoup à la fois au bouddhisme et à la doctrine de Lao-
tseu. Il est vain de copier la nature, puisqu'une copie
limite, dessèche et dépouille de toute vie son objet : il n'est
même pas d'objet déterminé, puisqu'il n'existe que des rap-

ports instables et momentanés. Mais ces rapports de l'unité et du tout, il est permis de les suggérer. Suggestion, voilà le magique secret d'un art pour lequel la vie baigne de toutes parts dans l'infini, le seul moyen d'éveiller dans la conscience la notion de ces relations indéterminées et profondes sans lesquelles l'univers ne serait qu'un chaos d'immobilités. Une boîte de laque abandonnée sur une natte, si on la considère comme un volume rectangulaire de bois noirci, n'est qu'une illusion sans intérêt, et même elle n'existe pas. Sa vie, c'est la main qui l'a touchée et dont elle est encore tiède, ce sont les souvenirs qu'elle renferme, c'est l'heure à laquelle on la regarde, un certain jour d'une certaine saison, avec une certaine disposition de l'âme. On devine qu'une pareille conception a pu conduire à cette forme inférieure que nous appelons sentimentalité, — et il est vrai que l'art japonais n'y a pas échappé, surtout dans de tardives expressions lyriques, lorsque, au lieu de concentrer l'émotion, il s'est anémié dans les développements. Mais les grandes périodes de classicisme graphique ont su inventer l'expression forte et propager le son juste.

Nous nous trouvons en présence de valeurs esthétiques toutes nouvelles pour nous, mais on ne saurait dire qu'elles nous déconcertent absolument, puisque nous connaissons un art qui, s'exerçant, non dans l'espace, mais dans le temps, est libéré des lois de la pure imitation, — la musique. Il est vrai qu'il est forcément soumis à la règle du développement et du commentaire et que, pour l'apprécier, nous sommes contraints de nous servir de la langue de l'intelligence, nous aimons à y reconnaître une sorte de logique architecturale... Mais il est fait avant tout pour éveiller et pour enchaîner des réalités cachées. D'un mot spirituel et juste, on a pu l'appeler une géographie de l'in-

conscient. Dans le même sens, il est permis d'appeler l'art
de l'Extrême-Orient une musique de l'espace, une musique
dont le développement est en nous. Musique, non seulement par le don d'harmonie, par le secret d'associer les éléments du ton et de la ligne, mais par la vertu de prolonger
de longs échos, d'en multiplier le retentissement lointain.

Parfois l'art européen s'est spontanément penché sur ces
profondeurs et, de plus en plus, elles l'attirent.

On croirait qu'à certains maîtres la peinture n'a pas suffi.
Sans cesse ils ont été obsédés par le désir de l'accroître
et de la dépasser. Rembrandt la transpose dans la clef de
l'eau-forte. Léonard, à force de pratiques qui ont quelque
chose d'alchimique, a fatigué ses tableaux pour les douer
d'une mystérieuse profondeur, pour les baigner d'une
aube surnaturelle. Velasquez, à la fin de ses jours, semble
avoir hâte de s'évader d'un univers pesant, dont toutes
les parties, étroitement soudées, oppriment la vie : d'une
touche à la fois enveloppante et rapide, d'un accent qui,
de près, paraît ne tenir à rien, il désigne, il évoque,
non la forme seulement, mais la qualité, le rapport, la vibration inconnue.

En cherchant à décupler la profondeur de l'ombre, en la
faisant palpiter de mystérieuses présences, en concentrant
avec une force inconnue une lumière d'or, le peintre
d'Occident reste, malgré tout, soumis aux règles de la
plastique méditerranéenne. Sur un plan à deux dimensions,
il essaie toujours de donner l'illusion des volumes. Bien
plus, la matière incertaine et périssable à laquelle il con-
fie ses songes risque de les alourdir et de les noyer dans
une nuit éternelle. Elle est d'abord transparente, mais,
par sa composition même, elle est toujours solide. La
solidité de l'exécution est même considérée comme un mé-

rite essentiel. Elle est faite pour exprimer la plénitude et la continuité. Jusqu'aux recherches techniques des dernières années du XIXe siècle, elle est merveilleusement adaptée à sa fonction, qui est de fixer l'image d'un univers stable et concret. Le peintre extrême-oriental se sert d'une matière fluide et d'un outil léger. Il ignore nos terres colorées, nos oxydes amalgamés par l'huile grasse, il ignore les ombres, et les formes qu'il fait naître baignent de toutes parts dans l'immatérialité. Elles appartiennent à notre univers, mais on dirait qu'elles vont le quitter pour en rejoindre un autre. Toutes proches et très lointaines à la fois, elles nous captivent. Il arrive qu'elles soient franches de ton, et même hardies. Mais la plupart du temps elles sont empreintes d'une harmonieuse paix. Elles se limitent parfois à quelques tons d'une exquise sonorité et, quand elles exercent sur nous leur plus despotique empire, elles ne montrent guère qu'un trait, qu'une tache, mais toujours extraordinairement fermes et décisifs, en blanc et noir.

Ce qui frappe avant tout dans cet art, c'est son caractère graphique. Il est une écriture au pinceau. Il a pour origine, pour beauté, pour danger aussi, la calligraphie. On peut dire que la pensée extrême-orientale ne s'était pas complètement dégagée avant la découverte de l'encre et de cet intermédiaire magique entre l'esprit de l'homme et la vie de l'univers. Les brosses de nos peintres ont de la roideur ; elles sont faites de poils rudes qui agglutinent une matière pesante. Le pinceau des maîtres de l'Extrême-Orient se courbe et se redresse avec une élastique nervosité, il pointe comme une jeune pousse, il se gonfle d'une encre ou d'une eau qu'il distille par chacun de ses éléments et qu'il dépose sur le papier ou la soie : elles y deviennent vapeur légère, aile, antenne, feuille agitée, plein ou délié d'une lettre. Avant la découverte du pinceau, l'art et la calligraphie étaient aux mains des graveurs qui, sur les dalles funéraires ou votives, fixaient avec sévérité l'image des patriarches et des géomanciens, des cortèges de monstres et de divinités, d'après un canon et dans un décor peut-être inspirés de la Mésopotamie. Le pinceau a libéré le génie chinois. Par lui, l'art de suggérer au moyen des lettres est devenu l'art de suggérer au moyen des formes. On sait que l'idéogramme n'est pas le signe d'une prononciation, mais l'image schématique d'une réalité. Réalité dépouillée de ses éléments accessoires, réduite à l'essentiel et dont nous ne discernons même plus les éléments. Une belle écriture occidentale n'est qu'agréable à voir. La calligraphie, en Extrême-Orient, ajoute une force et une poésie à la littéralité du sens. Sa perfection et son charme n'ont pas une pure valeur décorative, elle est dépositaire d'un secret.

Ainsi l'art extrême-oriental se présente à nous comme une écriture et comme un procédé de suggestion. Il *écrit*, il dessine l'univers comme l'ondoiement indéfini d'une pensée qui, par enchaînement, s'étend à tout. Il n'immobilise pas la vie dans la perfection d'une forme sereine, copiée sur un beau modèle, ou dans la torpeur d'un songe nocturne : il la ramasse, il la résume en traits concis pour la propager en nous dans toute sa largeur. La vie de l'art n'est d'ailleurs pas pour lui une fiction, un vain mot. Il est encore tout pénétré de ses origines magiques, du temps où la représentation des êtres et des choses pouvait être rendue identique, dans leur essence, à l'être ou à l'objet représentés. La Chine ancienne est pleine de légendes qui nous montrent des peintres capables de douer leurs tableaux d'une existence objective. Quand le cheval ou le dragon sont sur le point

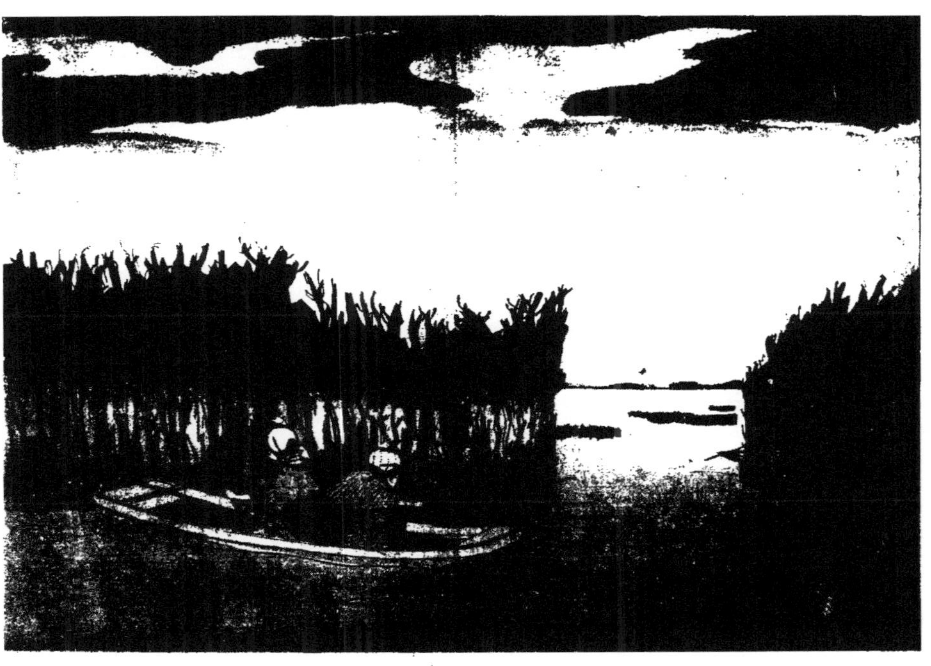

KUNIYOSHI. — Femmes cueillant des roseaux

d'être terminés, le maître ajoute l'œil qui manquait encore,
— et le cheval s'enfuit au galop dans les airs, le dragon
s'enveloppe de fumée et disparaît en vomissant des flammes.
A la fin de sa carrière, le « vieillard fou de dessin », l'illustre Hokousaï, affirme son espoir de durer encore de
longues années, de dessiner toujours, de surprendre enfin
le secret : à l'âge de cent dix ans, tout ce qui sortira de ses
mains sera *vivant*.

Mais cet art, si puissamment évocateur, n'est-il pas grevé
d'une contradiction intime ? D'une part, il est hanté par le
prodigieux spectacle de l'illusion vitale, par la fuite et par
le passage de toutes choses, qui s'écoulent et renaissent
sous des formes nouvelles, par le rythme des correspondances, par le tressaillement des vies anciennes qui som-
meillent sous l'apparente inertie de la matière. Et, d'autre
part, il est l'expression d'un ordre de pensées pour lesquelles l'univers est une vaine fantasmagorie qui aspire
douloureusement au repos. L'intérêt passionné qu'il porte
aux mobiles apparences, galvanisées par une vie ardente et
précaire, ne viole-t-il pas la loi de l'anéantissement volontaire ?
Comment suspendre, en face du Bouddha qui clôt ses paupières pour se concentrer dans le travail de sa propre des-
truction et pour s'arracher aux vanités de cette vie, l'image
des oiseaux qui passent, des fleurs penchées par le vent, de
la lune qui luit avec douceur au-dessus d'une forêt de pins ?
Comment s'expliquer, dans l'œuvre d'un fervent bouddhiste
comme Hokousaï, ce pullulement de vies frénétiques, cette
agitation forcenée, ce travail de mille insectes humains, heureux de vivre et qui sont là, fixés aux pages de ses albums,
comme des papillons surpris et collés, tout brillants encore,
aux feuillets d'un livre refermé ? Le principe de l'identité
des contraires, de l'extrême plein et de l'extrême vide, du

changement perpétuel et de l'éternel repos, tel qu'il a été posé par le Tao huit siècles avant l'introduction officielle du bouddhisme en Chine, ne suffit pas à l'expliquer. Il faut se rappeler que les transformations de la pensée extrême-orientale ne sont pas le résultat d'une évolution interne, mais qu'elle s'est perpétuellement adaptée à des conditions physiques et morales nouvelles. Le Sage de l'Inde pouvait anéantir en lui l'illusion de la vie et, à l'ombre des feuillages séculaires, dans la majestueuse monotonie des forêts et des parcs royaux, s'endormir en paix dans le songe des vérités éternelles. Le montagnard du Yang-tsé, le riverain du Pacifique, l'insulaire d'un archipel de volcans étaient sollicités par le spectacle des forces naturelles, déchaînées dans leur violence et divinisées par l'animisme des ancêtres.

Parfois, la mer de Chine, travaillée par un effort surnaturel, paraît aspirée vers les cieux. Le soleil semble près de s'éteindre dans le crépuscule du dernier jour. Une colonne de vapeurs que surmonte un dôme oscille à l'horizon. La tempête se déchaîne dans les ténèbres où toutes choses sont confondues. La jonque désemparée est saisie, comme par l'étreinte effrayante d'un dieu. Quand le typhon fait place à la lumière, elle éclaire une solitude pire que la mort. Là-bas, les nuages s'en vont à la dérive, abandonnant les mers. Ils se répandent au-dessus du continent, ils s'enroulent autour des pics comme des bêtes de légende. Les arêtes de la montagne leur font une ossature et des antennes reliées par des membranes de brouillard. La neige des sommets luit par intervalles comme un vaste dos écaillé d'argent. Les brumes s'allongent, rampent, ondulent dans les vallées, pareilles à des fantômes de membres. La bête multiple, insaisissable et changeante, se dresse au-dessus de la terre jaune et, de sa gueule béante, que hérissent des panaches, des flammèches et des cornes, elle semble vouloir dévorer le soleil. Et puis la brise la replie et l'entraîne. D'un bond, elle glisse et se dégage, ou bien elle se résout en pluie bienfaisante, elle tend de nouveaux pièges, elle dispose une magie nouvelle entre l'homme terrifié et le capricieux univers.

Entre le Dragon du perpétuel changement et le Bouddha du perpétuel repos, la lutte n'est qu'apparente, puisque le Dragon n'est, lui aussi, qu'illusion. Et, derrière cette illusion terrible, il y en a d'autres, pleines de charme, de bienveillance et d'apaisantes vertus. La nature n'est pas seulement le théâtre d'une fièvre aveugle, le cauchemar tressaillant d'un monstre, mais le domaine de vieilles tendresses et de sympathies. Les faire connaître, les faire aimer, tel fut peut-être l'excellent de l'école Zen. En rapprochant l'homme de la nature par la contemplation et par l'ascétisme, en lui montrant ce qu'il y a d'infiniment divers et de touchant dans la vie des bêtes, dans la vie même des choses inanimées, elle lui enseignait à voir large et à pacifier son cœur. Elle ne le détournait pas de son but, elle ne le détachait pas de l'absolu, elle l'y ramenait peut-être, par un ordre de réflexions et de sentiments à la fois plus digne de la majesté de sa pensée et mieux approprié à ses forces. Elle enfanta les héros parfaits, les abbés exemplaires et les artistes accomplis. L'équilibre classique du génie extrême-oriental, à égale distance de l'abstraction métaphysique et du naturalisme éperdu, est son œuvre.

Mais l'histoire de cet art obéit néanmoins à une sorte de rythme d'oscillation entre ces deux termes extrêmes : tantôt il est une expression religieuse, pleine d'élévation et de détachement, tantôt un fiévreux hommage à la vie qui passe. Une fois encore, il est bon de constater avec quel tact admirable il

a. chaque fois qu'il courait le risque de s'anémier et de se dur-
cir par l'abus d'une stylisation rituelle, demandé à l'exemple
de la nature les ressources d'une jeunesse nouvelle.
D'ailleurs, même aux époques où sa sève créatrice était
momentanément tarie par une pédagogie de copistes, le
délicieux souvenir des impressions fraîches le parcourait
encore. Une sensibilité exquisement juste, au service du
même pouvoir de suggestion, lui demeurait comme un
don sacré. On en trouve une confirmation dans l'histoire du génie japonais, dont la continuité, préservée
de tout mélange impur, appuyée sur une dynastie inin-
terrompue depuis les premiers âges, est exceptionnelle au
milieu des invasions, des désordres et des écroulements qui
n'ont cessé d'agiter le reste de l'Asie. Même en Chine, au
moins jusqu'à l'époque mandchoue, cette fraîcheur d'accent
résista longtemps au positivisme formaliste des Confu-
céens, à la brusquerie des apports étrangers, aux catas-
trophes des dynasties. L'immense poésie de la philosophie
indienne était trop conforme à l'esprit et aux aspirations de
toute une partie de la Chine, le naturalisme du Tao l'avait
trop intimement pénétrée pour que la substitution des
empires pût l'ébranler à ces profondeurs. L'*Encyclopédie de
la peinture chinoise*, traduite et commentée par le regretté
Raphaël Petrucci, est un monument de ces permanences
vénérables.

C'était à la fin du xviie siècle, à Nankin, dans cette vieille
capitale de la Chine méridionale, dont l'abandon par les
Mongols, établis à Pékin, une place d'armes des marches
militaires, avait inauguré le déclin spirituel de l'empire.
C'est là que le génie raffiné des Song avait, six siècles au-
paravant, parmi les pavillons de marbre, les eaux courantes
et les nobles ombrages, traduit par des chants parfaits,

par des céramiques de choix, par de belles peintures, une
suavité de goût et d'inspiration peut-être inconnue jusqu'alors, même de la brillante Chine des Thang. Ces temps
étaient passés, mais Nankin restait une capitale du souvenir.
C'est sur les rives du Yang-tsé que le poète Khiu-Yuen,
exilé par son roi, avait jadis, dans les solitudes des montagnes, exhalé sa mélancolie immortelle. A Nankin, le mal-
heureux empereur Hweï-tsong, à la veille d'une révolte de
vassaux, songeait encore à accroître le trésor des vertus et
des beautés de son pays et peignait ces beaux faucons qui
rivalisent de noblesse avec les chefs-d'œuvre de l'école des
Ma. Ce sont les Song du Sud qui, pour la première fois, ont
essayé une large conciliation religieuse et morale entre la
sagesse indienne et les divers aspects de la sagesse chinoise.
Si on les compare à des dynasties mieux assises, on peut
les juger comme des esthètes un peu fatigués. Mais à travers les brumes des rivières, au-dessus des pavillons et des
rocailles, les paysages de leurs peintres gardaient la grandeur de leur humanité. Il n'est pas indifférent que les plus
remarquables traités d'esthétique chinoise aient été recueillis et réunis dans ces lieux.

Or, se trouvant à Nankin, dans le jardin Kiai-tseu, qui
appartenait à son gendre, le lettré Li Yu s'étonnait qu'il
n'y eût pas en Chine un traité de la peinture. Son beau-fils
lui montra un recueil d'anciennes planches que Li Yu recon-
nut pour être l'œuvre d'un excellent artiste des derniers
Ming, renommé pour son élévation, et qui constituaient
une remarquable collection d'exemples. Le gendre de Li Yu
fit compléter ce recueil par un célèbre érudit, puis il étendit
son plan : bientôt parurent deux parties nouvelles, consa-
crées aux fleurs, aux oiseaux, aux insectes, qu'il avait de-
mandées à deux peintres contemporains. Depuis cette épo-

que, les planches et leurs commentaires ont été très souvent réédités. Ainsi, la partie la plus ancienne de ce recueil date de la fin du grand réveil national des Ming, qui. après un siècle de mongolisme, rappela la Chine à sa vie propre, à l'amour de son passé, à la culture de son génie. Par là elle se rattache à ce qu'il y a d'excellent et d'essentiel dans la pensée extrême-orientale. Mais on ne doit pas oublier non plus que l'ère Ming vit briller cette fameuse Académie de peinture et de calligraphie qui, fondée par le dernier empereur Song, avait pour but de favoriser l'étude des maîtres et le culte de la tradition plutôt que de stimuler une inspiration originale. De là, un double caractère : l'*Encyclopédie* est un dépôt de vérités admirables et anciennes, elle est aussi le manuel d'une pédagogie éclectique. Telle quelle, presque au terme de l'évolution de la peinture chinoise, elle en explique, elle en résume les caractères avec une magnifique ampleur.

Toute l'antique ferveur de la vie spirituelle est là, et surtout ce sentiment de la nature qui ne se perd pas en effusions vagues, mais qui approfondit l'étude avec la plus tendre et la plus délicate sympathie. En feuilletant ces planches charmantes, on apprend à voir les choses par leur côté intime et profond, par leur structure vivante. Les bêtes de la terre et du ciel, les arbres, les plantes, les fleurs, les rochers, les montagnes, les hommes dans leur variété infinie, apparaissent à nos yeux, non comme d'inertes modèles démontés pièce à pièce, mais comme des physionomies douées d'une âme et qui s'emparent de notre attention avec la puissance des formes simples. Dès lors, on comprend le principe de cette calligraphie qui n'a pas pour objet d'arrondir ou d'effiler des déliés et des pleins, mais de pénétrer la vie et de la saisir en quelques traits nerveux. Chaque trace du pinceau est longuement étudiée ; elle doit évoquer les forces occultes qui tressaillent sous les apparences. L'artiste n'est pas l'habile copiste d'un univers pétrifié. Il n'est pas non plus un créateur à la manière du Dieu biblique qui pétrit dans le limon un être à son image. C'est un magicien qui, penché sur les échanges et sur les correspondances universelles, surprend l'ardeur mystérieuse qui anime toutes choses et qui se communique à l'homme même. Quand Sie Ho formule le second de ses Six Principes, « la loi des os au moyen du pinceau », il n'entend pas recommander l'étude de l'anatomie, telle que l'ont comprise, par exemple, les hommes de la Renaissance : c'est de la structure profonde qu'il s'agit, c'est de cette intimité spirituelle des êtres et des choses, qui est véritablement le *grand secret*. Par la contemplation et par la sympathie, on s'en rapproche autant que par l'étude des maîtres et par l'observation directe, et l'on saisit pourquoi les bambous doivent être peints avec violence et les glaïeuls avec gaîté. Les montagnes travaillées par l'érosion expriment, non par association d'idées, mais comme un visage trahit les passions du cœur, une tristesse aveugle ou une farouche majesté. Ouvrir les yeux ne suffit pas pour comprendre et pour sentir. Dans la magie de ces sortes de divinations, les grands artistes ont fait des découvertes : il y a un « secret » pour charmer et pour dessiner les oiseaux.

La vraie grandeur de l'art consiste à suggérer la qualité des choses par des moyens qui lui sont en apparence opposés. Il est médiocre d'exprimer la rudesse d'un effet par la rudesse de la touche, l'équilibre d'un ensemble par une savante recherche de composition. Le jeu des contraires permet de plus audacieux prestiges. Tel est l'esprit de la règle dite des Six Supériorités : « Chercher dans la rudesse le mouvement (la souplesse) du pinceau, — le talent dans l'inhabileté, — la force dans la finesse et la délicatesse, — la raison dans le dérèglement et la singularité, — sans encre, chercher le ton, — dans une peinture plate chercher l'espace. » Peut-être est-ce là le dernier mot de l'esthétique extrême-orientale. On serait tenté d'y discerner la trace d'une bizarre manie de la contradiction, mais, en vérité, le secret est d'une qualité plus rare. L'univers limité à l'évidence n'est rien. La copie est un contre-sens. Pour faire circuler dans l'image de la nature et de l'homme la flamme de leur vie propre et la vie de l'esprit, la concision graphique de la ligne et de l'accent est suffisante et nécessaire. Le maniement de l'encre et du pinceau exige non seulement la virtuosité d'une écriture facile et belle, mais des détours et des audaces qui, au moment même où ils atteignent leur but, semblent se nier eux-mêmes. Ainsi l'art, né de la calligraphie, la dépasse et propage en nous, non le signe d'une idée ou d'une forme, mais le rythme même de leur vie.

Le génie des graveurs en Chine et au Japon fut de conserver intactes ces notes si rares, en les transportant dans les bois de leurs planches, en les livrant à l'impression. Les peintres de certaines écoles ont travaillé pour eux, se mettant ainsi d'accord avec leurs interprètes sur les possibles (presque indéfinis) de la traduction. Cet art exquis ne conservait pas toutes les grandeurs du passé, mais il en gardait l'essence et la qualité. Ces estampes limpides sont, elles aussi, toutes mouillées de l'eau du ciel. Les couleurs fixées par la colle de riz ont la transparence de l'aquarelle, dans une fine armature noire, réseau unilinéaire sans hachures et sans ombres. Toute l'économie de l'œuvre originale dans ce qu'elle a de vivant et de magique, la traînée de couleur qui se mêle à la lumière, le dégradé insensible du ton, l'accent graphique de la touche, de la tache et du trait sont respectés par ces artisans miraculeux.

Les paysages, ponctués avec une savante violence, noyés de vapeurs, étagent les plans robustes ou délicats de la perspective aérienne. Pareil à un ascète accablé d'années, bourrelé de cicatrices énormes, le vieil arbre se penche au-dessus de la cascade. La fleur s'épanouit avec une suavité sauvage comme le sourire de la solitude. L'insecte n'est pas construit avec des soins menus comme une minuscule machine : à pointe de pinceau, l'artiste le touche et l'éveille sur quelque tige flexible qu'il fait plier à peine ; il part, il s'envole, il est caprice aérien, cheminement léger. L'homme s'agite, se démène fiévreusement parmi les besognes de sa vie. Ou bien, dans un désert de verdure et de rochers, calme en face de la nature, libéré du fardeau des désirs et des craintes, il se tait, il baisse les yeux, il s'immobilise pour mieux se mêler à tout, pour se confondre avec tout, pour se dissoudre et pour disparaître dans la lumière dorée du paradis d'Amida et dans la communion avec l'absolu.

TABLE DES PLANCHES

TABLE DES MATIÈRES

Imp. PACTEAU, — Luçon.

3-1931-1279